Edition
CONVERSO

Miha Mazzini
DU EXISTIERST NICHT

True Crime

Aus dem Slowenischen
von Ann Catrin Bolton

30. APRIL 1992, DONNERSTAG

Es war der perfekte Moment – ihre Haut trug noch die Wärme und den Duft des Bades, das Handtuch umhüllte sie, die nackten Fußsohlen auf dem Teppich vermeldeten, wie weich die Welt war – und deshalb bemerkte sie es nicht.

Im Fernsehen beugte sich eine Schauspielerin über einen Säugling, dem Zeichentrickschmetterlinge aus der Windel flogen; in einem Licht, wie es nur in Werbespots und in Eiscremetruhen vorkommt, geriet das Mobile über der Wiege in Schwingung und blinkte. Die Frau ließ die Hand auf den Rand der Wiege sinken.

Eine leiernde Melodie kündigte die Spätnachrichten an. Sie nahm die Fernbedienung und drückte den roten Knopf. Jetzt sah sie auf dem Bildschirm nur sich selbst und lächelte sich zu.

Etwas bewegte sich sanft kitzelnd über ihren Oberschenkel. Sie stand auf und konzentrierte sich auf diese Empfindung. Ein Tropfen lief ihr seitlich übers Knie, ein zweiter eilte hinterher. Womöglich hatte sie sich nicht gründlich abgetrocknet, dachte sie und öffnete den Bademantel. Es sah aus wie eine Ader, die sich auf der Außenseite der Haut befand. Sie schüttelte sich, und die Ader lief aus. Auf den Teppichfasern erblühte ein roter Fleck, und die Flüssigkeit lief ihr jetzt über beide Beine.

Sie wusste, dass sie sich bewegen musste, doch ihr Körper kam nur innerlich in Schwung, in Gedanken, nach außen hin blieb er bewegungslos. Lediglich die Zehen krümmten sich, als wollten sie sich verstecken.

↓

Der Taxifahrer sah sie an und fuhr los, noch bevor sie ihm gesagt hatte, wohin. An jeder Ampel drehte er sich zu ihr um, sah auf ihre Beine und schätzte das Risiko für seine Sitzbezüge ab. Der cremegrüne Mercedes glitt leise durch die Nacht; nach altem Brauch traute sich keiner der zahlreichen jugoslawischen Auswanderer nach Hause zurück, bevor er sich in Deutschland nicht einen solchen verdient hatte.

Der Fahrer strich sich unablässig über den Schnurrbart und machte nur ein einziges Mal den Mund auf, als er wissen wollte: »Wird es ein Junge?«

Sie schüttelte den Kopf und fügte, als sie die Enttäuschung auf seinem Gesicht sah, hinzu: »Ich weiß es nicht, ich wollte es nicht vorher wissen.«

»Ah, Lotto!«, er nickte und schnippte mit dem Finger gegen die Hasenpfote, die an der Rückspiegelhalterung baumelte.

»Ich habe ein System, ich gewinne immer«, fügte er hinzu, während sie auf Grün warteten und er aufs Gaspedal drücken musste, damit der Motor nicht ausging.

↓

Das Gesicht der Krankenschwester in der Aufnahme sah ihr entgegen wie eine Gewitterwolke vor dem Hintergrund einer himmelblauen Uniform. Es stellte zwischen übertrieben roten Haaren jede Art von Unzufriedenheit über die Vergangenheit zur Schau, die keine heitere Zukunft versprach.

Als sie die Schwangere sah, stand die Schwester auf und begann, Papiere auf dem Pult auszulegen, als hätte sie sie aus dem Wasser gerettet und wollte sie nun trocknen.

»Füllen Sie diese Formulare hier aus!«

»Guten Abend, ich bin gekommen ...«

Die werdende Mutter hielt inne, als die Krankenschwester die Augenbrauen zusammenzog.

Für sie war eine Erklärung scheinbar überflüssig.

»Ausweis, Versicherungskarte«, sagte die Schwester, nahm den Personalausweis, den die Frau bereits in der rechten Hand hielt, und klopfte mit dem Finger auf das erste Blatt Papier: »Die Formulare, bitte.«

Die Schwangere nahm einen bereitliegenden Kugelschreiber, der sich etwas fettig anfühlte. Sie wollte sich schon die Hand am Mantel abwischen, doch es war ihr peinlich. Für einen Moment schloss sie die Augen, sammelte sich und machte sich daran, im Halbdunkel die kleinen Buchstaben zu entziffern.

ZALA JOVANOVIĆ, schrieb sie in die erste Zeile.

Das Kind bewegte sich, und völlig grundlos hatte sie plötzlich Angst, das Bewusstsein zu verlieren.

Sie trug ihr Geburtsjahr ein: 1959, und zog es von der aktuellen Jahreszahl ab. Das war unsinnig, sie wusste ja, wie alt sie war, doch sie konnte es nie sein lassen, es war wie ein Reflex.

Sie erinnerte sich an die Lehrbücher und Enzyklopädien aus der Schulzeit, mit längst verstorbenen Menschen, unter deren Namen in Klammern Jahreszahlen standen. Vielleicht rechnete sie wegen dieses Minuszeichens dazwischen immer den Unterschied aus.

»Ich blute!«, sagte sie. Die Schwester sah nicht vom Bildschirm auf. Sie tippte mit ausgestrecktem Zeigefinger, als müsste sie jede Taste einzeln vor einem Kriegsgericht wegen Hochverrats verklagen.

Zala war sich nicht mehr sicher, ob sie laut genug gesprochen hatte, deshalb wiederholte sie: »Ich blute!«

Der Finger hielt inne, und der Kopf bewegte sich. Aus dem Blick sprach höchster Überdruss, wie bei einem Fließbandarbeiter.

»Haben Sie überhaupt Wehen?«, fragte sie.

»Nein, ich glaube nicht.«

»Wenn Sie welche bekommen, werden Sie es schon merken.«

»Aber das Blut ...«

Die Schwester atmete aus, ihre Brust sank leicht nach unten, dann stieß sie sich ab, griff mit geübter Hand nach der abgewetzten, mit braunem Stoff bezogenen Stuhllehne und blickte über den Empfang.

»Sie werden mir doch nichts versauen?«

»Ich habe mir ein großes Handtuch umgebunden, wegen des Taxis ...«, begann Zala, und dann wurde ihr bewusst, dass sie sich ja rechtfertigte. Ihre Stimme hatte den Ton einer Schülerin angenommen, die von ihrem Lieblingslehrer ohne Hausaufgaben erwischt worden ist. Wieder kamen ihr die unzähligen Rechtfertigungen ihrem Vater gegenüber in den Sinn, und ihre Schultern wurden steif, ihre Augenbrauen zogen sich zusammen.

»Ich bin gekommen, um mein Kind zur Welt zu bringen! Wenn etwas schiefläuft, sind Sie schuld!«

Die Schwester sah sie zum ersten Mal wirklich an, und ihr Blick glitt über die zum Pferdeschwanz gebundenen Haare, die aus einem bestimmten Blickwinkel zeitweise wie feucht glänzten, und blieb an den dunklen Augen, den scharfen Wangenknochen, den zusammengepressten Lippen hängen, die Kampfbereitschaft ausdrückten.

»Es wird schon nichts Schlimmes sein. Manchmal löst sich der Pfropfen der Gebärmutter, keine Sorge«, sie schaltete auf Beruhigung um und setzte sich wieder hinter den Computer.

Zala wusste nicht, ob es das Herz oder das Baby war, das in ihrem Innern bummerte, es tat einfach weh, und sie fragte sich: ›Sind das die Wehen?‹ Ihr Bauch wurde hart, es fühlte sich an, als würde er die Haut wie eine Decke über sich ziehen, sich in sie einhüllen und sie, falls nötig, zerreißen. Die Formulare auf dem Tresen bildeten eine Leiter, die sie schnellstmöglich hinaufklettern musste.

Name des Vaters, fragte das Papier, und sie zog schon den ersten, senkrechten Strich, bevor sie sich dessen bewusst wurde, dann strich sie ihn so lange durch, bis er nicht mehr zu erkennen war.

»Entschuldigen Sie, wenn ich den Namen des Vaters nicht angeben möchte ...«

»Unbekannt!«, die Schwester drehte sich nicht einmal um. Sie war vollständig auf ihre Tastatur konzentriert. In der linken Hand hielt sie Zalas Krankenversicherungskarte und hackte die darauf stehenden Daten in die Computertastatur.

Eine Welle des Schmerzes drückte Zala gegen das Furnier des Empfangstresens, sie klammerte sich am Rand fest und schloss die Augen. Als der Schmerz nachließ, setzte sie schnell, stellenweise krakelig, den Spurt über die Formulare fort.

Als sie fertig war, kämpfte die Schwester immer noch mit der Dateneingabe.

»Bitte! Ich bin hier, um zu gebären!«

Sie sprach absichtlich lauter, und ihre Worte hallten in dem großen Raum wider, über die Stühle hinweg, die auf dem Boden und aneinander festgeschweißt waren, bis hin zur Telefonzelle, den Kaffee- und Getränkeautomaten, unter größtenteils ausgeschalteten Neonlichtern.

Eine der vorbeigehenden Gestalten blieb stehen und drehte sich um.

»Wenn die Wehen nicht alle fünf Minuten kommen, ist es nicht eilig. Ich muss die Daten eingeben, ohne geht es nicht«, sagte die Schwester. »Sehen Sie, da stimmt etwas nicht. Der Computer hat ein Problem mit Ihnen. Er findet Sie nicht! Zala Jovanović: Sie gibt es nicht.« Die Schwester war eine Hellseherin, deren Prophezeiung gerade Wirklichkeit wurde. Auf dem Grund ihrer Verbitterung räkelte sich die Zufriedenheit über die eigene Unzufriedenheit wie eine übersättigte Katze.

»Haben Sie es mit č und mit ć versucht?«

»Habe ich. Beides. Es gibt Sie nicht.«

»Bei meiner Ärztin ist alles in Ordnung. Aber dort haben sie noch keinen Computer, sie verwenden Karteikarten.«

»Oh, die Glücklichen!«, die Lippen der Krankenschwester kräuselten sich. Zala wurde bewusst, dass sie schon wieder im Rechtfertigungsmodus war; ihr Bauch zog sich erneut zusammen.

»Ich kenne mich mit EDV nicht aus! Ich will hier gebären!«

Sie war im Begriff, den Rand des Tresens zu packen, doch die Bewegung geriet ihr zu hastig, die Hand zu hoch, sodass sie mit dem Handgelenk aufschlug, es klang wie eine Ohrfeige.

»Meine Aufgabe ist es«, sagte die Schwester, und ihre Augen weiteten sich, als fielen schwere Tropfen hinein, »für Ordnung zu sorgen. Die Daten zu erfassen und zu überprüfen. Und wenn das hier ...«, sie tippte mit dem Finger auf den Tresen, als wäre er eine Tastatur, »nicht alles in Ordnung ist, wie soll es dann erst dort oben in Ordnung sein?«

Sie zeigte zur Decke.

»Ordnung muss sein. Wir sind nicht mehr in Jugoslawien, auf dem Balkan, wo jeder arbeitet, wie er will!«

Vor Schmerz presste Zala die Lider zusammen, und als sie sie wieder öffnete, musste sie die Tränen wegzwinkern, bevor sie das Gesicht der Schwester wieder erkannte, das für einen Moment den Ausdruck genießerischer Genugtuung über ihr Unglück verloren hatte und jetzt voller Hass war. Sie hatte die letzten Sätze nicht bewusst gehört, und eine Stimme in ihr wollte mit Fäusten auf die Krankenhausangestellte losgehen, sich durch sie hindurch bis zur Entbindung, bis zum Ende dieser Nacht schlagen, vielleicht ist ihr Kind schon am Ersticken, erbricht Blut und stirbt, und diese Gans da ...

Es drängte sie nach vorn, die Härte ihres Bauches grub sich in die Härte des Holzes.

Sie riss sich los, dachte für einen Moment, sie würde ohnmächtig, als sie in Richtung der Stühle ging. Sie öffnete ihren Regenmantel und breitete ihn aus. Sie hob ihr Kleid und starrte auf die umgebundenen Handtücher, die unter ihrem Bauch hervorsahen. Sie begann sie loszubinden, ohne zu sehen, was sie tat. Ihr Kind brauchte sie.

»Was machen Sie denn da?«, rief die Schwester.

Ohne sie anzuschauen, sagte Zala: »Ich bereite mich auf die Entbindung vor. Ich werde mir die Handtücher losbinden, es wird ein Blutbad geben. Was bleibt mir anderes übrig, wenn Sie mich in Ihrem blöden Computer nicht finden?«

Das erste Handtuch fiel, und Zala fürchtete, auch ihr Kind könnte zu Boden gefallen sein. Sie suchte es zwischen den Tüchern, befreite sich von ihnen, ihre Finger blieben in den Knoten hängen, wurden nass, die ersten Tropfen fielen zu Boden.

Im Hintergrund sprach die Schwester in ein Telefon.

2. MAI 1992, SAMSTAG

Das Kind kam morgens um sechs zur Welt, und erst einige Tage später stellte Zala sich die Frage, ob seine Geburt vielleicht vom Weckruf einer Militärkapelle begleitet worden war.

Am ersten Mai um halb sechs Uhr hatte der Vater sie immer in Uniform geweckt, hatte die karierte Decke von der Couch genommen, um sie darin einzuhüllen, wenn sie dann irgendwann vor Kälte mit den Zähnen klappern würde. Sie bat ihn jedes Mal, sie doch schlafen zu lassen, aber seine Antwort lautete immer: »Nein, mein Sohn!«, was das größte Kompliment ist, das ein serbischer Vater seinem einzigen Kind, das kein Junge ist, machen kann.

Vor ihren verschlafenen Kinderaugen schälten sich langsam die Skelette der Wohnblöcke aus der Nacht, die Pfeiler, auf denen die Balkone aufsaßen, und die wenigen Autos, die darunter parkten; das Metall der Träger blieb fahl, mit Feuchtigkeit überzogen, als bestünde es aus Nebel. Die Vögel schwiegen noch. Ihr Vater legte ihr die Hand auf die linke Schulter, sodass sie ihre rechte Seite an ihm wärmen konnte.

Zuerst war eine Art Beben zu spüren, das sie durch die Schuhe hindurch kitzelte, dann drang ein Geräusch, eine asthmatisch-metallische Welle, von irgendwo vom Anfang der Häuserreihe her zu ihnen.

Die Finger ihres Vaters drückten sie, und sie hob ruckartig den Kopf, der schon vollends an der Wärmequelle lehnte.

»Sie kommen«, sagte er, auf Serbisch, wie immer, und wenn ihn jemand verspottete, weil er nur eine der Sprachen im Vielvölkerstaat beherrschte, antwortete er je nach Laune: von »Sprich Serbisch, dann versteht dich die ganze Welt!« bis zu »Das ist die offizielle Sprache der Armee. Auch in Zivil bin ich Soldat!«

Als Einzige aus dem ganzen Haus standen sie auf dem Balkon und beobachteten die uniformierten Musikanten der Blaskapelle, die in einer schaukelnden Rechtecksformation marschierten. Sobald sie sich entfernten, sagte ihr Vater jedes Jahr dieselben Phrasen über den Ersten Mai, Tag der Arbeit, über den Arbeiterkampf, und betonte, dass Marschall Tito auf der ganzen Welt der größte unter den Kämpfern sei, wonach Zala wieder schlafen gehen durfte. Ihr die Decke überlegend, fügte er hinzu: »Mein Sohn, wenn du ein Mann wärst, würde ich dich jeden Tag noch früher wecken, nur um dich an das Soldatenleben zu gewöhnen.«

Der Gedanke daran, dass ihr das erspart geblieben war, tröstete sie jedes Mal, wenn sie mitbekam, dass die Jungs einfach hinpinkeln konnten, wo sie gerade waren, während die Mädchen sich verstecken oder nach Hause laufen mussten.

Erst als Teenager begriff sie, dass ihr Vater sie hatte trösten wollen. Aber da war sie schon über die Phase hinaus, da sie noch nach mildernden Umständen für ihn gesucht hätte.

Jetzt lehnte sie am Fenster der Entbindungsstation, sah die Fahnen an den Stangen entlang der Straße, die sich nach den Feiertagen müde hängen ließen, noch nasser und kälter als sonst, und es kam ihr seltsam vor, dass jene marschierenden Musikanten in ihrer Erinnerung mal größer und mal kleiner, mal näher und mal weiter entfernt waren. Dann fiel ihr ein, dass ihr Vater doch beim Militär war und sie häufig hatten umziehen müssen. Niedrige Mehrfamilienhäuser und hohe Wohnblocks wechselten sich ab, die Wohnungen waren mal weiter oben, mal weiter unten, als hätte eine Flutwelle sie durch das Erwachsenwerden getragen.

Als Jugoslawien nach und nach auseinanderfiel, und in den Medien in allen Republiken lauthals »Wir haben nichts gemeinsam!« verkündet wurde, schob sich Zala immer wieder das Bild der Uniformierten vor Augen, wie sie zu denselben Melodien an den Wohnblocks vorbeimarschierten, wie sie an jedem beliebigen Ort innerhalb der Viertelmillion Quadratkilometer hätten stehen können. Sie hätte die Stimme im Radio gerne angeschrien, sie solle doch mal aus dem Fenster schauen, auf diese sozialistische Architektur, die überall gleich war, so weit das Auge reichte.

Sie zog ihr Nachthemd zurecht und fragte sich, weshalb Krankenhauskleidung bloß aus so schäbigem Material, so unansehnlich, so hässlich sein musste. Damit man eine Größe für alle, wirklich alle hatte? Durfte es denn keine Schönheit für die Massen geben?

Sie ging zurück zum Bettchen, betrachtete das Köpfchen in all dem Weiß. Seine kleinen Lippen zuckten, und sie fragte sich, ob es einen Unterschied gab zwischen den Träumen am zweiten Tag nach der Geburt und denen im Mutterleib. Ihr Kind sah aus, als saugte es Milch, aber ohne das Schlenkern, das Suchen, das Ausweichen, die Unzufriedenheit, die es an den Tag legte, wenn es wach war. »Zwei Tage«, dachte sie. »Zwei Tage!«

Sie wunderte sich darüber, wie viel Zeit bereits vergangen zu sein schien. Frisch war nur die freudige Erregung über das Wesen, das vor ihr lag. Die Frau zu ihrer Rechten stillte bereits, die beiden anderen gegenüber schienen noch zu schlafen. Sie sah zu der Frau in der Ecke; ihre Mundwinkel hingen selbst im Schlaf nach unten. Wenn sie wach war, weinte sie unaufhörlich. Kaum berührte der Mund ihres Babys ihre Brüste, schüttelte sie den Kopf, behauptete, die Milch fließe nicht, sie könne nicht, sie ... nein. Nachts stöhnte sie, sie könne nicht schlafen, die Kinder müssten in einem eigenen Raum liegen, wie in anderen Krankenhäusern, sie brauche ihre Ruhe, die Besucher seien zu laut ... und so weiter. Ihr Mann brachte ihr Unmengen von Blumen, und sie schob sie mit dem Handrücken von sich, weil sie angeblich voller Bakterien waren.

Zala war dankbar, dass sie nicht so war, dass sie stärker war, und sie fühlte sich deswegen gleich ein wenig schuldig. Sie versuchte, die Frau zu rechtfertigen: was, wenn sie eine schwere Geburt gehabt hatte?

Zala hatte mit Leichtigkeit geboren, auch war es nicht so schmerzhaft gewesen, wie sie es sich vorgestellt hatte, auch wenn sie schon vor langer Zeit festgestellt hatte, dass man sich Schmerzen weder vorstellen noch in Erinnerung behalten kann. Aber sie wollte kein Gespräch mit der Weinenden anfangen, als hätte sie Angst, sich mit dem Unglück anzustecken.

Sie wandte sich wieder ihrem Sohn zu.

»Einen Namen, jetzt muss ich mich wirklich für einen Namen entscheiden.«

Als sie im sechsten Monat war, hatte sie sich in der Bü-

cherei ein Buch mit Vornamen angesehen. Im siebten
hatte sie auf dem Postamt das Telefonbuch durchgeblät-
tert. Doch ein Problem blieb: Sollte sie einen slowenischen
Namen aussuchen oder einen, der auch serbisch sein könnte? Boris, zum Beispiel, den würde auch ihr Vater akzep-
tieren.

(wenn)

Es ging nur um ihn; sie versuchte, es einem Menschen recht zu machen, mit dem sie schon lange
nicht mehr gesprochen hatte. Sie hatte einen Sohn geboren, was in den Augen ihres Vaters das Größte war, das
eine Frau leisten kann. Wäre er in diesem Moment vor ihr
gestanden, sie hätte ihm eine Ohrfeige verpasst.
Zala Jovanović: der serbische Nachname ihres Vaters und
ein sehr slowenischer Vorname. Ein kleiner Sieg ihrer
Mutter? Der Sieg einer Frau, die ihren Mann immer unterstützt, ihm in allem zur Seite gestanden hat, auch bei
den größten Dummheiten. Bis zum letzten Streit, bei dem
Zala keinen Zweifel daran gehabt hatte, wie er enden und
wie die Beteiligten sich entscheiden würden. Sie hatte nur
ein paar Jahre abwarten müssen, bis sich genügend Wut
in ihr angestaut hatte, um dieser Entscheidung mutig
ins Auge sehen zu können.
Zehn Jahre später war die Situation zwischen ihr und dem
Vater noch immer unverändert: Sie hatten Wort gehalten und sich weder gesehen noch gesprochen. Zala fragte
sich, ob er sich überhaupt noch an sie erinnerte, ob auch
er in Gedanken weiter mit ihr stritt, so wie sie mit ihm.
Ihre Mutter hatte sie das letzte Mal kurz vor dem ersten
November gesehen, als sie das Grab ihrer Eltern gerich-
tet hatte. Noch etwas typisch Slowenisches, von dem ihr

Vater nichts wissen wollte. Trotzdem begleitete er seine Frau zu dem farbenprächtigsten Spektakel im Leben der Slowenen: Dann sind die Friedhöfe übersät mit Kerzen und Blumensträußen in allen Farben. Menschen stehen an den Gräbern und beurteilen die Kleidung der anderen, zählen die Kerzen und begutachten die Blumen. Sie lästern über protzige Kränze und reden schlecht über die Abwesenden. Anschließend gehen sie zum Parkplatz, wo sie sich anhand der Automodelle ein Bild davon machen, wie erfolgreich die Verwandtschaft ist, auch die entfernteste, und auch Freunde und Bekannte. Sie sehen sich die Autos an und schätzen so den Lebenserfolg ein. War das für ihren Vater ein schmerzhafter Moment? Mit seinem alten Zastava 101?

Einmal hatte ihre Mutter vorgeschlagen, ein Auto zu leihen, und ihr Vater hatte deswegen bis spät in die Nacht getobt. Es wäre ja kein Sündenfall gewesen; nach jedem ersten November erzählte man sich Geschichten von Menschen, die mörderische Kredite aufgenommen hatten, um sich teure Kleidung und Autos leisten zu können. Ein Cousin ihrer Mutter war Gebrauchtwagenhändler und erzählte, dass die protzigsten Schlitten in der Woche vor Allerheiligen verkauft werden.

Zala ging immer schon einen Tag früher ans Grab, um ihrer Mutter beim Unkrautjäten zu helfen. Gebückt griffen sie nach den Pflanzen, blickten nach unten auf die Quarzkiesel und hatten einander nicht viel zu sagen.

»Wie geht es dir?«

»Gut. Und dir?«

»Gut.«

Dann füllte Zalas unausgesprochene Frage die Stille. Doch

dieses Mal warf die Mutter ganz beiläufig ein, so als sei es überhaupt nicht wichtig, als wolle sie möglichst schnell und reibungslos über diese Unebenheit im Verlauf ihrer Begegnung hinwegkommen: »Auch deinem Vater geht es gut.«

Anstatt sich beim Abschied die Hand zu geben, hatten sie einander die von Erde und Pflanzenblut verschmierten Hände gezeigt und sich zugenickt.

Dem Sohn einen Namen zu geben, der nicht (auch) serbisch wäre, hätte für Zala den endgültigen Bruch mit ihrem Vater bedeutet. Wenn sie in den vergangenen Monaten darüber nachgedacht hatte, war sie immer angsterfüllt, als starrte sie in einen Abgrund. Ihr Vater und sie hatten einander in den letzten Jahren ihres Zusammenlebens nur noch anbrüllen können, hatten wie besessen nach Worten, schärfer als Messer, gesucht. Er hatte sie geohrfeigt, und sie hatte ihm zwei Reihen Kratzer auf den Wangen verpasst. Dieser Mensch, an den sie nicht mehr dachte, nicht mehr denken wollte, war Monate vor der Geburt wieder an die Oberfläche geschwemmt worden und hatte erneut für Streit und Zweifel gesorgt. Als sie von zu Hause weggegangen war, hatte sie zu ihm gesagt, dass er für sie nur noch ein Name sei, und jetzt beanspruchte er ein Mitspracherecht bei der Namensgebung für ein Kind, von dem er gar nichts wusste.

›Ist er ihm irgendwie ähnlich?‹, fragte sie sich und fand keine Antwort. Die übrigen Mütter und ihre Besucher teilten jedes Organ genau unter der Großfamilie auf: die Nase vom Vater, die Augen von der Tante ..., nebst den obligatorischen Witzchen über Postboten und Zeitungsausträger. Um ihn nicht zu wecken, wagte sie es nicht, seine überraschend dichten schwarzen Haare zu streicheln, aber sie fühlte sich erleichtert, weil sie nicht blond waren. Den Namen des Kindsvaters geheimzuhalten, war ihr in Fleisch und Blut übergegangen, und sie schob die Erinnerung an Sonnenlicht in zerzaustem, noch feuchtem Haar beiseite, an eine Männerhand, die ein Handtuch hält, an lange Finger, die ... Nein!

Sie starrte auf die winzigen Finger auf dem Bettlaken.

›Der Kleine hat die Finger seines Vaters‹, fiel ihr auf, und sie spürte, wie sehr sie ihn vermisste.

›Noch einer, der nichts von dir weiß, mein Kleiner!‹, dachte sie, während sie ihr Baby ansah: ›Deine Kindheit wird anders werden als meine, das schwöre ich!‹

Sie war sich nicht sicher, ob sie das nicht vielleicht laut gesagt hatte, und blickte erschrocken um sich.

Die Tür öffnete sich, und die Visite kam herein. Die Ärzte blieben grußlos am ersten Bett stehen, einer nickte und flüsterte vor sich hin, sodass sich ein jüngerer und die Frau neben ihm vorbeugen mussten, um ihn zu verstehen; ihre weißen Kittel bildeten dabei ein Indianerzelt.

Zala setzte sich aufs Bett, dachte, dass sie sich vielleicht besser hinlegen sollte, rührte sich aber nicht. Der Arzt warf ihr erst einen flüchtigen Blick zu, dann blieben seine Augen für einige Sekunden auf ihr haften. Die halb geschlossenen Lider und die angehobene rechte Augenbraue über dem zufriedenen Lächeln gaben ihr zu verstehen, dass er ihr seine Wertschätzung zeigte, sie trotz der Situation, in der sie einander begegnet waren, für begehrenswert hielt. Um welch große Ehre es sich dabei handelte, war ihr sofort klar. Er strahlte die Arroganz eines noch immer passablen Sechzigjährigen aus, der das Glück hatte, das Verblühen seines Aussehens mit der Zunahme an Status und Vermögen ausgleichen zu können.

Sein graues Haar breitete sich in langen gegelten Wellen über dem Kopf aus, dicht über den Ohren endeten diese jedoch in zwei rasierpinselartigen Büscheln. Die gebräunte Haut hob sich deutlich ab von dem frühlingshaften Weiß, wie es die meisten Stadtbewohner zierte, die den Winter über die Morgennebel in sich aufgesogen hatten. Zala erwartete den Anblick einer dicken, glänzenden Goldkette, doch sie sah keine; der Arzt hatte wirklich den Stil eines Latin Lover, aber er trieb es nicht bis zur Banalität.

Er sah einige Sekunden die Famulantin zu seiner Linken an, dann warf er einen Blick zu dem jungen Mann auf der anderen Seite und senkte seine Augen schließlich auf die metallene Tafel, die er aus dem Bettgestell gezogen hatte.

»Leichte Geburt, gesundes Kind, Montag Entlassung, falls es keine Komplikationen gibt.«

Er hielt die Tafel mit den Notizen wie ein Tablett, die Köpfe näherten sich gehorsam, dann hängte er sie wieder auf und durchquerte den Raum. Der Geruch seines teuren Rasierwassers blieb in der Luft hängen und leistete Zala Gesellschaft.

›Gesundes Kind!‹

Sie erinnerte sich an all die Nächte, in denen sie stundenlang wachgelegen hatte, weil ihr Bauch zu wachsen begonnen hatte und in ihr nicht mehr genügend Platz war, und sie mehrmals in der Nacht auf die Toilette musste. Selten schlief sie sofort wieder ein, häufig starrte sie auf

23

die Schlitze im Rollladen, auf das gleichmäßige Licht der Straßenlaternen, das gelegentlich von den Scheinwerfern eines späten Autos verstärkt wurde. Zuerst hatte sie gedacht, die Ängste kröchen aus den dunkelsten Ecken des Zimmers hervor, im letzten Monat jedoch hatte sie das Gefühl gehabt, dass sie sich in ihren Extremitäten verbargen, in ihren Händen und Füßen, die sie von sich gestreckt hielt, weil wegen ihres Bauchs die möglichen Schlafpositionen sehr eingeschränkt waren. Bruchstücke von Nachrichten oder Szenen, die sie im Laufe des Tages gesehen hatte und auf die ihr Gehirn wie besessen lauerte – ein Invalider im Rollstuhl, ein geistig behindertes Kind, ein Mann, dem eine Hand fehlte –, tauchten vor ihren Augen auf und ließen ihr Herz gefrieren. Sie legte eine Hand auf ihren Bauch und versuchte, nicht nur das Leben, sondern die Vollkommenheit des Lebens zu berühren. Die Versicherungen der Gynäkologin blieben nachts ausgesperrt, vor der Tür, und wurden erst am Morgen wieder zu ihr vorgelassen.

›Ein gesundes Kind!‹, sie lächelte und bemerkte, dass die Medizinstudentin im praktischen Jahr dem Arzt nicht gefolgt war, sondern sie noch immer anschaute.

»Tante Zala …«, flüsterte sie und warf einen verstohlenen Blick auf das weiße Paar hinter ihrem Rücken.

Zala blickte in ein Gesicht, das ihr sehr wohl bekannt vorkam, nur passte es in seiner Kindlichkeit nicht zu dem weißen Kittel und dem Raum.

»Ich bin's, Tanja, von nebenan …«

»Oh! Tanja! Ich habe dich gar nicht wiedererkannt! Du bist ja so gewachsen!«

Auch Zala flüsterte und versuchte, schnell aufzustehen.

Mitten in der Bewegung stellte sie fest, dass ihr Schwerpunkt sich verlagert hatte, sie geriet ins Wanken, und die junge Frau hielt sie am Arm fest.

»Wir haben uns ja auch seit über zehn Jahren nicht mehr gesehen!«, sagte sie.

»Du bist Ärztin!«

»Noch nicht, ich bin erst im vierten Jahr!«

Der Arzt war inmitten des Gangs auf dem Weg zur vierten Wöchnerin stehengeblieben und verzog unwillig den Mund.

»Um zehn beim Kaffeeautomaten!«, flüsterte Tanja und ging fort.

↓

Zala legte sich den Säugling über die Schulter und schaukelte ihn sanft, damit er ein Bäuerchen machte. Das Kind erschien ihr so leicht, dass sie kaum den Blick von ihren Händen abwenden konnte, da sie sich nicht sicher war, ob sie es noch hielt, und zugleich hatte sie Angst, es womöglich zu fest zu halten. Sie spürte seine Wärme durch den Stoff, und seine Fingerchen flatterten gelegentlich wie die Fühler einer Tiefseepflanze.

Ihr Gürtel löste sich, sie merkte, wie sich ihr Kittel öffnete und sie entblößte. Vorsichtig hielt sie ihren Sohn nur noch mit der linken Hand fest und versuchte, den Gürtel wieder zuzubinden.

»Das Kind können Sie mir geben«, sagte eine tiefe Stimme hinter Zalas Rücken, und für einen Augenblick dachte sie, ein Mann habe gesprochen. Die Frau streckte die Arme nicht aus, sie hielt die Hände beinahe parallel zu ihren Brüsten, die starr und steif vollständig in einem Büstenhalter gefangen waren.

»Avbar, Leiterin der Entbindungsklinik. Freut mich«, fügte sie hinzu und nickte. Alles an ihr strahlte Beherrschung aus. Angefangen bei der Frisur, die dank chemischer Unterstützung der Schwerkraft widerstand, über den gestärkten Kragen, das weiße Kostüm und das schwarze Hemd bis zu dem dünnen Kettchen, das in ihrem hohen Ausschnitt verschwand, und den Schuhen mit den Stilettoabsätzen. Eine viel zu dicke Schicht Puder lag auf ihrem Gesicht wie Schnee auf einer Landschaft und erstickte jeglichen Ausdruck, auch wenn seine Besitzerin vermutlich nur die Jahre hatte übertünchen wollen. Zala hatte das Gefühl, als durchbohrten ihre Augen sie und könnten jeden Moment etwas Neues ausgraben, was verborgen bleiben sollte. Sie hatten einmal in einem Hochhaus gewohnt, in dem die Nachbarin über ihnen eine Katze mit einem solchen Blick gehabt hatte. Zala hatte sich nie getraut, sie zu streicheln.

Zala bedeckte jetzt mit beiden Armen das Kind, und ihr Kittel öffnete sich endgültig.

Die Lippen der Frau vor ihr kräuselten sich leicht, als wollten sie Ablehnung zum Ausdruck bringen, was ihre Besitzerin jedoch nicht zuließ.

Der Körper wollte das Kind nicht loslassen, doch der Verstand gewann die Oberhand. Sie arbeitete seit vierzehn Jahren als Erzieherin im Kindergarten und lernte jeden Herbst neue Eltern kennen. Nach ein paar Jahren hatte sie bemerkt, dass sie bereits vom ersten Augenblick an ihr Urteil, ein gutes oder ein schlechtes, über diese Personen fällte; Letzteres versuchte sie jedoch zu ersticken, indem sie sich selbst gut zuredete – er ist doch so freundlich, ganz sicher ist er auch gut zu seiner Familie und Ähnliches. Mit der Zeit war sie zu dem Schluss gekommen, dass dieser erste Eindruck selten trog, und so begann sie, auf ihn zu lauern. Sie versuchte, ihn wachzuhalten, so lange wie möglich, sogar bis nach Hause, wo sie ihn in Ruhe wieder auseinandernehmen und in allen Einzelheiten studieren konnte. Im sechsten Jahr hatte sie in einer Mutter eine Diebin gesehen und sie ein paar Monate beobachtet, wenn sie mit ihrem Kind kam und es wieder abholte. Dann wurde ihr bewusst, dass deren Gesicht sie an das einer Frau erinnerte, von der sie während der Dienstzeit ihres Vaters in Bitola bestohlen worden waren. So hatte sie aufgehört, ihrem Instinkt zu vertrauen. Was, wenn das alles nur Erinnerungen an Gesichter, an vergangene Erfahrungen waren? Letztlich blieb sie hinsichtlich ihres Urteilsvermögens unentschieden, bis auf die Male, wenn ihre Gefühle laut und deutlich waren wie jetzt.

Doch es war sonst niemand auf dem Gang, und die Klinikleiterin wartete, deshalb siegte die Vernunft. Und so legte sie behutsam ihren Sohn in die vor ihr ausgestreckten Hände.

Schnell verhüllte sie sich und nahm ihr Kind darauf wieder an sich.

»Danke!«

Die Frau nickte.

»Ein wunderbarer Junge! Schön, gesund ... Sie haben Glück!«

»Ja, ich weiß, danke.«

Die Klinikleiterin schwieg, ihr Blick war stechend, Zala

wurde unruhig. Ein Teil von ihr ärgerte sich über ihren Gehorsam, der ihr nicht erlaubte, einfach zu gehen, weil sie eine Führungskraft vor sich hatte. ›Würde ich mein Kind einer Putzfrau überlassen?‹, fragte sie sich, und sie dachte daran, wie sehr sie sich im Kindergarten bemühen musste, um gegenüber der Leiterin nicht geradezu dienstbeflissen zu sein. Jedes Mal, wenn sie sich in entsprechender Gesellschaft befand, fiel sie automatisch in dieses Verhaltensmuster, als wäre sie darauf dressiert worden; sie ärgerte sich über sich selbst, leistete manchmal übertriebenen Widerstand und fand nur schwer einen Mittelweg.

»Nur ...«, begann die Klinikleiterin und ließ das Wort verglühen wie ein Streichholz, mit einem langen Rauchfaden, der sich über ihr ringelte.

»Was ist?«

»Sind Sie Ausländerin?«

»Wie meinen Sie das?«

»Ich meine ... Sie haben nicht ein einziges Mal Besuch gehabt ... Und ...«, sie machte eine Kopfbewegung zum Kind, »es gibt auch keinen Vater ...«

»Meine Freundinnen sind ans Meer gefahren. Sie haben mich eingeladen, aber ich bin nicht mitgefahren, für alle Fälle, und das war auch gut so.« Zala stolperte beinahe über die Stimme in ihrem Inneren, die schrie: ›Du redest zu viel! Zu viel!‹ Sie schluckte und fügte hinzu: »Ich komme aus Ljubljana.«

»Aha.« Es klang wie das Fallbeil einer Guillotine.

›Hat sie das irgendwo gelernt oder wurde sie schon so geboren?‹, fragte sich Zala. ›Wenn es antrainiert ist, kann ich es dann ebenfalls lernen, und wo?‹

28

›Aber‹, fügte eine kleine Stimme hinzu, ›wärst du dann
überhaupt noch du selbst?‹

»Sie stehen nicht im Melderegister«, betonte die Leiterin
irgendwie unangemessen deutlich.

»Wie? Was heißt das?«

»Sie sind nicht im Computer ...«

»Davon weiß ich nichts ...«, erwiderte sie matt, und fügte
dann entschlossener hinzu: »Bis jetzt war immer alles in
Ordnung.«

Die Leiterin spreizte die Hand, wieder dicht an ihrem Körper, als wollte sie nichts weggeben, nicht einmal ihre Extremitäten: »Keine Sorge, wir werden alles regeln. Sie sind
in guten Händen.«

Die Hand schloss sich und ließ nur den Zeigefinger ausgestreckt.

Sie wackelte mit ihm, als sie sich dem Baby zuwandte:
»Butz butz.«

↓

Zalas Blick haftete an Tanjas Haaren, die ihr bis zu den
Schultern reichten. Sie gerieten in Schwingung, als sie
sich nach dem Automatenkaffee bückte, und dann noch
einmal, als sie Zala den Tee reichte; erst als ihr bewusst
wurde, warum sie so starrte, konnte sie wegsehen.

Tanja war vier Jahre alt gewesen, als Zala sie zum ersten
Mal gesehen hatte, im Treppenhausflur des Hochhauses,
in das sie gerade eingezogen waren. Ein Teenager kann
mit einem Kind, das fast noch ein Baby ist, nicht viel anfangen; ein Wesen, das noch einige Leben braucht, um
das Teenageralter zu erreichen, ist nur einen geringschät-

zigen Blick wert, und den ließ Zala ihr auch zukommen. Tanja sah auf den Boden, packte eine Haarsträhne und steckte sie sich in den Mund. Ihr Kinn bewegte sich, als würde sie Kaugummi kauen.

Tanjas Mutter sprach Zala im Aufzug an und fragte, ob sie an den Tagen, an denen sie und ihr Mann beide Nachmittagsschicht hatten, auf ihre Tochter aufpassen könnte. »Es ist ja nicht oft, ich zahl dir auch was dafür ...«, es klang, als wollte sie sich rechtfertigen. Zala hätte abgelehnt, wenn sie nicht gerade in der Woche zuvor ihre Mutter um Geld gebeten hätte, um sich ein indisches Kleid kaufen zu können, das sie schon seit Langem in einem Schaufenster in der Innenstadt bewunderte. Ihre Mutter hatte in Slowenien Arbeit gefunden, bekam jetzt endlich ihr eigenes Gehalt, und voller Stolz hatte sie vor ihrer Tochter die Geldscheine abgezählt und hinzugefügt: »Sag deinem Vater nichts davon!« Als Zala mit dem Geld in der Hand die Treppe hinunterlief, war sie geradewegs auf den Vater gestoßen, der sie gleich am Handgelenk gepackt und des Diebstahls bezichtigt hatte. Sie hatte ihm die Sache erklärt, und die Mutter hatte ihre Geschichte bestätigt. Doch das Misstrauen des Vaters schmerzte sie so sehr, dass sie das Kleid dann völlig lustlos gekauft hatte, wohlwissend, dass sie es nie tragen würde. Sie hatte begriffen, dass Geld woanders herkommen musste, selbst verdient und nicht zwingend an Emotionales gekoppelt: an das Einschmeicheln bei der Mutter, an die Belohnungen des Vaters für mannhaftes Verhalten. Sie wollte Geld, um materielle Dinge zu kaufen, nicht als Währung für Gefühle. Also musste sie es sich selbst verdienen.

Auf Tanja aufzupassen, wurde ihr erster Job und half ihr

bei der Wahl ihrer Ausbildung. Obwohl sie die Volksschule mit Auszeichnung bestand und ihr Name an der Wand eines Gebäudes verewigt wurde, das sie nie mehr wiedersehen sollte, entschied sie sich nicht für das Gymnasium, sondern für die pädagogische Fachoberschule, der schnellste Weg zu einem eigenen Gehalt und zur Unabhängigkeit. Die zweite Feststellung, ebenso banal: Zu dem Menschen, der einen ernährt, kann man nur schwer Nein sagen. Schon gar nicht, wenn in einem Streit genau das sein Hauptargument ist.

An den ersten beiden Abenden tat Tanja nichts anderes, als an ihren Haarspitzen zu kauen, abwechselnd auf der linken und auf der rechten Seite. Zala saß zunächst neben ihr und sah fern, dann kam ihr ein seltsamer Gedanke: Wenn sie schon eine Arbeit hatte, warum sie dann nicht gründlich machen? Sie fand einen Stapel Kinderbücher und begann zu lesen. Mit der Zeit kam ihr Schützling vorsichtig näher und spähte durch den kurvigen Vorhang ihrer Haare auf die Illustrationen.

Sie erinnerte sich noch deutlich an den Moment, als sie beschlossen hatte, von nun an ihre Arbeit wirklich gut zu machen; zugleich begriff sie, dass es sich dabei vermutlich nicht gerade um ein Massenphänomen handelte. Im sozialistischen Jugoslawien trafen sich die Angestellten in Imbissstuben, prahlten mit ihrer Faulheit und lobten einander für schlecht gemachte Arbeit. Vielleicht konnte sie nicht aus ihrer Haut, vielleicht wegen der Gene ihres Vaters? Ihr Vater, der alles verbissen in Angriff nahm, Dienst nach Vorschrift, wie er sagte, pflichtversessen bis zum i-Tüpfelchen, vor allem bis zum letzten Ausrufezeichen. Befehle, Pflicht, mit der Faust auf den Tisch, bis zum letzten Schweißtropfen. Auch zu Hause war er ein echter Mann vom Balkan: das Mittagessen immer pünktlichst, das Besteck auf den Millimeter genau an seinem Platz, dann ein Bier in die Hand, Couch und Fernsehen. Hingebungsvoll die Sportübertragungen anschauen, wie besessen die Nachrichten verfolgen.

Bei Tanja in der Wohnung standen noch Umzugskartons wild durcheinander, was auf Zala beruhigend wirkte – Leben war also auch in Räumen möglich, wo keine militärische Disziplin herrschte. Als sie beinahe ein Jahrzehnt später in ihre eigene Wohnung zog, probierte sie es zuerst mit dem Rezept von Tanjas Eltern, verschwendete aber so viel Zeit damit, in Kisten zu wühlen und darüber zu stolpern, dass sie, nicht ohne Unbehagen, zu einer abgespeckten Variante des väterlichen Regimes wechselte.

Als Tanja sich an Zala gewöhnt hatte, wurde aus ihr ein sehr gesprächiges Kind. Hinter ihren Haaren versteckte sie sich nur dann noch, wenn die Eltern sie auf den Hof schickten. Damals war es normal, dass ein Kind nur zum Schlafen nach Hause kam. Ein Teenager zog ihr einmal die Haare aus dem Mund, als sie neben einer Gruppe Kinder stand, zu der sie sich nicht vortraute, der sie sich vermutlich nicht einmal anschließen wollte. Er riss sie ihr beinahe aus, und Tanja schrie um Hilfe. Obwohl Zala in dem Moment gar nicht ihrem Job als Kindermädchen nachging, lief sie auf den Hof und trat dem Angreifer mit voller Wucht zwischen die Beine, sodass er sich noch lange jaulend krümmte und wandte und kaum mehr atmen konnte, als wäre die Luft zäh wie Quark geworden. Im Aufzug wischte sie Tanja die Tränen ab und gab Wissen an sie weiter, das sie ganz am anderen Ende Jugoslawiens erworben hatte, von kleinen Zigeunerkindern: Zwischen den Beinen haben Männer etwas, das rauskommt und alle der Reihe nach belästigt, wenn man es nicht rechtzeitig mit einem Tritt aufhält.

»Sie sind Erzieherin geworden?«, fragte Tanja und reichte ihr den Plastikbecher mit Tee. Zala sah sich überrascht um.

»Du siezt mich?«

Tanja lächelte verlegen. Die kindlichen Züge schwebten noch immer über ihr Gesicht und weckten die Hoffnung, dass sie sich schließlich zu einer Schönheit zusammensetzen würden. Jetzt war jeder Teil für sich schön, aber das Ganze wirkte, als würde etwas fehlen. ›Vielleicht nur Selbstbewusstsein?‹, dachte Zala und hoffte, dass ein Diplom und ein Titel auf dem Namensschildchen helfen würden.

»Ja, bin ich. Du warst meine erste Kundin.«

»Sie ... du warst eine super Erzieherin.«

»Danke. Und du?« Diese Worte brachten sie selber aus dem Konzept:

»Entschuldige, was für eine dumme Frage. Ich wollte fragen, wirst du Kinderärztin?«

»Nein, nicht, wenn es nach mir geht. Aber ich muss jetzt auf jeder Station eine Zeit lang Dienst tun.«

Zala rührte den Tee mit einem Plastikstäbchen um und spürte Tanjas Augen auf der Hand, mit der sie den Becher hielt. Ihr Blick glitt über den Ringfinger und fand nichts, an dem er hängen bleiben konnte. Tanja wurde bewusst, dass sie zu lange starrte, und ihre Wangen färbten sich rot. Ihre Hand wanderte nach oben, Zala dachte an die Haare, aber Tanja hielt sich im letzten Augenblick zurück, griff nach dem Stethoskop und begann, den Gummischlauch aufzuwickeln.

»Ich bin nicht verheiratet«, erklärte Zala freundlich.

»Entschuldige ... Mir ist aufgefallen, dass du gar keinen Besuch bekommst ... Deshalb.«

Die Traurigkeit in Tanjas Augen weckte Zalas Kampfgeist. Mitleid konnte sie noch nie ertragen.

»Meine Entscheidung«, sagte sie. »Du hast doch sicher das Formular gesehen?« Tanjas Hand umklammerte das Stethoskop.

»Ja.«

Ihre Haare bebten wieder verführerisch. Zala kam manchmal auf dumme Gedanken – Lachen auf einer Beerdigung, Rülpsen in der Kirche –, aber sie hielt sich immer zurück. Auch dieses Mal, obwohl ihr der Wunsch witzig erschien – was, wenn sie Tanjas Haare packte und sie sich in den Mund stopfte?

Tanja fühlte sich höchst unbehaglich, und der Saum ihres Kittels zitterte über ihren Jeans.

»Mit einem Beruf wie diesem plane ich Kinder auch erst für später«, sagte sie und merkte sofort ihren Fehler. Jetzt hatte sie Zala zu allem Überfluss auch noch zu verstehen gegeben, dass sie ihr alt vorkam. Sie riss die Augen weit auf und hielt den Atem an.

Zala brach in heftiges Lachen aus, sie musste sich an den Automaten lehnen und sich die Tränen abwischen. Die Nähte an ihrer Scham protestierten schmerzhaft.

»Die Hormone ... das müssen die Hormone sein ...«, brachte sie mit Mühe hervor und lachte, bis auch Tanjas versteinerte Haltung bröckelte und der Entspannung wich.

»Ich habe alles falsch gemacht!«, rief sie und stimmte in das Gelächter ein.

»Ja, und gerade du! Immer das klügste Kind im Hochhaus! Und das bravste obendrein! Prost!« Zala hob ihren Plastikbecher und sie stießen an, aber da das Material zu weich war, spritzte ihnen der Inhalt über die Finger.

3. MAI 1992, SONNTAG

Sie schlug die Augen auf, sah zum Bettchen ihres Sohnes hinüber und blickte in das Gesicht der Klinikleiterin. Etwas Nachdenkliches breitete sich darin aus, zuerst um den Mund herum, dann schoben sich die Augenbrauen zusammen und verdichteten den Gedanken zu einer Idee. Zala kniff die Lider zusammen und beobachtete sie weiter, jetzt mit halbgeschlossenen Augen. Sie hatte das Gefühl, Zeuge einer sehr privaten Szene zu sein, bei der die Frau vor ihr keine Zeugen haben wollte.

Zala stöhnte absichtlich und bewegte den Kopf hin und her. Die Klinikleiterin war so vertieft, dass sie es nicht bemerkte.

Ihre Augen hafteten an ... »mein Sohn!«, Zala setzte sich erschrocken auf.

Der Kleine schlief.

»Sie haben keine Ahnung, was für ein Glück Sie haben«, flüsterte die Klinikleiterin, ohne sie anzusehen, »ein wunderbares Kind! Was hätte nicht alles passieren können, aber es ist nicht passiert. Wir sollten immer wieder innehalten und darüber nachdenken, dann würden wir das, was wir haben, mehr zu schätzen wissen, nicht wahr?«

Zala nickte.

Die Klinikleiterin ließ mit einer langsamen Drehung des Kopfes den Blick über die schlafenden Frauen wandern. Die unglückliche Mutter gegenüber schlief schnarchend, das Kinn nach oben gestreckt, mit weit offenem Mund.

»Was für Mütter ich hier sehe!«, sagte die Klinikleiterin.
»Natürlich auch Väter. Was für Menschen es auf der Welt gibt! Ich habe einen Beruf, bei dem man mit der gesamten Bevölkerung in Kontakt kommt. Und die gesamte Bevölkerung ist ...«

Sie trat dicht an das Gitter des Bettchens und betrachtete das schlafende Gesichtchen.

»Die Bevölkerung ist ... Ich habe direkt Angst um unseren Staat. Er ist so jung, wird er es mit diesen Menschen schaffen? Sie haben gesagt, dass Sie Erzieherin sind?«

Zala wollte antworten, aber die Worte blieben ihr im Hals stecken. So nickte sie nur, obwohl sie sich sicher war, nie mit der Klinikleiterin darüber gesprochen zu haben.

»Dann wissen Sie ja Bescheid. So sind wir geschaffen. Die Menschen kommen und wir urteilen über sie, wir können nicht anders. In Ihnen sehe ich eine Mutter, die für ihr Kind nur das Beste will. Stimmt's?«

»Natürlich«, antwortete Zala und ahnte, wohin der Monolog führen würde.

Die Klinikleiterin lächelte, es wirkte einstudiert.

»Wir werden alles regeln, keine Sorge!«, fügte sie hinzu und ging.

↓

Der Sonntagmorgen hatte das vom Regen reingewaschene Ljubljana für sich allein. Die Bewohner waren vor den Feiertagen zu ihren Wochenend- und Weinberghäuschen gefahren, ans Meer oder in die Berge, und Touristen waren noch keine da. In den Nachbarländern, die ehemals zu Jugoslawien gehört hatten, herrschte Krieg, was auf der Landkarte nur einen Fingerbreit entfernt war und Besucher abschreckte.

Sie stand am Fenster und sah hinaus. Sie vermisste die Bewegung, ihren gewohnten Morgenspaziergang durch die maifeiertäglichen Straßen, durch die leere Stadt, zum Tivoli, durch den Park in den Wald und zum Rožnik*. Überall leere Flaschen, hie und da getrocknetes Erbrochenes. Oben auf dem Hügel die Überreste eines Feuers, ein großes Rund aus geschwärzter Asche. Einmal hatte sie mit den Fingern hineingefasst und sich verbrannt. Die städtischen Müllmänner krochen langsam aus ihren Kleinlastern, reckten und streckten sich und betrachteten missmutig die Verwüstung, die sie zu beseitigen hatten, bevor das Volk nach dem Besäufnis erwachte.

Irgendwie fand sie diese Arbeit reizvoll, die erst auffiel, wenn sie nicht getan wurde.

Ihr Finger fuhr geräuschlos über die Scheibe. Die Kastanien auf der Allee bildeten ein Spinnennetz über der verlassenen Straße, das der Wind von Zeit zu Zeit in Bewegung versetzte, sodass Zala nicht sicher war, ob nicht vielleicht ihre Augen zitterten. Manchmal fuhr langsam und ziellos ein Taxi vorbei, der Fahrer verheizte Benzin, damit er nicht am Taxistand einschlief.

Sie erblickte eine knochige Gestalt mit einer Baskenmütze, auf der oben ein Schwänzchen aufragte, das aussah wie eine Zündschnur. Ihr kamen die Arbeiter mit solchen Mützen wieder in den Sinn, wie sie sie in ganz Jugoslawien gesehen hatte. Mit ihrer sonnengegerbten, ledrigen Haut sahen sie aus wie Seeleute, auch wenn sie bestimmt

* Waldhügel im Tivoli-Park in Ljubljana.

noch nie ein Schiff gesehen hatten. Mit knochigen Händen, dürr, aber mit geschwollenen Adern und Sehnen, legten sie auf den Baustellen der »ehemaligen Heimat« einen Stein auf den anderen, und an allgemeinen Feiertagen, wenn die Bewohner in die Ferien fuhren, die eingewanderten Arbeiter hingegen nach Hause, hatten diese Menschen kein Ziel mehr. Langsamen Schritts wanderten sie durch die Stadt, als fürchteten sie, die Straßen könnten schon vor dem Feiertag zu Ende sein. Sie blieben vermutlich nur einmal am Tag stehen, um sich an einem der Kioske aus rotem Plastik einen Burek zu kaufen. Vorsichtig, als hielten sie ein unendlich wertvolles Geschenk in der Hand, wickelten sie dann das fettige Papier ab.

Die Gestalt überquerte die Straße, ohne nach rechts oder links zu sehen, in einer langen Diagonale, wie ein Autofahrer sie fahren würde, in einem Wagen mit vollem Tank und ausgebreiteter Landkarte auf dem Beifahrersitz. Zala konnte ihren Blick nicht von der einsamen Figur in den viel zu weiten Kleidern losreißen, die etwas Skelettartiges hatte und den Eindruck vermittelte, als hätte sie sich mit ihrer Situation längst abgefunden; sie erreichte den Bürgersteig und verwandelte sich in kleine dunkle Flecken zwischen den Baumkronen, bevor sie verschwand.

Die Visite kam während des Stillens ins Zimmer. Tanja zwinkerte ihr schon von Weitem zu, Zala senkte den Kopf, um ihr Lächeln zu verbergen.

Der Arzt runzelte die Stirn und nickte, daher überkam sie ein Verdacht: »Wir können doch morgen nach Hause?«

»Im Grunde ...«, er strich sich übers Kinn und presste die Lippen zusammen.

Tanja sah ihn überrascht an, stellte sich dicht neben ihm auf die Zehenspitzen und versuchte, einen Blick auf die Papiere zu erhaschen, die er mit seinen Daumen zerknitterte.

»Wissen Sie ... es gibt da gewisse Komplikationen ...«

»Stimmt etwas nicht mit meinem Kind?«

»Nein, nein, nein! Nur ein paar Tests ... alles wird sich noch diese Woche klären ...«

Er wich ihrem Blick aus und begann zu zucken, als wollte jeder Körperteil einzeln von der Szene fliehen.

Zala spürte, wie sich ihr die Kehle zuschnürte, sie konnte nicht einmal mehr schlucken. Etwas Hartes stürzte in ihren Magen, und die Muskeln spannten sich, um nicht zu zerreißen.

»Es wird schon alles in Ordnung sein«, sagte er noch irgendwo auf dem Gang und eilte fort, ohne sich die anderen beiden Patientinnen angeschaut zu haben.

Der Medizinstudent bemerkte erst jetzt, dass etwas Ungewöhnliches vor sich ging, und blinzelte, als wäre er soeben erwacht. Er folgte seinem Vorgesetzten. Tanja machte ihr ein Zeichen, dass sie sich beruhigen sollte, und eilte ihnen hinterher.

↓

Zala wartete vor dem Kaffeeautomaten auf sie. Sie bemühte sich, nicht jeder einzelnen Bewegung des Minutenzeigers zu folgen, aber sie schaffte es nicht. Sie musste sich zwingen, nicht loszulaufen, Fragen zu stellen und einzugreifen. Ihre Muskeln, ihre Knochen wollten alle etwas tun, etwas bewirken, doch sie mussten warten, waren gefangen in der Haut.

Tanja kam beinahe im Laufschritt.

»Ich weiß nicht, um was es sich handelt, du musst entschuldigen. Der Oberarzt will nichts sagen, und die Befunde sind, soweit ich gesehen habe, alle in Ordnung. Beruhige dich, bitte!«

Sie wusste, wie wenig ihre Worte ausrichten konnten, deshalb versuchte sie es mit einem bekräftigenden Händedruck. Zala umklammerte ihre Hand, so fest, dass Tanja ihren Schmerz zeigte. Sie entschuldigte sich, die Energie, die in ihr brodelte, suchte einen Ausweg.

»Aber was ...«

»Nichts! Ganz bestimmt nichts! Weder bei dem Kleinen noch bei dir wurden neue Untersuchungen angeordnet, gestern bei der Visite war noch alles in Ordnung, und heute ... So etwas habe ich noch nie erlebt.«

»Er verbirgt etwas ...«

Tanja zögerte, dann nickte sie.

»Mit dem Kleinen ist alles in Ordnung. Ganz sicher! Ich werde aufpassen, wirklich. Vertrau mir!«

Zala blickte sie an und sah zum ersten Mal nicht das Nachbarsmädchen, auf das sie aufzupassen hatte, sondern einen Weißkittel und ein Stethoskop, auf die sie ihr Vertrauen richten konnte. Zumindest solange sie ihre Hand hielt und ihre Wärme spürte.

»Ich muss gehen!«, sagte Tanja.

»Ja«, Zala sammelte alle Kraft, um ihre Finger zu lösen.

↓

Zala hob den Zeigefinger. Sie wartete, bis sich ihre Augen an die fleckige Dämmerung gewöhnt hatten, an die Mischung des Lichts, das von der Straße hereinfiel, und der Nachtbeleuchtung vom Gang. Der Kopf ihres Kindes lag vor ihr als der sanftere Teil des Halbdunkels. Sie beugte sich vor, und als das Metallgestell ächzte, wartete sie, bis das Geräusch verklungen war, bevor sie den Finger weiter sinken ließ. Sie hielt ihn dicht vor die Lippen des Kindes, spürte den Atem, die Wärme, dann ein Stirnrunzeln – er atmet! Er lebt!

Sie war beruhigt, behutsam wich sie zurück. Sie wollte sich nicht hinlegen. Die Angst wollte sie flach auf dem Bett ausgestreckt, um sich ihrer vollständig zu bemächtigen, sie zu zerbrechen, sie durchzukneten und ihr den Atem zu rauben.

Sie saß nicht lange, da hob sie wieder den Finger, zu einer neuerlichen Überprüfung, in einer Nacht, die sich dehnte und weitete, als wäre sie nur für sie gemacht, eine unerträgliche Folter.

Kurze Momente der Erleichterung (Er atmet! Er lebt!) und dazwischen Phasen des Grauens, wenn sich ihr Kopf mit allem füllte, was sie bislang über den plötzlichen Kindstod gehört oder gelesen hatte, über Geburtsfehler und winzige weiße Särge, die von Vater oder Mutter in einer Hand gehalten werden konnten.

Die Nacht zermahlte sie zwischen ihren granitenen Tentakeln. Wenn sie gegen Morgen endlich einschlief, gab sie sich Träumen hin, von denen sie wusste, dass es Alpträume waren. Dennoch gelang es ihr nicht, wirklich aufzuwachen oder erleichtert darüber zu sein, dass sie nicht Wirklichkeit waren.

4. MAI 1992, MONTAG

Zala klopfte knapp unterhalb des Schilds mit der Aufschrift DIENSTHABENDER ARZT. Erst zaghaft, mit wächsernen Fingerknöcheln, nach ein paar Sekunden entschiedener und lauter. Sie ertrug die Stille nicht. Sie griff nach der Türklinke und drückte sie herunter. Jede ihrer Bewegungen war übertrieben, die Angst der Nacht hatte sich in pure Antriebsenergie verwandelt.

Der Arzt hob die Augen von einem Formular, auf dem er mit dem Füllfederhalter herumkritzelte, und sah sie an wie ein Donnergott. Die struppigen Brauen und die Miene eines Mannes, der allen Grund hatte, wütend zu sein, zerfielen beim Anblick Zalas wie eine Kaskade winziger Lichtlein inmitten eines Feuerwerks. Zala war beeindruckt von der Bandbreite an Rollen, in die der Mann da vor ihr schlüpfte: vom strengen Professor bis zum charmanten Verführer. Keine wollte so richtig zu ihm passen. Schließlich zerflossen all diese Mienen zu einer Art Gesichtslosigkeit, in der sie erkannte, was für ein Schwächling er sein musste, wenn er sich nicht hinter Titeln und Positionen verstecken konnte.

»Was geschieht mit meinem Kind?«

»Nichts. Nur ...«

»Was?«

Zala lehnte sich an den Schreibtisch, und der Arzt schob seinen Stuhl nach hinten, als wollte er auf Sicherheitsabstand gehen.

»Ein paar Tests ...«

»Was für Tests?«

»... und Probleme ...«

Seine Schwäche gab ihrer Wut Auftrieb. Sie drängte nach vorn, ihr Unterleib tat weh, aber sie wollte nicht nachgeben. Sie glitt am Tisch entlang nach rechts, stürzte beinahe zu Boden, hatte dann den Mann vor sich und beugte sich über ihn.

»Welche Probleme?«

Zwischen ihren beiden Gesichtern nahm sie ein Paar Klauen wahr und starrte einen Moment lang darauf. Eine Sekunde Verwirrung, dann wurde ihr bewusst, dass das ihre eigenen Hände waren, bereit, sich in Augen und Fleisch ihres Gegenübers zu bohren.

Als sie ihren Blick hob, starrte er ebenfalls auf ihre Hände.

»Sprechen Sie bitte mit meiner Frau.«

»Mit wem?!«

Erst jetzt sah er sie an, und in seinen Augen nahmen die Anzeichen von Erstaunen zu, seine Wangen wirkten wie die eines Kindes, dem Unrecht getan wurde:

»Mit der Klinikleiterin«, fügte er hinzu.

↓

Die Klinikleiterin sah ruhig und gefasst von ihrem Schreibtisch auf und sagte:

»Ich habe Sie bereits erwartet«, als wäre die Tür soeben nicht beinahe aus den Angeln gefallen. Zala hielt die Klinke noch sehr fest, wie einen Blitzableiter für ihre Wut.

»Setzen Sie sich!«

»Was ist mit meinem Kind?«

»Sehen Sie ...«, sie hielt mit der rechten Hand ihre linke Faust umfasst und stützte ihr Kinn darauf, »wir sind nicht nur Ärzte und Fachleute, jeder auf seinem Gebiet, wir sind auch Menschen. Wir müssen sichergehen, dass mit dem Kind alles in Ordnung ist. Das ist doch auch Ihre Meinung?«

»Aber was fehlt ihm denn?«

»Nichts. Mein Mann ist ...«

Die Lippen der Klinikleiterin kräuselten sich und zuckten, als hätten sie etwas Ekliges berührt, und Zala begriff, dass das Ehepaar gerade durch ihren Kontrollzwang und seine kindische Unstetigkeit zusammengehalten wurde. Ununterbrochenes Arbeiten Seite an Seite, was kleine Siege und Fluchten hervorbrachte, und obendrein eheliches Zusammenleben zu Hause.

»... der Experte«, fügte die Klinikleiterin hinzu und beschied sie: »Überlassen wir ihm doch die Gesundheit des Kindes. Ich jedenfalls will diese Verantwortung nicht übernehmen. Wollen Sie das etwa?«

Zala atmete schwer, und mit dem Atem strömten auch Wut und Energie aus ihr. Plötzlich, sie wusste nicht, wie ihr geschah, saß sie da und stützte sich mit den Händen auf dem lackierten Tisch ab. Die Verantwortung, die diese verkrampfte Frau ihr vor Augen hielt, rollte auf sie zu und schürte ihre Angst um das Kind. Sie verstand, dass es sich um einen Trick handelte, eine faule Ausrede, gleichwohl hatte sie nicht die Kraft, sich zu wehren. Sie ließ die Schultern hängen, und ihr Blick wanderte zu der großen Aufnahme mit einer lachenden Frau jüngeren Alters in einem geschnitzten Rahmen. Zuerst dachte sie, es sei die Klinikleiterin in jungen Jahren, doch weil es ein Farbfoto war, befand sie schließlich, dass es die Tochter sein musste. Sie trug ein Hochzeitskleid, und Zala musste ganz genau hinsehen, um den Bräutigam zu finden, genauer gesagt den Rest von ihm: einen Arm in einem dunklen Jackettärmel, der die Braut umfasste. Sie fragte sich, ob die Tochter von der Zensur der Mutter wusste, ob sie jemals hierherkam, ob sie den Zuschnitt der Fotografie normal fand? Auf einem kleineren Bild war ein weißer Pudel auf einem Samtkissen zu sehen, den Kopf angehoben, als wäre er im Hundesalon und warte darauf geschert zu werden.

Die Klinikleiterin nickte ihr zu:

»Lassen wir die Medizin, zumindest für den Moment, wir haben ein anderes Problem.«

»Welches?«

»Sie schulden uns 448.000 Tola*.«

Sie sprach das Zahlwort anders aus als die anderen Wörter, in einem gierigen Ton, so, als leckte sie jede Ziffer einzeln ab, bevor sie sie in die Welt entließ.

»Wie? Aber ...«

»Sie sind Selbstzahlerin.«

»Aber ...«

Etwas Müdes lag in der Stimme der Klinikleiterin, etwas, das Zala sagte: Ich weiß alles, angefangen bei dem, was gesagt werden muss, bis zu dem, was ich sagen werde, ich weiß, wie es angefangen hat und wie es enden wird, und wenn Sie sich auch noch so erfolgreich herausreden.

»Sie sind Ausländerin. Sie kommen aus Serbien.«

---

* Ca. 1.870 Euro

Die Kaltschnäuzigkeit der Klinikleiterin machte Zala erneut wütend:

»Sind Sie verwirrt oder was? Ich bin in Kragujevac nur geboren. Mein ganzes erwachsenes Leben wohne ich zehn Straßen von hier!«

»Laut Computer ...«, mit einer Handbewegung gebot sie Zalas Angriff Einhalt, noch bevor er stattgefunden hatte, »tun Sie das nicht.«

Sie beugte sich etwas nach vorn, der Stuhl knarrte kaum vernehmlich: »Sehen Sie, wir haben Erklärungen von der Versicherungsanstalt angefordert. Erst war Feiertag, dann Wochenende, daher werden wir vermutlich heute noch keine Antwort bekommen. Aber Sie können nach dem Mittagessen noch einmal nachfragen. Morgen haben wir mit Sicherheit eine Antwort. Ich verstehe Ihre Aufregung, aber so werden Sie das Problem nicht lösen.«

Zum ersten Mal wandte sie den Blick von Zala ab und sah zu den gerahmten Diplomen an der Wand.

»Glauben Sie mir, ich möchte nur Ihr Bestes«, sagte sie zu sich selbst.

↓

Lebt er? (Er ist warm! Er atmet! Er schaut! Er weint!)
Er lebt.
Wird er trinken?

                    (Die Lippen suchen nach der Brustwarze.)

       Er wird.
Zala konnte den Blick nicht von ihrem Baby abwenden.

Die Frauen um sie herum packten ihre Sachen, Kinder weinten, Adressen wurden ausgetauscht, Verwandte warteten, jemand drängte zur Eile, weil der Parkschein ablief, aber alles weit weg, hinter einem Vorhang, der sich vor ihre Wahrnehmung geschoben hatte. Das Saugen verursachte kleine Erschütterungen in ihrem Innern, zurrte sie wie mit einem Faden an ihrem Sohn fest und wirkte beruhigend auf sie. Mit ihm musste doch alles stimmen, wenn er so hungrig war!

Die Schwester ging zwischen den Betten hindurch und verteilte Formulare: »Füllen Sie das aus, tragen Sie den Namen des Kindes ein, die Geburtsurkunde erhalten Sie per Post. Das hier ist eine Umfrage darüber, wie zufrieden Sie mit unseren Leistungen waren. Danke und auf Wiedersehen!«

Die Frau im Bett neben dem von Zala, die sie nie wirklich wahrgenommen hatte, sprach mit tiefer Stimme, es klang wie ein Gruß aus einer Metalltonne:

»Das ist schon das fünfte. Ich würde meinem Mann eher den Pimmel abschneiden, als euch noch einmal wiedersehen zu müssen.«

Die ständig weinende Mutter nickte zustimmend.

↓

»Gibt es etwas Neues?«, fragte Zala, als sie auf dem Stuhl im Büro der Klinikleiterin saß.

Die Frau nickte: »Ihre Schulden betragen bereits 600.000 Tolar *.«

* Ca. 2.500 Euro

Zala schloss halb die Augen und krümmte sich zusammen, doch im Gesicht der Klinikleiterin deutete nichts darauf hin, dass sie sich ihr gegenüber einen Scherz erlaubt hätte. Vielleicht war sie von Zahlen besessen, und sie waren alles, was sie interessierte? Nicht das Geld als solches und seine Kaufkraft, sondern als nackte Zahl auf einem Girokonto. Unter den Eltern der Kinder im Kindergarten waren einige, jedes Jahr mindestens eine Person, die durch die halbe Stadt liefen, um ein paar Tolar bei der Anschaffung eines Autos zu sparen, und oft tatsächlich in einer Bank oder in der Buchhaltung arbeiteten. War die Klinikleiterin eine von ihnen?

Sie betrachtete sie zum ersten Mal mit Interesse. Nicht als Funktion, nicht als Störfaktor, sondern als Mensch. Sie schloss die Augen und wartete auf ein Bild; es funktionierte nicht immer, aber doch überraschend häufig, wenn sie versuchte, sich an die erste Begegnung zu erinnern, hinter ihren Lidern ein Bild erstehen zu lassen, das das Wesen des ersten Eindrucks einfing.

Eis, Eis. Und etwas dahinter. Was?

»Ich weiß, das ist eine schöne Summe«, die Klinikleiterin deutete die geschlossenen Augen offenbar falsch.

»Ich habe mit Ihrem Computer nichts zu tun. Rufen Sie bei meiner Arbeitsstelle an. Rufen Sie an ...«

»Ich weiß.«

»Oder holen Sie endlich einen Techniker!«

»Ich weiß. Ich weiß. Bitte, Fräulein, verstehen Sie mich. Ich bin für Ordnung und korrekte Buchhaltung in dieser Einrichtung verantwortlich. Verstehen Sie, ich kann Sie nicht einfach entlassen. Ich meine, wir können Sie hier nicht festhalten, das ist ja kein Gefängnis. Aber wenn

Sie einfach gehen ... wer wird dann Ihre Schulden bezahlen? Werden wir Sie jemals wiedersehen? Sie haben keine Staatsangehörigkeit, keinen ständigen Wohnsitz, nichts.«

»Geben Sie mir das Formular, ich möchte meinem Kind einen Namen geben.«

»Das Formular bekommen Mütter bei der Entlassung.«

»Ich werde Sie verklagen!«

»Weswegen? Glauben Sie mir, bei uns läuft alles ordnungsgemäß.«

Der Wortwechsel, der immer mehr an Fahrt aufgenommen hatte, stoppte, weil Zala nicht mehr wusste, was sie sagen sollte. Der Vorwurf wegen der Schulden erinnerte sie an die alten Streitereien zwischen ihren Eltern. Ganz Jugoslawien kaufte Häuser und Wochenendhäuser auf Kredit, und ihre Mutter wollte das natürlich auch, aber ihr Vater bestand auf dem Prinzip, dass man sich das Geld erst verdienen musste, bevor man es ausgab. Genau aus dem Grund lebten sie ja auch zusammengedrängt in einer Wohnung, die das Militär ihnen zugeteilt hatte.

»Haben Sie Ihre Eltern angerufen?«, fragte die Klinikleiterin.

»Ich rufe sie nicht an«, entgegnete Zala, in noch gereizterem Ton als beabsichtigt. Ihr Gegenüber nickte, wieder allwissend.

»Den Kindsvater?«

»Das Kind hat keinen Vater.«

Erneutes Nicken, schon mit einem Hauch von Überdruss. Sie blickte zu den gerahmten Fotografien, und Zala konnte nicht erkennen, ob sie ihre Tochter oder ihren Hund ansah. Langsam erzählte sie: »Mir haben meine Eltern geholfen, obwohl mein Mann damals schon gut verdient hat. Wir sind eine alteingesessene, gut situierte Familie. Trotzdem war es manchmal schwer. Und Sie sind Erzieherin. Alleinstehend. Ohne Eltern, ohne Kindsvater. Hören Sie, wir sind hier in Slowenien. Sie müssen eine Familie haben, je größer, desto besser. Wo ist Ihre Familie?« Zala wusste nicht, wohin dieser Monolog führte. Auf einmal ahnte sie, dass die Ratschläge der Klinikleiterin einer Art Freundlichkeit so nahekamen, wie es dieser Frau möglich war, und dass ihre Worte jetzt als Beweis der Nähe und Milde gelten sollten. Sie starrte auf das lachende Gesicht auf dem Foto und fragte sich, wie oft die Tochter derartige Ratschläge wohl zu hören bekam. War ihr Mann bereits ausgezogen und hatte nur den Arm im festlichen Anzug zurückgelassen?

Die Klinikleiterin fuhr fort: »Die Familie ist das Fundament von allem, nur dank ihr überleben wir. Manchmal kommt jemand auf der Suche nach einer Arbeit zu mir. Ich sehe ihn erstaunt an. Woher kommst du, zu wem gehörst du? Eine Arbeitsstelle bekommt man auf telefonischem Weg. Ein Verwandter muss anrufen, wir müssen uns kennen. Eine Hand wäscht die andere. Von Generation zu Generation. Hat Ihr Vater irgendwelche Beziehungen?«

Zala wusste, dass sie nicht hätte antworten dürfen, zumindest nicht wahrheitsgemäß. Aber der Trotz blühte in ihr auf wie eine Distel.

»Mein Vater«, sie betonte jedes einzelne Wort, als wollte sie es festnageln, »war Feldwebel erster Klasse in der jugoslawischen Nationalarmee.« Sie hätte noch hinzufügen wollen, dass es sich um den niedrigsten Dienstgrad in einer Armee handelte, die es nicht mehr gab, aber wenigstens das überging sie. Doch Folgendes konnte sie sich nicht verkneifen: »Meine Mutter war Hausfrau und Arbeiterin, sie ist jetzt in Rente. Wissen Sie, wir sind nicht wie eine von Ihren *Familien*. Aber ich schäme mich nicht.«

Sie rechnete mit einer spitzen Bemerkung der Klinikleiterin, warum sie keinen Kontakt mehr zu ihren Eltern habe, wenn sie doch so stolz auf sie war. Stattdessen kam die nächste Frage: »Hat der Kindsvater Beziehungen?«

»Ja.«

Die Klinikleiterin sah sie an und kam zu dem Schluss, dass Zala nicht log. Um ihre Augen bildeten sich argwöhnische Fältchen, und sie entfernte sich von ihr, soweit es die Stuhllehne zuließ.

»Ich will nur Ihr Bestes. Was, wenn das Kind krank wird? Sie haben ja nicht einmal für sich eine Krankenversicherung.«

»Ich habe bereits gesagt, dass …«

»Ich weiß, ich weiß, wir arbeiten daran. Aber die Schulden steigen, wissen Sie. Die des Kindes und Ihre. Sie müssen sich daran gewöhnen, dass Sie jetzt zu zweit sind, und das bedeutet doppelte Kosten.«

»Was wollen Sie damit sagen?«

»Sie können ruhig gehen, um Ihre juristischen Angelegenheiten in Ordnung zu bringen. Aber das Kind lassen Sie hier bei uns.«

»Niemals!«

»Entschuldigen Sie, ich sage Ihnen doch nur das, was Ihnen auch Ihr Verstand sagen muss: Die Kosten verdoppeln sich, wenn auch Sie noch bleiben.«

»Wir werden beide gehen! Ich werde jetzt ein paar Anrufe tätigen und mir das Geld leihen.«

»Gut. Das wird unser buchhalterisches Problem lösen. Nicht aber mein moralisches.«

»Was?«

»Wie kann ich einer Ausländerin ohne Status und ohne Wohnsitz ein unschuldiges Kind überlassen? Denken Sie wirklich, ich wäre so unmenschlich und hätte keinerlei Sinn für das Gemeinwohl, dass ich jemandem, der *nicht existiert*, ein unschuldiges Wesen überlasse? Und wenn ich ehrlich bin, es ist Zeit für einen Gedanken, über den Sie erst einmal schlafen sollten, da er Ihnen im ersten Moment furchtbar erscheinen wird. In Ihrer Situation ...« Sie stand auf und sah Zala lange und eindringlich in die Augen: »Haben Sie schon einmal daran gedacht, Ihr Kind zur Adoption freizugeben?«

↓

Zala klammerte sich an den Telefonhörer wie an einen Rettungsring, der ihr in aufgewühlter See zugeworfen worden war. Ihr Herz hämmerte, und in seinem Rhythmus lag etwas Verbittertes, Schleppendes, als würde es jeden Moment stehen bleiben. Sie wollte die Nummer in Gedanken wiederholen, hatte Angst, sie vergessen zu haben, dann überließ sie es einfach ihren Fingern.

Nach dem dritten Klingeln nahm sie ein Atmen wahr, das sich darauf vorbereitete, einen Gruß auszusprechen, und ihr war, als schlüge ihr sein Geruch entgegen, seine weiche Haut, seine After-Shave-Lotion, sein Deodorant, das Salzige seines Schweißes, der auf sie tropfte, während sie sich liebten, sein warmer Atem. Zu viel, um es zu ertragen, auch wenn sie sich bereits eingeredet hatte, immun zu sein, alles bereits vergessen zu haben. Sie knallte mit aller Wucht den Hörer auf, und der Apparat gab einen schnalzenden Ton von sich, als würde er auseinanderbrechen. Nein.

Als sie heranwuchs, nannte man sie die sture Zala, und mit fünfundzwanzig schrieb sie als guten Vorsatz für das neue Jahr nur auf, sie wolle sich die Sturheit abgewöhnen. Mit ihrem Vater sprach sie immer noch nicht, aber den anderen gegenüber war sie zugänglicher geworden. Wie viel Training und Disziplin hatte ihr das doch abverlangt! Sie begriff die Übung im Nachgeben, Vergeben und Freundlichsein als ein Sichbefreien vom Einfluss ihres Vaters. Von seinem echt serbischen Trotz, dem *inat* – wenn man vorsätzlich Dinge tut, die einem schaden, und schreit: »Schaut mich an! Schaut, wie ich mich selbst zerstöre!« Die Sturheit war für sie nichts anderes als das Festhalten an einer längst untergegangenen Welt. Sie verachtete das andere Extrem, die Schmeichler, die Schöntuer, obwohl die am besten durchs Leben kamen. Doch das Beharren auf bereits Überholtem erschien ihr feige. Sie bekämpfte es. Beide Verhaltensmuster hatten die Eltern ihr, wie Unkraut, ganz nebenbei hinterlassen, wo sie in ihr doch eigentlich edle Früchte hatten ziehen wollen.

Dennoch schaffte sie es nicht, noch einmal anzurufen. Sie nahm den Hörer hoch und starrte lange auf die kleinen, zum Kreis gebohrten Löcher, durch die eine Welle der Vergangenheit schwappen konnte, so groß, dass sie von ihr mitgerissen und zerschmettert würde.

Sie musste es allein regeln.

↓

›Ich darf nicht verdächtig wirken‹, dachte sie und merkte unmittelbar, dass sie genau das tat: Sie senkte den Kopf, zog die Schultern hoch, beugte sich weit nach vorn, bis sie beinahe das Kind in ihren Armen verdeckte.

Das Abschätzen von Entfernungen war noch nie ihre Stärke gewesen: Waren es zwanzig oder dreißig Meter bis zum Ausgang? Quer durch den Warteraum, vorbei an den Frauen, die sich auf den Stühlen sitzend unterhielten; ein paar Kinder liefen herum, und die Mütter befahlen ihnen mit gedämpfter Stimme, zurückzukommen und sich ruhig zu verhalten. An der zweiflügeligen Glastür, hinter der die Sonne schien, Autos die Straße entlangfuhren und Fußgänger Schatten auf den Eingang werfend vorübergingen, stand ein Wachmann und gähnte. Einer jener Männer, die als Teenager feststellen, dass sie ein Allerweltsgesicht haben, und dann hart trainieren, bis sie einen Body wie aus dem Fitnessmagazin haben. All diese Kraft lungerte am Eingang herum und verlagerte ihr Gewicht von einem Bein aufs andere, ohne sich die Mühe zu machen, den Frauen, die mit Kinderwagen hereinwollten, die Tür aufzuhalten. Er drehte sich um und starrte auf die Straße. Seine Gestalt erhob sich vor Zala wie eine schwarze Versiegelung ihrer Freiheit.

Sie fragte sich, wo er denn gesteckt hatte, als sie gekommen war. Gerade nachts müsste man doch Wache schieben, nicht mitten am Tag. Und vor einer Entbindungsklinik, wozu?

Sie machte einen Schritt nach vorne, blieb stehen und drehte sich zum Gang. Sie konnte nicht bis in alle Ewigkeit hinter der Zwischentür warten, früher oder später würde sie auffallen. Sie schaute auf ihren Sohn, er schlief friedlich. Sie hatte mit dem Aufbruch gewartet, ihn gestillt und gut gewiegt, bis er sein Bäuerchen gemacht und sich beruhigt hatte.

›Vielleicht sollte ich nach einem Seitenausgang suchen?‹ Doch das würde bedeuten, dass sie durch den Bereich der Ärzte, Schwestern und des Verwaltungspersonals gehen musste, wo die Klinikleiterin und ihr Mann herrschten.

›Warum steht er an der Tür?‹

Ein Junge in kurzen Hosen schwatzte seiner Mutter ein paar Münzen ab, lief zu dem Automaten an der Wand, drückte gekonnt die richtigen Knöpfe, die Maschine summte, ein Metallhebel fuhr aus, eine Dose mit Limonade neigte sich ...

... und blieb stecken.

»Oh!«, rief der Junge und sah zu seiner Mutter. Die wiegte einen Säugling im Arm und zuckte mit den Schultern, um ihm zu bedeuten, er solle das selber regeln.

Der Junge schlug mit beiden Händen gegen die Plastikscheibe.

Die Dose rührte sich keinen Millimeter. Und so begann er abwechselnd dagegen zu schlagen und laut zu klatschen, womit er die Aufmerksamkeit aller, einschließlich die des Wachmanns, auf sich zog.

Dann hatte er es satt und trat mit voller Wucht gegen die Maschine. »He, was machst du denn da?«, rief der Wachmann.

»Sie gibt nicht nach!«, der Junge entfernte sich von dem Automaten und schätzte mit misstrauischem Blick ab, wie gefährlich ihm der Wachmann werden könnte.

Der Mann lachte, blickte auf die wartenden Frauen, hob die linke Augenbraue und ging mit wiegenden Schultern, als knete er die Luft um sich herum, auf den Jungen zu: »Du bist zu jung für so etwas. Mir wird sie sich nicht verweigern.«

Es sah nicht so aus, als hätte das Publikum die Anzüglichkeit begriffen, die ihm ein zufriedenes Lächeln aufs Gesicht zauberte.

Er legte den linken Arm um den Automaten und lehnte sich mit der Schulter dagegen.

»Schau her«, sagte er zu dem Jungen und spannte seine Muskeln an. Das Gerät hob sich leicht an.

»Du musst sanft vorgehen, wenn du sie flachlegst, schon gibt sie nach.« Er sah sich rasch nach den Frauen um und widmete sich seiner Aufgabe.

Zala hatte sich bereits in Bewegung gesetzt. Sie starrte auf ihre Schuhe, setzte Fußspitze vor Fußspitze, die Flecken und Einschnitte auf dem Linoleum flogen vorüber.

Sie hörte das Fallen der Dose, der Junge schrie vor Begeisterung, die Tür war nur noch wenige Meter von ihr entfernt.

Jemand weinte.

Es war das Kind in ihren Armen.

Sie sah seinen offenen Mund, heftige Wut packte sie, und sie spürte, wie ihre rechte Hand zuckte, als wollte sie die Decke über das Kind werfen, um das Geräusch zu ersticken, es war doch noch ein Säugling, es war ...

»He, aber das ist doch ... wo gehst du denn mit dem Kind hin? He, bleib stehen!«, rief der Wachmann.

Zala lief. Sie spürte die Unbeholfenheit ihrer eigenen Beine, die Ungeübtheit, den stechenden Schmerz zwischen ihren Beinen, das schwankende Gleichgewicht, mit ihrem Kind auf der linken Seite und der Tasche über der rechten Schulter. Die beiden Gewichte drehten sich wie Kugeln um sie und brachten sie aus dem Gleichgewicht.

Sie streckte die rechte Hand aus, wollte nach der Türklinke fassen, doch da, ein Ruck, und sie stoppte. Der Riemen ihrer Umhängetasche riss sie nach hinten. Sie zog die Hand zurück, aber der Wachmann hatte sie schon eingeholt und packte sie am Ärmel.

»Stopp! Mit dem Kind gehst du nirgendwohin!«, rief er und drückte ihren Oberarm so fest, dass sie das Gefühl hatte, er würde ihre Muskeln am Knochen zerquetschen.

»Lass mich los!«

Sie drehte sich um, der Wachmann rief der diensthabenden Schwester zu: »He, ruf die Chefin!«

Die Gestalten auf den Stühlen rührten sich nicht. Der Junge beim Automaten stand da mit offenem Mund, die Dose in der Hand, und die diensthabende Schwester setzte sich auf die neuerliche Aufforderung des Wachmanns hin in Bewegung, als sei sie nun endlich erwacht. Mit der Rechten hob sie den Telefonhörer, die Linke drückte eine Taste.

Zala versuchte sich loszureißen, ohne Chance.

Das Kind weinte.

Sie stieß mit dem Rücken die Tür auf, und die Tür öffnete sich einen Spalt breit in Richtung Freiheit. ›So nahe!‹ Das Unrechtsgefühl explodierte in ihrem Innern mit voller Wucht: Sie trat zu und traf den Wachmann im Schritt. Seine Augen quollen hervor, der Atem zischte in seiner Kehle, er fiel auf die Knie, aber er ließ sie nicht los. Er packte sie noch mit der anderen Hand, das Kind entglitt ihr beinahe, sie geriet ins Wanken, ging selbst auf die Knie, um das Gleichgewicht zu halten, sie und der Wachmann starrten einander an.

»He, du wirst mich nicht verarschen! Du nicht!« Er brachte die Worte kaum heraus, als er sie mit der Rechten an den Haaren packte und nach unten zog, sie heulte auf, aber er ließ sie nicht los. Er drehte ihren Kopf, nahm sie in den Schwitzkasten und schrie: »Nein! Nein!«
Die Klinikleiterin stand in der Zwischentür und schüttelte angesichts der Gewalt bestürzt den Kopf.

↓

Sie saß im Polizeitransporter, spürte jedes Schlagloch im Asphalt, denn die Straßenbauer hatten noch nicht, wie jedes Frühjahr, angefangen, die Schäden in der Fahrbahn zu flicken.
Sie starrte auf die Handschellen an ihren Handgelenken und wagte nicht, ihren Blick auch nur im Geringsten zu bewegen, um nicht ihre leeren Hände sehen zu müssen, mit denen sie sich hätte ohrfeigen wollen. In ihr erwuchs ein Gedanke, gegen den sie sich mit dem Körper wehrte, den sie zu unterdrücken versuchte, obwohl sie wusste, dass sie sich früher oder später der Erkenntnis nicht mehr verweigern konnte: Sie hatten ihr ihr Kind weggenommen.
Sie stand auf, rang um ihr Gleichgewicht und blickte durch das vergitterte Fenster. Sie sah Häuser in der Ferne, davor Wiesen und Wege. Sie fuhren auf ein Straßenschild zu, LJUBLJANA stand darauf, und der Pfeil zeigte in die Richtung, aus der sie gekommen waren. Die Dächer der Häuser versanken langsam in den Wiesen.

↓

Der Kopf des Inspektors sah aus wie ein auf Mensch getrimmtes Ei. Er war mit seinem Erfolg so zufrieden, dass alle seine Gesten pure Begeisterung über ihn selbst zum Ausdruck brachten. Der Krawattenknoten war fest an seinen Hals gezurrt, damit der Uniformkragen nicht verrutschen und die Wahrheit entblößen konnte. Das blonde Haar hatte sich vernünftigerweise Richtung Hinterkopf verzogen und oben auf dem Kopf nur einen Flaum zurückgelassen, so fein und zart, dass sich der Mann langsam und vorsichtig bewegen musste, um ihn nicht zu verlieren. Er wirkte wie einer dieser chinesischen Aufziehroboter, dessen Feder nicht vollständig aufgezogen war. Viele Kinder im Kindergarten waren so ungeduldig, dass sie das Spielzeug schon packten, wenn es langsamer wurde, um es erneut aufzuziehen. Und jetzt war auch Zala danach. Sie wollte das Verfahren hinter sich bringen und zu ihrem Sohn zurückkehren.

Mit kurzen Fingern, wie rosige kleine Eierchen, nahm er das Formular, das Zala ausgefüllt hatte, und studierte es eingehend. »Zala Jovanović, Geburtsort: Kragujevac. Serbien.« »Jugoslawien«, verbesserte ihn Zala.

»Jugoslawien gibt es nicht mehr. Es ist zerfallen. Slowenien ist bereits seit einem Jahr unabhängig, wenn Sie gestatten«, erklärte er. Vergeblich suchte Zala nach Spott in seinem Ton.

Er nickte lange, und der Flaum erzitterte, blieb aber erhalten.

»Es ist jetzt schlimm in Serbien, nicht wahr? Ich verstehe, dass Sie lieber nach Europa möchten, nicht wahr?« Er sah Zala an.

»Es wird noch schlimmer!«

Zala kam zum ersten Mal der Gedanke, dass sie vielleicht etwas klarstellen sollte, ließ es dann aber sein. Immer wieder die gleiche Leier! Warum sind alle so besessen von diesem Kragujevac? Sie hatte ein seltsames Gefühl, so, als hätte sie einen Schwamm auf dem Grunde ihres Magens, der alle Kraft aus ihr heraussaugte.

»Mein Vater hat dort gearbeitet, ich bin dort nur geboren. Wir sind weggezogen, als ich drei Monate alt war«, sagte sie.

Der Inspektor nickte wieder: »Wann sind Sie das letzte Mal über die Grenze gekommen?«

Zala sah ihn lange an. Ein Gefühl der Ohnmacht mischte sich mit Verwunderung, sie war im falschen Gespräch.

»Wie meinen Sie das? Das letzte Mal? Im Winter bin ich nach Triest gefahren, um Umstandsjeans zu kaufen, und im August davor ans Meer, auf die kroatischen Inseln.«

Traurig starrte der Inspektor sie an: »Sie machen sich lustig über mich, nicht wahr? Aber das hier ist eine ernste Angelegenheit, wissen Sie? Man treibt keine Spielchen mit der Staatsgewalt. Ich bitte Sie, wahrheitsgemäß und ohne Umschweife zu antworten. All das hier ist nicht meine Erfindung, ich muss Ihnen gemäß Protokoll diese Fragen stellen, und Sie müssen alle beantworten, damit wir das dann unterschreiben können. Wann sind Sie über die Grenze gekommen?«

›Umschweife? Was bedeutet denn das jetzt schon wieder?‹, ging es Zala durch den Kopf. ›Warum spricht er so seltsam?‹

»Warum fragen Sie mich das?«, sagte sie. »Sie wissen doch selbst, dass Sie mich vor der Entbindungsklinik aufgegriffen haben.«

Er nahm ein weiteres Blatt Papier zur Hand und sah es eine Weile an.

»Das ist richtig. Sie haben entbunden, als Sie bereits in Slowenien waren, nicht wahr? Unser Gesundheitssystem ist besser als Ihres in Kragujevac, kein Wunder, dass Sie über die Grenze geflohen sind. Verständlich, Slowenien ist ein fortschrittliches Land und als solches Ziel illegaler Einwanderung.«

»Was ist nur mit Ihnen los?«, brach es aus Zala hervor, und sie bemerkte, wie die Augen des Inspektors nervös zuckten. ›Er traut sich nicht, mich anzusehen!‹, dachte sie.

»Einwanderer sind ein großes Problem in Europa, wir müssen uns dessen bewusst sein ...«, und er setzte zu einem Vortrag an, seine Augen zuckten unablässig in Richtung Zala, bewegten sich weg und wieder zurück, als würden seine Augäpfel von einem starken Magneten gesteuert.

›Er schaut mir auf die Titten!‹, dachte sie, senkte den Kopf und bemerkte auf ihrem Hemd zwei Flecken, die sich langsam ausbreiteten. Milch tropfte aus ihren Brüsten, es war Zeit zu stillen. Ihr Büstenhalter lief bereits über, jetzt sog sich das Hemd mit der Flüssigkeit voll. In ihren Brüsten drückte es so sehr, dass sie sich immer weiter nach vorne beugte. Zu der Angst um ihr Kind gesellte sich nun die Scham, in dem durchnässten Krankenhaushemd vor einem Fremden sitzen zu müssen. Die Nahrung, die durch sie strömte, stellte sie bloß, anstatt das Wesen zu ernähren, für das sie bestimmt war.

»Sie halten sich illegal in unserem Staat auf, daher haben wir Sie im Asylantenheim untergebracht«, der Inspektor konnte noch immer kaum die Augen abwenden,

»jetzt müssen wir das Standardverfahren durchlaufen, also arbeiten Sie bitte mit.«

»Verstehen Sie mich überhaupt?«, sie schlug mit der Faust auf den Tisch, ihre Brüste bebten und ließen erneut einen Schwall Milch frei, »ich bin tatsächlich nicht in Slowenien geboren! Das stimmt! Aber meine Mutter ist Slowenin! Ich habe hier die pädagogische Fachoberschule abgeschlossen, ich habe hier meinen festen Arbeitsplatz, alles!«

»Sie haben aber weder die Staatsbürgerschaft noch einen ständigen Wohnsitz.«

»Wie das? Seid ihr jetzt alle verrückt geworden? Das ist euer Fehler, nicht meiner!«

Auf seinen Wangen erschien eine zarte Röte.

»Es ist kein Fehler. Wir müssen das Verfahren korrekt zu Ende führen.«

»Was? Welches Ende?«

»Wo sind Sie über die Grenze gekommen? Machen Sie mir bitte keine Schwierigkeiten, ich erledige nur meine Arbeit, antworten Sie fürs Protokoll.«

Zala schwamm in einem Meer von Gefühlen, die sich in ihrem Körper vermischten. Sie entschloss sich, gegen ihre Scham anzukämpfen, und lehnte sich, die Arme weit ausgebreitet, nach hinten. Die beiden Flecken hatten sich zu einem vereint, und der Inspektor starrte auf die Papiere, die vor ihm lagen. Der Flaum hing traurig herunter, das Neonlicht unterlegte ihn mit Flecken, die aussahen wie schwarze Klingen.

Zala sah über ihn hinweg und starrte auf das Wappen, den einzigen Gegenstand an der Wand.

»Sehen Sie mich an«, sagte sie.

Der Inspektor hob ruckartig den Kopf, sodass die Augen die Nässe auf Zalas Brust übersprangen.

Sie legte ihre Hände darauf:

»Dieses nasse Hemd können Sie als Beweis dafür, dass ich durch die Sotla* geschwommen bin, ins Protokoll aufnehmen.«

↓

Die Frauen drehten sich nach ihr um, die Gespräche brachen ab. Zala fühlte sich wie in einem langen, ausgedehnten Traum, der schon längst hätte vorbei sein müssen. Langsam sah sie sich die Grüppchen im Raum an, von den Schwarzen auf der linken Seite über die Araberinnen vor ihr, hin zu den Chinesinnen auf der rechten Seite. Sie machte einen Schritt, dann hielten ihre Beine inne. Zu wem sollte sie gehen?

Sie blieb am Eingang stehen, der Wachmann schloss die Tür hinter ihr. Sie konnte der Neugier der Frauen nur ausweichen, indem sie ihren Blick auf den Fernseher richtete, der auf einem Regal in der Ecke stand. Die Eltern ihrer Mutter, die schon so lange tot waren, dass sie nur noch als Schatten in ihrer Erinnerung zurückgeblieben waren, hatten in ihrer Wohnung einen Herrgottswinkel gehabt. Jesus am Kreuz zwischen Blumen und vor ihm eine brennende Kerze. Hier hingegen loderte das Feuer auf dem Bildschirm, die Fenster von Gebäuden verwandelten sich in flammende Löcher, ein Dach stürzte prasselnd in sich zusammen. Der Sprecher berichtete von der Bom-

* Grenzfluss zwischen Slowenien und Kroatien

bardierung Sarajevos durch die Serben. Das Bild wechselte schlagartig, aus einer mittelalterlichen Festung stieg Rauch auf.

»Trotz des Waffenstillstands gehen die Kämpfe in Kroatien weiter. Die kroatische Armee hat die Blockade von Dubrovnik durchbrochen, die serbischen und montenegrinischen Kräfte haben sich zurückgezogen und damit wurde der Beschuss der Stadt beendet«, schloss der Sprecher schnell, wurde eingeblendet und fügte mit einem aufgesetzten Lächeln hinzu: »Und nun zum Sport!«

Die Frauen sahen sie an.

Zala bedeckte mit den Händen die durchnässten Stellen ihres Hemds.

Noch vor ein paar Stunden hatte sie in der Entbindungsklinik ihr Kind gestillt, und jetzt ... Das Gefühl der Unwirklichkeit wollte nicht weichen. In den letzten drei Tagen hatte sie sich an die Metallgestelle der Krankenhausbetten und die blauen Kittel gewöhnt, immer wieder dankbar auf die Pantoletten geschaut, die sie in Triest eigens für die Entbindungsklinik gekauft hatte. Sie erinnerte sich an die Pläne, die sie für die ersten Tage nach der Entlassung aus dem Krankenhaus geschmiedet hatte, und vor Betäubung stand ihr Mund weit offen. Ihr Kopf begann zu schmerzen, als sei ihr Gehirn an die Schädeldecke gestoßen und suchte durch den Schmerz Kontakt mit der Wirklichkeit. Diese Frauen, mit denen sie nichts gemein hatte, sie konnten nicht Teil ihrer Geschichte sein, nicht der Geschichte ihres Kindes, auf das sie so sehr gewartet hatte und das jetzt nicht hier war.

Eine der Schwarzen ging zum Schrank, kam mit einem Hemd zurück und drückte es Zala in die Hand. Dann packte sie Zala und musste sie regelrecht anschieben, damit sie sich in Richtung Badezimmer in Bewegung setzte.

Sie schloss die Tür hinter sich und betrachtete sich lange im Spiegel. Sie beugte sich nach vorn, berührte mit der Stirn das Glas, wollte so wenig wie möglich sehen. Sie schloss die Augen und wäre am liebsten eingeschlafen. Schlaf verspricht wenigstens auch ein Erwachen.

Sie öffnete die Augen und bewegte sich vom Spiegel fort. Die weißen Kacheln hätten auch die vom Krankenhaus sein können, das vergitterte Fenster, der überfüllte Wäschekorb und der Gestank, stärker als die Reinigungsmittel, erinnerten sie jedoch an das, was geschehen war. Tränen liefen ihr über das Gesicht, lange bevor sie zu weinen anfing. Sie tropften herunter wie die Milch aus ihren Brüsten, immer schneller. Leises Schluchzen, ihre eigene Stimme tröstete sie. Ein Geräusch, das sie selbst verursachte, wenigstens etwas, auf das sie Einfluss hatte.

›Ich kann so was nicht mit ansehen, er soll auf dem Boden bleiben!‹, hörte sie die Stimme ihrer Mutter, so lebendig, dass sie sich erschrocken umsah. Wie klein sie gewesen sein musste! Sie schauten fern, waren irgendwo zu Besuch. Boxen. Und dann antwortete ihr Vater etwas, von wegen, dass Kämpfer wieder aufstehen, dass echte Kämpfer immer zurückkommen. Es sei nicht wichtig, ob sie siegten, wichtig sei, dass sie wieder aufstünden, auch wenn sie schon blutig geschlagen seien, wenn der Trainer das Handtuch wirft. Damals war sie mit ganzem Herzen auf der Seite ihrer Mutter gewesen, auch wenn sie sich nicht mehr an den Boxer oder an die Gelegenheit erinnerte, aber als Kind war sie gerne in der Ecke gesessen und hatte vor sich hin gestarrt. Ihre Mutter hatte ihr später gesagt, sie habe sogar geglaubt, mit ihr sei etwas nicht in Ordnung. Mit vier oder fünf hatte sie aufgehört, sich in eine Ecke zu verkriechen, aber offenbar war in ihr das Empfinden geblieben, dass es manchmal besser war, liegen zu bleiben, bis alles vorbei war.

»Das hier ist kein Boxkampf, oder was immer das war«, sagte sie laut zu sich selbst.

»Nein!«

Die Erinnerung, die sie inmitten dieses fremden Raums, dieses fremden Lebens wachgerüttelt hatte, erschien ihr so naiv, dass sie sich niemandem anvertraut hätte. Zugleich aber erfüllte sie sie mit Hoffnung, sie spürte, wie sich ihr Blick schärfte, ihr Gehirn nach einer Lösung zu suchen begann. ›Was, wenn ... was, wenn ...‹, hämmerte es in ihrem Kopf, über den sie sich das Hemd zog und es in Richtung Wäschekorb warf, ihn aber nur halb traf und es hängen blieb. Sie riss ein Bündel Papierhandtücher ab, öffnete ihren Büstenhalter und rieb ihn gut ab, dann wusch sie sich. Sie begann, erst die linke Brust auszudrücken, die Milch widersetzte sich, wollte nicht im Abfluss enden, sie war für den Mund gedacht, der hungrig wartete. Und das war der Grund, weshalb sie die Sache erledigen und zurückmusste, zurück zu ihrem Kleinen. Jetzt noch die rechte Brust ... der Kontakt mit dem Büstenhalter machte sie frösteln, sie legte ihn mit Papierhandtüchern aus und stopfte auch welche in ihre Taschen, als Reserve.

↓

»Gut«, sagte der Inspektor mit dem Eierkopf und lächelte aufmunternd. »Sie haben sich gesäubert, dann können wir ja weitermachen mit den Standardfragen, nicht wahr? Wo sind Sie über die Grenze gekommen?«

»Idiot«, dachte Zala, und sein betroffener Gesichtsausdruck verriet, dass sie laut gedacht hatte.

»Ich bitte Sie, jetzt arbeiten Sie doch mit! Das macht es für uns beide leichter. Der Staat hat seine Verfahren und mein Job ist es, darauf zu achten, dass sie in der Praxis umgesetzt werden. Ich habe die Fragen nicht geschrieben, ich stelle sie nur. Wo ...«

»Was wird aus mir und aus meinem Kind?«

Der Mann rutschte nervös auf seinem Stuhl hin und her und sah noch einmal auf die Papiere vor sich, als verabschiede er sich von einem geliebten Menschen.

»Diejenigen, von denen wir wissen, woher sie kommen, schicken wir nach Hause zurück. Sie werden wir an die Kroaten übergeben, die sollen Sie zu den Serben schicken.«

»Kroaten und Serben sind im Krieg!«

»Slowenien hat damit nichts zu tun.«

»Und ich habe weder mit den Serben noch mit den Kroaten etwas zu tun. Mein Sohn auch nicht. Ich bin Slowenin. Und ich war es schon immer. Als mein Vater in Bitola stationiert war, haben mich die Kinder dort gehänselt, weil ich Slowenin bin. Auch in Rijeka war ich Slowenin. Wenn ich nach Triest zum Einkaufen gefahren bin, haben mich die Italiener verachtet, weil ich Slowenin bin. Und dann bringen Sie mich hierher, weil ich nicht slowenisch genug bin? Sind Sie verrückt?«

»Ich bitte Sie, seien Sie kooperativ. Das macht es für uns beide leichter.«

»Das macht was leichter? Das Formular auszufüllen? Und

dann? Sie werden mich über die Grenze schicken, mit meinem Säugling, in ein fremdes Land, das sich im Kriegszustand befindet und wo ich niemanden kenne?«

»Das sagen sie alle, ist ja logisch, dass auch Sie das sagen, nicht wahr?«

»Aha«, Zala lehnte sich zurück und sah den Inspektor lange an, der wieder den Kugelschreiber in die Hand genommen hatte und auf die Beantwortung der ersten Frage wartete. »Aha«, fügte sie hinzu, und als er den Mund öffnete, unterbrach sie ihn: »Dann müssen wir uns verabschieden?«

»Wenn Sie antworten ...«

»Aha.«

»Wo sind Sie über die Grenze gekommen?«

Das Bild ihres Vaters vor dem Boxsack. ›Pass mal auf, du brauchst einen Trick! Du musst ihn ablenken.‹ Und dann sagte er noch etwas über den Gegner. Ihr Vater hatte in seinem Leben alles getan, um vorbereitet zu sein, wenn *er* kommen würde, wer immer es auch sein mochte.

Zala bedeckte ihre Augen mit der Linken und wandte sich nach rechts. Sie lehnte sich nach vorn, und der Inspektor erhob sich: »Ist Ihnen schlecht?«

Sie sah ihre rechte Hand, die beinahe den Boden berührte, spürte den Körper über sich und versetzte ihm dann mit aller Kraft einen Schlag ins Gesicht, der den Inspektor zurück auf seinen Stuhl beförderte, sodass er schwankte und beinahe das Gleichgewicht verlor, es irgendwie noch rechtzeitig fand, und das Gesicht in den Händen stöhnte.

»Glauben Sie mir, dieser Abschied schmerzt mich mehr als Sie«, sagte sie und fühlte sich so stark, dass ihr erst eine Sekunde später der Zusatz einfiel: »Nicht wahr?«

Zala trat gegen das Gitter, und das tat weh. Ein Teil von ihr empfand den Schmerz als etwas Tröstliches, wollte mehr davon, doch der Rest gewann schließlich die Oberhand bei dem Gedanken, dass für Dummheiten auch noch Zeit wäre, wenn sie sich erst einmal aus dieser Scheiße befreit hätte. Die Chinesin, die auf dem Stockbett saß, schüttelte den Kopf und stöhnte mit hoher Stimme: »Ai, ai, ai«, dann fügte sie in gebrochenem Englisch hinzu: »Warum du so nervöse Person?«

Zala sah sie lange an, rabenschwarzes schulterlanges Haar, Mundwinkel, an denen man den ganzen Weg ablesen konnte, den sie gekommen sein musste, und ein Gesicht, das seltsam platt wirkte, aber dennoch freundlich.

Zala fiel ein, wie lange sie schon kein Englisch mehr gesprochen hatte. Seit letztem August, seit ihrem Urlaub auf den Adriainseln, nach dem ihr Ljubljana wie eine andere Welt, grau und langweilig, vorgekommen war.

»Ich kann jetzt nicht reden, bitte, nein.«

Die Chinesin ignorierte ihre Bitte: »Du bist weiß? Du kommst von hier? Telefon! Kein Problem! Telefon!«

»Welches Telefon? Wen soll ich anrufen?«

»Jemand unterschreibt für dich. Dass mit dir wird leben.«

Das eiförmige Gesicht tauchte in ihrer Erinnerung auf, und ihre Handfläche brannte von der Ohrfeige, die sie ihm verpasst hatte, ein süßes Gefühl. ›Dieses Arschloch, das hat er mir verschwiegen, von wegen, hier läuft alles vorschriftsgemäß!‹

»Das haben sie mir nicht gesagt«, erklärte sie der Chinesin.

»Ai, dieser Staat. Der Staat spricht nicht. Du musst alles wissen. Ruf an. Telefon. Du bist weiß. Zigeuner? Kein Telefon für Zigeuner. Zigeuner über die Grenze, sofort. Du ...«
Sie bohrte einen Finger in sie.
»Du, Telefon!«

↓

Wenn damals, als sie von zu Hause fortgegangen war, jemand sie gefragt hätte, wie ihre Eltern waren, hätte sie ihren Vater als Nervensäge bezeichnet und ihre Mutter als arme Frau, die ihn zu ertragen hatte. Sie traute sich nur zu jammern, wenn der Vater bei der Arbeit war, aber auch dann erwähnte sie ihn nicht konkret. Sie sah beispielsweise eine durchgebrannte Glühbirne und sagte: »Jemand wird sie auswechseln müssen, aber das wird wieder dauern.« Oder sie verrückte einen Stuhl und seufzte in sich hinein: »Jemand müsste mal hinter sich aufräumen.« Doch wenn ihr Vater zurückkam, galt der erste Satz ihrer Mutter immer Zala: »Verzieh dich, dein Vater ist müde!« oder so ähnlich. Als der Zorn verraucht war, hatte Zala nach und nach mitbekommen, dass ihr Vater die durchgebrannten Glühbirnen immer sofort auswechselte und Stühle und alles andere hinter sich aufräumte. Zala war damals bereits in einer Beziehung mit einem Mann, der nie die Stimme erhob, sie nie herumkommandierte. Sie war der Ansicht, dass sie im Leben vorangekommen sei, sozusagen eine höhere Ebene erreicht hätte, da sie das Muster ihrer familiären Erziehung durchbrochen hatte (ja, zu dieser Zeit las sie New-Age-Bücher und besuchte ein paar Mal zusammen mit Kolleginnen diverse

Vorträge einer Frau, die sich nicht schminkte und kein Deo benutzte). Dann hatte sie im Badezimmer schmutzige Unterhosen aufgesammelt und erkannt, dass sie lediglich zu einer anderen Kommandoart übergewechselt war: vom offenen, militärischen Ansatz ihres Vaters zu den sanften, seufzenden Klagen ihres Partners. Mit seiner verpissten, stinkenden Unterwäsche in der Hand dachte sie zum ersten Mal anders über ihre Mutter. Allerdings hatte sich ihre Mutter, als Zala sich endgültig mit ihrem Vater zerstritten hatte, vorbehaltlos auf seine Seite gestellt: »Wenn wir uns entscheiden müssen, dann sollten wir das so schnell wie möglich tun«, hatte sie gesagt. Bei den jährlichen Arbeiten an den Gräbern hatte sie ihr deswegen nie Vorwürfe gemacht, aber sie hatte Zala auch nicht vorgeschlagen, sich bei ihrem Vater zu entschuldigen. Solange Zala noch bei ihnen wohnte, hatte ihre Mutter häufig gesagt: »Wie ähnlich ihr zwei euch doch seid!« Offenbar war sie der Ansicht, dass damit alles gesagt sei.

↓

Ihre Mutter sah lange nach links und noch länger nach rechts. Zala prüfte auf alle Fälle selbst beide Richtungen der Straße. Verlassen lag die Moorlandschaft da, und ihre Mutter konnte den alten Golf langsam auf die Hauptstraße und dann Richtung Ljubljana lenken. Der Wagen roch nach dem Vater, seinem hellen Tabak, den er aus Montenegro bezog, nach seinem Rasierwasser, dem undefinierbaren Geruch der Soldatenuniform, irgendetwas zwischen Schweiß und Schimmel. Zala fühlte sich, als säße sie in ihrer Kindheit, sie konnte kaum die Tränen zurückhalten.

Beide hatten das Gefühl, dass sie reden sollten, aber nicht wussten, wie anfangen. Die unausgesprochenen Worte ballten sich zwischen ihnen und bedrückten sie. Ihre Mutter richtete sich mit der linken Hand mehrmals den Kragen ihrer rosafarbenen Lieblingsbluse, einer von mehreren. Zala hatte ihr mehrmals erklären müssen, wie man zum Asylantenheim kommt und was das überhaupt ist. Die Erklärung hatte gereicht, ihre Mutter hatte den Rock angezogen, den sie nur zum Gang auf das Gemeindeamt und zur Wahlurne trug, also bei Kontakten mit dem Staat. »Und wo soll ich dich hinbringen?«, fragte ihre Mutter schließlich.

»Zu mir.«

Ihre Mutter atmete erleichtert auf, presste die Lippen zusammen und sah verstohlen zu ihrer Tochter.

»Keine Sorge, Mama. Ich habe eine Wohnung, ich habe sie nach dem Jazbinšek-Gesetz* gekauft, sie ist meine, alles in Ordnung.«

»Aber ich habe unterschrieben ...«

»Ich weiß. Dass du für meinen Unterhalt sorgen wirst. Das wird nicht nötig sein. Ich habe Arbeit, schon immer.«

»Aber warum warst du dann ...«

»Der Staat hat einen Fehler gemacht.«

Ihre Mutter sah sie so überrascht an, dass ihr Blick an Zala hängen blieb und die ins Steuer greifen musste, weil der Wagen über die Fahrbahnmitte zu gleiten drohte.

»Wie meinst du das: Der Staat hat einen Fehler gemacht?«

---

* Slowenisches Wohnungsgesetz von 1991, nach dem die Mieter von Wohnungen, die bislang Staatseigentum waren, im Rahmen der Privatisierung die Möglichkeit bekamen, sie zu einem günstigen Preis zu kaufen.

»Mama, ich bin nicht in ihrem Computer, ganz plötzlich. Morgen gehe ich zum Gemeindeamt und regle das. Keine Sorge.«

Ihre Mutter sah sie noch immer an, als sei bei der Person neben ihr plötzlich die Maske aufgerissen und darunter ein Marsmensch erschienen. Zala erinnerte sich an einen Abend vor langer Zeit, sie hatte vergessen, in welcher Stadt, als sie einen amerikanischen Film über einen Mann gesehen hatten, der unschuldig eines Verbrechens angeklagt worden war und daher fliehen und seine Unschuld beweisen musste. Als ihre Mutter ihr damals den abendlichen Kakao kochte, begann Zala ein Gespräch darüber, wie furchtbar es sein musste, wenn so etwas geschieht.

»Was?«, fragte ihre Mutter.

»Wenn man unschuldig ist und zu Unrecht beschuldigt wird!«

Ihre Mutter sah sie lange an, mit einem Blick, den sie erst nach Jahrzehnten wieder sehen würde, bei dieser Fahrt über das Moor.

»Wenn du nichts verbrochen hast, können sie dich nicht anklagen«, sagte sie damals, verwundert über die unmöglichen Gedanken, die ihrer Tochter durch den Kopf gingen.

»Du hast es doch gesehen, im Film ...«

»Ach«, ihre Mutter winkte ab, »im Film! Die Amerikaner denken sich so viel Unsinn aus, wenn sie ihn nur verkaufen können!«

Sie erinnerte sich an die ehrliche, kindliche Verwunderung auf dem Gesicht ihrer Mutter, als ihr Gerüchte über politische Prozesse zu Ohren kamen, über Menschen, die unmögliche Taten zugaben, und Zala hatte jedes Mal gedacht: ›Mama ist in einer Zeit großgeworden, als der Kommunismus hart und brutal war, doch ihr Glaube an die Gerechtigkeit des Staates ist unerschütterlich. Ist das ihre Überzeugung oder hat sie sich beim Vater damit angesteckt, der bereit ist, alles in Zweifel zu ziehen außer Tito, den er verehrt, und seine Armee, in der er arbeitet?‹

Ihre Mutter starrte vor sich auf die gänzlich leere Straße. Zala hätte gewettet, dass sie darüber nachdachte, was ihre Tochter wohl verbrochen haben mochte, um die Aufmerksamkeit des Staates auf sich zu ziehen. Schließlich entschied sie sich, es nicht wissen zu wollen: »Gut, dass du angerufen hast, als dein Vater spazieren war.«

»Mit Absicht, ich habe seine übliche Zeit abgewartet.«

»Wenigstens das. Du weißt ja, wie er ist.«

Eine scharfe Stimme in Zala wollte rufen: ›Er wechselt keine Glühbirnen? Er räumt nicht auf?‹, doch sie schwieg und dachte darüber nach, ob die acht Jahre schlechte Beziehung mit einem Soft-Diktator sie dazu gebracht hatten, sich endgültig von solchen Menschen abzuwenden, und den Graben zwischen ihr und ihrer Mutter verbreitert hatten, den sie als Kind noch zu überspringen vermochte. Später erforderten die Sprünge immer mehr Anlauf und endeten nicht immer mit einer sicheren Landung.

Sie erreichten die ersten Häuser; wie in jeder Hauptstadt kamen auch in Ljubljana erst die großen Gebäude der Automobilhändler und die Werkstätten. Daneben abgestandene Regenpfützen unter den Bäumen, auf denen gelbe Schichten von Blütenstaub schwammen.

»Dieser Fehler, den der Staat gemacht hat ...«, es bedrückte ihre Mutter doch sehr, »der wird sich doch jetzt nicht wiederholen ...«

»Nein. Keine Sorge. Das war das erste und letzte Mal. Morgen regle ich das. Keine Sorge.«

»Aha«, sagte ihre Mutter, ohne dass dieser Seufzer etwas mit dem Thema des Gesprächs zu tun gehabt hätte.

Sie schwiegen, bis ihre Mutter auf Zalas Hof einbog.

»Du hast zugenommen«, sagte sie, als Zala ausstieg.

»Das stimmt, aber ich habe auch schon wieder abgenommen. Danke dir!«

Zala wollte die Tür schließen, aber ihre Mutter schien noch etwas auf dem Herzen zu haben, daher wartete sie.

»Zala, ich bitte dich, fang nicht wieder Krieg mit deinem Vater an. Er ist …«

Sie blickte auf das Duftbäumchen, das am Rückspiegel hing, als suchte sie dort nach dem richtigen Wort. Sie fand es nicht, daher nickte sie ihrer Tochter nur zu.

»Werde ich nicht. Keine Sorge«, sagte Zala. »Danke, dass du für mich unterschrieben hast.«

Sie streckte die Hand aus, um die Schulter ihrer Mutter zu berühren, aber die sah angespannt durch die Windschutzscheibe, plante bereits das Wendemanöver auf dem breiten Hof, sodass Zala nur die Tür zudrückte.

↓

Zala gab erst auf, als das Wasser völlig kalt geworden war. Sie betrachtete ihre Gänsehaut, das Hügelchen um den Bauch, das nach der Geburt geblieben war, und erinnerte sich, dass sie in den letzten Jahren ihrer schlechten Beziehung, wie sie sie nannte, immer mehr Zeit unter der Dusche verbracht hatte. Zuerst hatte sie alle verstreuten Fetzen aufgesammelt und sie in den Wäschekorb gewor-

fen, jene eingeweicht, bei denen die Waschmaschine ver-
zweifeln würde, sich dann am Waschbecken lange die
Hände eingeseift und war schließlich unter die Dusche gegangen. Sie schloss die Augen unter den Wassertropfen,
und wenn sich ihre Haut aufgewärmt hatte, ließ sie ihren
Zeigefinger über den Nabel nach unten wandern und begann, sich zu streicheln. Das erste Mal mit einem Schuldgefühl, weil sie wusste, dass der Mann, mit dem sie zu-
sammenlebte, im Nachbarzimmer im Trainingsanzug auf
der Couch saß und mit einem Bier in der Hand fernsah.
Nach ein paar Jahren stellte sie fest, dass sie keinen Partner gefunden hatte, sondern ein Stereotyp, eine Figur aus
einem Comic, von der sie nie geglaubt hatte, dass es sie
in Wirklichkeit geben könnte. Damals ging sie schon entschlossen ins Badezimmer, manchmal auch mehrmals
täglich. Sie wurde grober zu sich selbst, vor allem dann,
wenn sie in ihrem Kopf verschiedene Möglichkeiten durch-
ging, diesen Menschen loszuwerden. Man hatte ihr gesagt, dass Liebe blind macht. Niemand aber hatte sie gewarnt, dass die Blindheit so lange anhalten konnte.
Die Planung endete immer mit der Angst, und die Angst
endete unter der Dusche, und das war's dann mit dem
Plan. Wie oft schon hatte sie ein Gespräch begonnen, das
nicht einmal an einer Wand abprallte oder auf sonstigen
Widerstand stieß, sondern einfach in Desinteresse ver-
puffte: »Ja, ja.« Ein neuer Schluck Bier, eine neue Gelegenheit für die unseren, aber nur auf dem Bildschirm und
in den Worten des Sportkommentators. Sie hatte ihre
Hoffnung auf einen Mann gesetzt, der sie hätte erlösen
sollen; stattdessen schien es, als müsste sie sich selbst retten, bevor ein solcher Mann auftauchen würde.

Sie schloss die Augen und zitterte erneut. Sternschnuppen fielen durch das Rot unter ihren Lidern. ›Soll ich ihn anrufen?‹, fragte sie sich, dachte dann aber: ›Nein, morgen auf dem Gemeindeamt wird der Alptraum ein Ende haben.‹

Sie brauchte seine Hilfe nicht, wohl aber seine Nähe. Sie waren so oft umgezogen, dass sie bereits als Kind lernen musste, dass Freunde zwar super sind, man sie aber aus den Augen verliert. Und mit den Jahren findet man immer schwerer neue, vielleicht aufgrund schlechter Erfahrungen oder zu hoch geschraubter Ansprüche. Von den Freundschaften blieben nur Briefe und zuletzt Neujahrskarten mit handgeschriebenem Namenszug, bei denen sie Mühe hatte, die entsprechenden Gesichter heraufzubeschwören. Zala war selbst zu derjenigen geworden, die die Antworten hinauszögerte, weil ihre Hand beim Schreiben von einem Gefühl der Sinnlosigkeit zurückgehalten wurde.

Ihre Mutter hatte eine Schwester, die aber nach Amerika ausgewandert war, und so kamen zu Weihnachten Karten mit bunteren Briefmarken. Diese Tante hatte sie nur ein einziges Mal besucht. Zalas Vater hatte Urlaub genommen und sie zu allen Schönheiten Jugoslawiens geführt, die einen Tagesausflug entfernt waren. Neben den unterirdischen Höhlen, dem Meer und den Bergen nahm er ein Wasserkraftwerk und ein Denkmal für gefallene Krieger in sein Programm auf. Auch dort fotografierten seine Schwägerin und ihr amerikanischer Mann eifrig. Zalas Vater beharrte darauf, Serbisch zu sprechen, ihre Mutter konnte kein Englisch, die beiden Kinder ihrer Schwester sprachen kaum Slowenisch, und Zala nahmen sie nicht mit, weil im Auto kein Platz mehr war, da die Kühltasche einen Teil des Rücksitzes einnahm. Als sie sich verabschiedeten, schüttelte der Schwager jedem die Hand, drückte alle an seine Brust, sagte zweimal »*Hug, hug*!« und gab dann jedem eine Ein-Dollar-Note. Als sie durch die Grenzkontrolle am Flughafen gegangen waren, zerriss Zalas Vater den Geldschein in kleine Stückchen, warf sie zu Boden, und weil sie nicht gehorchten, sondern im Wind herumflatterten, versuchte er, sie durch Daraufspucken gefügig zu machen. Er verfluchte die Amerikaner, und sein einziger Trost war das Gerücht, dass auch Jugoslawien eine Atombombe baute. Lange Zeit erinnerte er immer wieder an die Flugzeugkaverne Željava und behauptete, die Amerikaner hätten so etwas niemals bauen können. Zala hob ihren Dollar auf und benutzte ihn als Lesezeichen, bis er in einem von jenen Büchern steckenblieb, deren Lektüre sie mit schlechtem Gewissen abgebrochen hatte, mit dem festen Vorsatz, sie irgendwann wieder aufzunehmen.

Die Familie ihres Vaters war das größere Geheimnis. Er erwähnte unaufhörlich Cousins ersten und zweiten Grades, beherrschte die Verwandtschaftsbeziehungen bis in die entferntesten Verästelungen, nur dass die Bezeichnungen irgendwie nie als Personen in Erscheinung traten. Sie besuchten jenes kleine serbische Dorf nur selten, und jedes Mal legte ihr Vater seine Uniform an. An Speisen und Getränken mangelte es nicht, doch alles andere blieb unausgesprochen. Die Andeutungen ihrer Großmutter über eine Wohnung in Belgrad, die sie einmal gehabt hatten, und über die Vertreibung des Großvaters, eines Lehrers, fügten sich für Zala erst später, als sie bereits mit ihrem Vater zerstritten war, zu einer Geschichte über eine bürgerliche Familie zusammen, deren Wohnsitz von den Kommunisten beschlagnahmt worden war, sodass sie in die Dorfschule hatten umziehen müssen. Und dann entscheidet sich der älteste Sohn, Soldat zu werden, und noch schlimmer, er entscheidet sich für Titos Ideologie. In den Militärwohnblocks, in denen sie lebten, ragten freitags Ausgaben von *Der Kommunist* aus den Briefkästen. Zala fand sie dann unberührt auf den Stapeln von Altpapier wieder, das sie für Schulaktionen sammelten. Nur die Ausgabe ihres Vaters wurde immer von der ersten bis zur letzten Seite gelesen.

↓

Sie wünschte sich, dass wenigstens ihre Freundinnen vom Meer zurückkämen. Sie wickelte sich ein Handtuch zum Turban und hüllte sich in ihren Bademantel. ›Vielleicht waren sie schon hier? Oder in der Klinik?‹ Mit einer mechanischen Handbewegung öffnete sie den Wandschrank, nahm die Creme gegen Schwangerschaftsstreifen und drückte sich etwas davon auf die Hand, öffnete den Bademantel und starrte zuerst auf den verschwundenen Bauch, sah dann die Streifen und brach in Tränen aus. Mit äußerster Anstrengung hielt sie inne und wusch die Creme unter einem kräftigen Wasserstrahl von den Fingern.

Sie ging ins Schlafzimmer und erblickte die Wiege. Das Mobile mit den Papiervögeln schaukelte langsam im Luftzug, der beim Öffnen der Tür entstanden war. Das Gefühl der Unwirklichkeit durchfuhr sie so heftig, dass sie dachte, mit ihr stimme körperlich etwas nicht. Sie stützte sich auf den Rand des Bettchens und starrte lange auf das glatte Weiß.

›Kriegt er von denen Milch mit dem Fläschchen? Wird er von meinen Brüsten entwöhnt?‹

Bei dem Gedanken, jemand anderes könnte ihn stillen, knirschte sie mit den Zähnen. In der Apotheke kaufte sie sich eine Pumpe und leerte übertrieben regelmäßig ihre Brüste, ständig in der Angst, die Milch zu verlieren, bevor sie wieder zu ihrem Kind konnte. Das Gerät molk sie durch ein Vakuum, ein Apparat ohne Gefühle, ein Toter. Sie dachte an den Mund ihres Kindes und schluchzte auf.

Sie dachte zurück, wie sie nach dem ersten Stillen ihre Brustwarzen angesehen hatte, so langgezogen, wie sie noch nie gewesen waren!

Das Gewicht auf ihrer Brust war zu schwer geworden, sie musste sich bewegen. Sie blickte auf den Fleck auf dem Teppich, und ihr Körper handelte automatisch. Ihre Beine trugen sie ins Bad, ihre Hand griff nach einer roten Plastikschüssel, sie gab Reinigungsmittel hinein und ließ das noch immer kalte Wasser dazu, bis der Schaum über den Rand trat.

Sie kniete sich neben den Fleck und begann, den Teppich mit einer Wurzelbürste zu reinigen.

›In diesem Blut war er, in dieser Flüssigkeit.‹

Sie rieb in langen Zügen, die dunkle Schlieren hinter sich herzogen, der Fleck verschmierte immer mehr, er wollte und wollte nicht verschwinden. Der weiße Schaum darauf färbte sich langsam rosa. Sie schob mit beiden Händen: vor, zurück, sie wurde von Krämpfen geschüttelt, sie sah nur dieses Meer von Blut, seines, ihres, wie es sich ausbreitete, es würde das Zimmer verschlingen, die Wohnung, ihre Welt.

Sie heulte auf, zuerst innerlich, dann mit gepresster Stimme, schließlich fiel sie seitlich auf den Teppich, verbiss sich in die Synthetikfasern, konnte nicht mehr an sich halten. Sie weinte, es kümmerte sie nicht, was die Nachbarn sagen würden, und die Tränen hinterließen eine Leere in ihr, die sie als tröstlich empfand.

Als sie nicht mehr konnte, blieb sie einfach liegen und zwinkerte immer langsamer mit den Lidern.

Es klingelte.

Sie zuckte zusammen, wollte aufspringen, hielt sich zurück.

»Zala, bist du zu Hause? Mach auf! Wir sind's!«

Sie sah um sich. Der Fleck, die leere Wiege, sie krallte ihre Finger in den Teppich und hielt den Atem an.

Eine andere Stimme, die sie nicht gleich erkannte: »Wir sind vom Meer zurück!« Und eine dritte, es musste Nana sein: »Bist du zu Hause?«

Sie klingelten noch einmal.

Dieses Mal erkannte sie Metas Stimme: »In der Entbindungsklinik haben sie gesagt, du seist entlassen worden.«

»Wo könnte sie denn hingegangen sein?«, fragte Nana.

Schließlich meldete sich Vlasta zu Wort: »Pssst. Vielleicht schlafen sie. Wir kommen später wieder.« Ihre Schritte entfernten sich, das Gefühl der Einsamkeit wuchs.

↓

Tanja trat in den Abend hinaus, der bereits den Sommer ankündigte, und machte sich auf den Weg zur Bushaltestelle. Sie spürte, dass sich ihr jemand näherte, wollte sich umdrehen, doch Zala kam ihr zuvor: »He!«

»Zala! Wo warst du bloß?« Zala sah sich nervös um.

»Lass uns gehen!«

Sie setzten sich in Bewegung.

»Wie geht es dem Kleinen?«

»Gut«, Tanja lächelte, »ich sehe häufig nach ihm. Die Tests sind auch alle ohne Befund.«

»Bitte, pass auf ihn auf.«

»Du weißt, dass ich das tue. Aber warum bist du weggegangen?«

»Wer hat das gesagt?«

»Der Oberarzt. Ohne zu zahlen, hat er gesagt.«

»Die Klinikleiterin hat mir eine Falle gestellt. Da bin ich mir sicher.«

Tanja blieb stehen. »Was redest du da?«

Zala setzte zu einer Erklärung an, bekam jedoch Angst. Irgendwie stand vor ihr immer noch das kleine Mädchen, das ihr vertraute und das sie, was noch wichtiger war, um einen Gefallen bitten wollte. Die Sätze, die sich schon in ihrem Kopf sammelten, klangen für sie selbst wie aus einer Welt, die Tanja unmöglich erscheinen musste.

»Tanja, es gibt da einen Irrtum: Ich bin nicht in ihrem Computer. Ich gehe morgen zum Gemeindeamt, regle alles und komme dann gleich den Kleinen abholen. Jetzt habe ich nur eine Bitte.«

»Schieß los.«

»Können wir zurückgehen, und du bringst mir den Kleinen zum Stillen?«

Zala sah all die kleinen Gefühlsregungen, die über Tanjas Gesicht liefen: von Zustimmung, instinktiv, vertraulich, bis hin zu einer Überlegung, die sie innehalten ließ, noch bevor sie nickte.

»Wenn sie mich erwischen ...?«

»Das werden sie nicht.«

Sie wich ein paar Zentimeter zurück. Zala musste sich beherrschen, um sie nicht an der Jacke zu packen und an sich zu ziehen.

»Bitte! Ich will ihn nur stillen!«

Tanja begann zu atmen, als müsste sie die Luft durch glühendes Eisen ziehen. Sie hob die Hand und griff nach ihren Haarspitzen, nur für einen Moment.

»Bitte.«

»Gut. Komm auf die andere Seite des Gebäudes, hinten ist der Lieferanteneingang, du wirst es schon finden. Warte dort auf mich.«

↓

Zala stand zwischen zwei Kombis auf dem sonst leeren Parkplatz und starrte auf die klinkenlose Metalltür an der Außenseite.

Als Tanja die Tür öffnete und kein Baby trug, waren ihre leeren Hände wie ein Schrei, der Zala mitten ins Gesicht traf; ihr Herz blieb stehen, bis es erst durch ein halbes, reflexartiges Husten wieder in Gang gesetzt wurde.

»Es ist alles in Ordnung ...«, sagte Tanja, »aber ...«. Sie wandte den Blick ab.

»Komm zum Stillen bitte rein!«

Zala atmete auf. Mit ihrem Kind war alles in Ordnung, und sie würde es sehen können. Doch zugleich hatte sie ihrem ehemaligen Schützling gegenüber gemischte Gefühle. Auch wenn sie keinen Augenblick daran gedacht hatte, ihren Sohn zu entführen, war sie doch auch aufgebracht. Und zugleich war die Babysitterin der kleinen Tanja zufrieden, denn das Mädchen besaß auch praktischen Verstand und würde seinen Weg im Leben finden. Also saß Zala schließlich in der Vorratskammer für die Reinigungsmittel auf einem Zwischending zwischen Stuhl und Leiter, einem Kegelhocker aus Plastik mit gerillter Oberfläche. Die Gerüche der Chemikalien trafen sich in ihren Nasenlöchern, sie hatte den Eindruck, als würde der Speichel in ihrem Mund dadurch säuerlich. Es war kein Platz für zwei, daher war Tanja vor der Tür geblieben. Zala war darüber erleichtert, denn sie hatte sich wegen ihres Misstrauens schlecht gefühlt, obwohl sie ihr gar keinen Vorwurf machen konnte.

Die Lippen schlossen sich um die Brustwarze, der Gaumen drückte sie, Zala verspürte Krämpfe im Unterleib und stöhnte beinahe auf, doch sie verstoben zu einem Kribbeln, das sie mit Ruhe erfüllte und dem Gefühl, dass die Dinge so waren, wie sie sein mussten. Sie hätte in alle Ewigkeit in das Gesichtchen vor sich starren können, doch ein Teil von ihr erinnerte sich an ein anderes Kribbeln und einen anderen Mund, größer, an eine Zunge, die ihre Brustwarze leckte, sich fortbewegte, zurückkehrte und dann weiter nach unten wanderte. Sie vertrieb die Erinnerung, doch das Gefühl von Erregung und Beruhigung blieb, eine Mischung, die sie so noch nie erlebt hatte.

Sie blickte auf das kleine Gesicht und versuchte, es sich wenigstens in Gedanken anzueignen. Die Nase, eine kleine Sprungschanze, die sie auf dem letzten Ultraschall gesehen hatte, war zu einem Hügelchen herangewachsen, und die kleinen Nasenlöcher pulsierten beim Saugen. Sie beugte den Kopf zu ihm und atmete ihn ein. Ein Geruch, mit nichts zu vergleichen. Sie legte ihm die Rückseite ihres Zeige- und Mittelfingers auf die Wange, er verzog das Gesicht, schüttelte sich, dann wandte er sich wieder der Brustwarze zu und saugte. Ein Auge wanderte zur Seite, und sie fürchtete, er würde schielen. Als er satt war, erhob sie sich, und trat, ihn wegen Platzmangels an sich drückend, auf der Stelle, bis die Tür aufging.

»Bitte, beeil dich«, sagte Tanja.

Ihre Nervosität glitt über Zala hinweg wie der Wind über Öl und hinterließ doch Spuren in ihr.

»Er ist ja schon satt, ich sollte ihn jetzt zurückbringen.«

»Noch ein bisschen, bitte. Seit wann gibt es denn einen Wachmann in der Aufnahme?«

»Erst seit ein paar Tagen. Die Klinikleiterin behauptet, es sei wegen der Diebstähle, aber die gab es schon immer.«

Zala sagte nicht, dass der Wachmann ihretwegen dort stand, daran hatte sie keinen Zweifel.

»Sind die auch nachts da?«

»Ja, sie hat einen Sicherheitsdienst angeheuert. Bitte, beeil dich. Er hat aufgehört zu trinken!«

Zala wollte den Augenblick hinauszögern und drückte sein Gesicht an ihre Brust, aber sie konnte nicht länger schwindeln. Das Baby öffnete den Mund weit, ein Tropfen sickerte aus seinem Mundwinkel.

»Er schläft, ich sollte ihn zurückbringen«, Tanja streckte die Arme aus.

»Nein!«, Zala wandte sich instinktiv ab.

»Ich wusste es, ich wusste es! Zala, was tust du mir da an! Bitte, nein. Bitte. Zala! Die Schwestern wissen, dass ich

das Kind mitgenommen habe, wenn es nicht da ist, werden sie nach mir suchen. Was soll ich ihnen sagen?«
Tanjas Stimme wurde schrill und weinerlich, die Hände trauten sich nicht, nach dem Kind zu greifen, daher packten sie Zala an den Schultern: »Die Avbar ... die Klinikleiterin und der Oberarzt ... sind eine alteingesessene Familie in Ljubljana. Immer in der richtigen Partei, zuerst bei den Kommunisten, jetzt bei den Demokraten. Er ist mein Professor, bei ihm muss ich noch ein Examen ablegen. Ich kann das meinen Eltern nicht antun, dass etwas schiefläuft und meine Arztkarriere ins Stocken kommt. Bitte. Du wirst ihn doch morgen mit nach Hause nehmen! Bitte! Du weißt doch selber, wie hart meine Eltern geschuftet haben, damit ich studieren durfte! Hast du deshalb all die Jahre auf mich aufgepasst, um mich jetzt zu vernichten? Morgen bekommst du dein Kind! Es muss ja nur noch eine Nacht hier verbringen! Bitte!«
Zala sah alles zugleich: das kleine Nachbarsmädchen, das an den Haaren kaute, seine Eltern, die ihr zusätzlich zu ihrem Geld immer noch eine Süßigkeit gaben, die Hoffnung, die sie in ihre Tochter gesetzt hatten, den Wunsch, dass sie eines Tages nicht mit Besen und Hämmern würde arbeiten müssen so wie sie, dass sie einen Beruf haben würde, den alle brauchen, wünschen und respektieren. Zugleich aber sagte ihr Verstand, dass sie nicht mit dem entführten Sohn im Arm durch das Krankenhaus fliehen konnte, mit einer schreienden Tanja auf den Fersen, an Schwestern und Ärzten vorbei, und schon gar nicht am Wachmann.
Sie sah ihr Baby an, ihr Gehirn gab den Händen einen Befehl, aber nichts geschah. Mit dem tiefen Ächzen eines

Ringers drückte sie Tanja das Kind schließlich in die Hände und konnte kaum die Tränen zurückhalten.

Zala war eine halbe Stunde zu früh vor der Tür des Gemeindeamts und wartete. Sie knetete den Griff ihrer Handtasche, als wollte sie ihn auspressen. Bald nach ihr kam ein Rentner, der auf seiner Schildkappe Reklame für irgendeine Aktiengesellschaft machte und mit seiner ärmellosen Weste mit den vielen Taschen für den örtlichen Anglerverein. Er versuchte ein paar Mal, ein Gespräch mit Zala zu beginnen, aber sie antwortete nur mit »Ja« und »Nein«, und schließlich murmelte er nur etwas in sich hinein. Dann kam noch ein Mann etwa in seinem Alter, und gemeinsam konnten sie jetzt über die Ineffizienz des Staates schimpfen, über Ganoven und Betrüger, die den kleinen Mann unterdrückten, womit sie sich selbst meinten, auch wenn der zweite lang und dünn wie eine Bohnenstange war.

Eine Sicherheitsbeamtin schloss pünktlich die Tür auf, und Zala wollte eintreten, doch die Uniformierte hielt sie zurück.

»Eine Minute noch!«

Sie sah auf die Uhr und sagte: »Jetzt können Sie!«

›Blöde Kuh!‹, dachte Zala und sah sich nach dem richtigen Schalter um. Sie entschied sich für die Aufschrift »Angelegenheiten der Staatsbürgerschaft«, die ihr der Bedeutung nach am passendsten erschien.

»Guten Tag«, begrüßte sie eine Dame im grauen Kostüm mit zu hell gefärbten Haaren, »im Krankenhaus hieß es, mit meinen Daten sei etwas nicht in Ordnung. Könnten Sie bitte einmal nachsehen?«

Sie schob ihren Personalausweis und ihren Reisepass unter der Scheibe durch, und die Beamtin nahm beides, begann zu tippen, beugte sich ein wenig vor, sah den Ausweis an, dann den Text auf dem Bildschirm, nahm eine Schere und zerschnitt das Dokument. Den Reisepass schob sie in einen Locher und drückte entschlossen den Hebel herunter.

»Aber ... was machen Sie denn da?«, Zala versagte die Stimme, sie brachte nur noch ein etwas lauteres Flüstern zustande.

Die Beamtin sah sie kurz an und schnitt dann die beiden Hälften des Ausweises noch einmal durch. »So lauten unsere Anweisungen!« Sie warf die Stücke in den Papierkorb.

»Welche Anweisungen?«

»Die Chefin hat es so gesagt.«

»Ich möchte mit ihr sprechen. Wo finde ich sie?«

»Auf Bildungsurlaub.«

Zala zeigte auf den Papierkorb:

»Was haben Sie mit meinem Ausweis gemacht? Was soll ich jetzt tun?«

»Das Gesetz besagt unmissverständlich: Sie sind Ausländerin. Gehen Sie nach Kragujevac und regeln Sie dort Ihre Staatsangehörigkeit, und danach beantragen Sie das Aufenthaltsrecht in Slowenien.«

»Aber ... Ich habe dort kein ...«

Dem Angler-und-Aktien-Rentner wurde es zu viel.

»Na, was ist? Manche Leute haben nicht die Zeit, den ganzen Tag auf dem Gemeindeamt rumzuhängen wie die Jugend von heute.«

Er sah seinen Gesprächspartner an, der eifrig nickte. Zala packte die Schreibtischkante.

»Hören Sie ... ich bitte Sie ... ich kenne niemanden in Kragujevac.«

Die Beamtin begann, von einer Pobacke auf die andere zu rutschen, sodass die Feder ihres Stuhls ächzte.

»Schauen Sie, Sie dürfen das nicht persönlich nehmen. So lautet nun einmal das Gesetz, die Chefin ist streng, weil sie in die Politik möchte, vielleicht wird sie noch Ministerin für das Öffentliche Verwaltungswesen. Ich bin nur eine Schalterbeamtin, die alle beschimpfen können. Wo waren Sie, als es Zeit war, den Antrag auf Staatsbürgerschaft auszufüllen?«

»Wann war das denn? Ich weiß nichts davon.«

»Ja, schauen Sie denn keine Nachrichten?«

»Nein.«

»Dann sind Sie selbst schuld. Lassen Sie es nicht an mir aus.« Zala schlug mit der flachen Hand aufs Pult:

»Das tue ich doch gar nicht! Ich möchte Papiere, weil ich Slowenin bin!«

»Sie gehen jetzt besser«, die Beamtin schob ihre Brust nach vorn, stützte sich mit den Fäusten auf den Schalter, und ihre Augen wanderten zur Eingangstür. Zala drehte sich schnell um. Die Sicherheitsbeamtin war nicht zu sehen.

»Ich gehe nirgendwo hin! Ich möchte wissen, was hier vor sich geht!«

»Nun, das habe ich Ihnen doch gesagt! Ich habe genug von Ihnen, von Ihnen allen! Sie sind alle gleich! Sie schreien mich an, als hätte ich dieses Gesetz verabschiedet. Hätte ich etwa die Formulare für Sie ausfüllen sollen?«

Sie griff nach dem Telefon und hob den Hörer wie eine Hantel in die Höhe, als wollte sie Gymnastik machen.

»Ich werde die Polizei rufen!«

Die Beamtin tippte nur zwei Ziffern ein, Zala lief weg. Der Rentner, der an ihre Stelle trat, nickte der Beamtin zufrieden zu: »So muss man mit denen umgehen. Haben wir etwa für die da gekämpft?«

↓

»Haben Sie dir auch den Ausweis durchgeschnitten?«, fragte eine Männerstimme. Zala drehte sich ruckartig um, sie hatte mit einem Uniformierten gerechnet und sah stattdessen einen aufgebrezelten jungen Mann von etwa fünfundzwanzig Jahren in einem farblosen Regenmantel mit Schulterpolstern und etwas dunkleren Hosen mit Bügelfalten vor sich. Er trug eine tränenförmige Sonnenbrille, obwohl die Sonne sich noch gar nicht für ihn interessierte. Sie verjagte an diesem kalten Morgen gerade erst die Wolken vom Himmel.

»Woher weißt du das?«, fragte sie. Er erinnerte sie an ein Model aus einem Kitschfilm, die Daumen in die Hosentaschen gehakt. Sie hätte schwören können, dass er hinter den dunklen Gläsern zwinkerte. Sein Gesicht hatte gar nichts von einem Model an sich. Es war eines von jenen, wie Spaßvögel sie im Laufe der Zeit bekommen, eine Mischung aus Fuchs und Pinocchio, das hatte sie sich früher so vorgestellt. Durch ihre Berufserfahrung war sie dann jedoch zu dem Schluss gekommen, dass es vermutlich genau umgekehrt war – manche werden so geboren, und ihr Charakter formt sich nach ihrem Gesicht. Er richtete seine Sonnenbrille, die ihm über das ausgeprägte Nasenbein gerutscht war, und fragte: »Zigarette?«

»Nein, eine Antwort. Woher weißt du das?«

»Gehen wir was trinken, dann erzähle ich dir alles.«

Der Rentner mit der Anglerjacke kam aus dem Gebäude und beäugte sie neugierig.

»Ich heiße Nikola«, sagte der junge Mann. »Ich sage das für alle Fälle, damit du nicht mit einem Fremden ausgehst.«

»Ich habe keine Zeit«, sagte Zala, »erzähl mir mehr über die Ausweise.«

»Tststststs«, Nikola schüttelte den Kopf, und auf einmal wurde Zala alles zu viel – das Eroberungsspiel ekelte sie in der momentanen Situation an, es lief einfach ab wie immer, als hätte sich die Welt für sie nicht vollkommen verändert. Sie verzog das Gesicht und zischte:

»Fick dich!«

»Ich muss es mir wohl wirklich selber machen, wenn du nicht willst«, er grinste und seine komödiantische Natur zeigte sich in voller Pracht. Die Zähne in seinem Unterkiefer standen kreuz und quer, bildeten nur recht und schlecht eine Reihe.

Sie drehte sich um und ging. Nikola lehnte sich gegen das Metallgeländer und machte aus dem Anzünden der Zigarette eine Show.

Als Zala um die Ecke gebogen war, kamen ihr Bedenken und sie verlangsamte ihre Schritte. Zuerst fiel ihr ein, dass sie jetzt sowieso nirgendwohin gehen konnte, das Verhalten der Gemeindebeamtin hatte ihr deutlich gemacht, was da vor sich ging: ein Spiel, das nach Regeln lief, die allen klar waren außer ihr. Die Frau hatte betont, sie seien alle gleich – ›Wer sind wir, wer sind alle? Wer ist gleich?‹, fragte sich Zala, und wenn sie ihren Weg fortgesetzt hätte, hätte sie den einzigen Menschen verloren, der vermutlich eine Antwort wusste. Also machte sie kehrt. Sie blieb stehen, holte tief Luft und spitzte ein bisschen um die Ecke.

Der junge Mann hob beim Rauchen feierlich den Kopf, als sende er ein Brandopfer gen Sonne.

Noch ein paar Leute betraten das Gebäude, eine ältere Frau kam aus der Tür, auf einen Stock gestützt, dessen Geräusch auf dem Pflaster in der Straße widerhallte. Genau vor Nikola begann sie zu schluchzen und blieb lange Zeit, die Hand vor dem Gesicht, still stehen. Der junge Mann sah sie nicht einmal an. Er schnippte die Kippe weg und gönnte seinem Adamsapfel ein Sonnenbad, das goldene Gestell seiner Sonnenbrille blinkte auf. Zala musste sich zusammenreißen, um nicht loszulaufen und die Frau zu umarmen. Vielleicht hatten sie auch ihr den Ausweis durchgeschnitten? Doch selbst wenn sie das getan hatten, war sie genauso überrascht wie Zala, also wusste sie nichts.

Die Frau ging langsam weg, und Nikola zündete sich die nächste an.

Aus dem Gemeindeamt kam eine jüngere Blondine im Minirock mit Dauerwelle, die Haare trug sie nach der neuesten Mode in Form von Engelsflügeln.

»Haben sie dir auch den Ausweis zerschnitten?«, fragte Nikola sie.

»Was?«

»Den Ausweis, haben sie auch deinen Ausweis zerschnitten?«

»Das ist das Gemeindeamt, hier geben sie einem Ausweise und zerschneiden sie nicht. Idiot!«, sie verzog das Gesicht und ging rasch weg und um die Ecke, an Zala vorbei, die einen Schritt zurück gemacht hatte und sich lange nicht traute, wieder um die Ecke zu linsen.

Als sie es dann tat, stand der Mann nicht mehr an seinem Platz.

Ihr war, als sähe sie den Zipfel seines Mantels hinter einem Gebäude am anderen Ende der Straße verschwinden.

Sie lief los, ein Schmerz bremste sie, sie biss die Zähne zusammen und ging so schnell sie konnte weiter.

Hinter der Häuserecke stieß sie beinahe mit ihm zusammen. Er packte sie am Handgelenk, sie verlagerte das Gewicht, und er bemerkte noch, wie ihr rechtes Bein zum Tritt ansetzte, und ließ sie los: »Okay, okay! Beruhig dich. Glaubst du, ich hab dich nicht gesehen? Ha! Ich wusste, dass du Feuer gefangen hast und hinter mir herlaufen würdest.«

»Woher weißt du das mit dem Zerschneiden der Ausweise?«

»Du bist ganz schön altmodisch. Müssen wir jetzt erst lange reden, bevor es richtig zur Sache geht?«

»Brauchst du Idiot erst einen Tritt in die Eier, um erwachsen zu werden?«

»He, beruhig dich. Ich bin eine seriöse erwachsene Person.«

»Dann benimm dich gefälligst auch so. Weshalb zerschneiden die die Ausweise?«

Nikola nahm die Sonnenbrille ab und steckte sie in die Tasche. Und mit ihr verschwand auch sein Machogehabe:

Mit einem Mal wirkte er ratlos, in seinen Augen waren Zeichen einer gewissen Ohnmacht zu erkennen. Zala wurde deswegen nicht weniger vorsichtig, vielleicht hatte er nur für einen seiner verschlagenen Witze das Gesicht gewechselt.

»Nun, dann reden wir eben«, sagte er. »Wenn die Frau schön ist, hat der Mann kein Problem, wenn sie redet.«

↓

»... also, letzten Monat, da bin ich ein bisschen zu schnell gefahren, wie üblich, ich hab nun mal von Natur aus einen schweren Fuß, was soll ich machen. Was wollte ich gleich wieder sagen? Also, ich biege dort ab ... in diese Straße ... ich weiß nicht mehr, wie sie heißt, ist ja auch nicht wichtig. Es ist Nacht, selbst die überfahrenen Katzen auf den Straßen schlafen schon, verstehst du, das Bild hab ich mir selbst ausgedacht, und jetzt ... Naja, ich fahre. Und dann, verflucht, sind plötzlich die Bullen vor mir. Einer im Auto, der andere winkt, und ich völlig unvorbereitet. Im eigenen Auto mit ordnungsgemäßem Kennzeichen. Ich weiß nicht, was an mir so interessant war, als würde ich nackt mitten auf dem Stadtplatz stehen. Ich halte an, was sollte ich auch tun. Der Bulle kommt auf mich zu, ich räume schnell auf, du weißt schon, wie die Wohnung, wenn man Besuch erwartet, man muss ein bisschen Ordnung schaffen. Ich werfe das Tütchen Gras unter die Fußmatte, trete drauf, sie hatten keine Hunde dabei, alles sollte glatt gehen. Der Bulle kommt, leuchtet mit der Taschenlampe. Auf die Kennzeichen, durch das Auto, auch in meine Augen. Lange, verstehst du. Das kam mir etwas seltsam vor. So eine ... wie soll ich sagen, nicht Angst, ich bin ja ein Mann. Aber so ein unangenehmes Gefühl ... Also er leuchtet und leuchtet, mir kamen geradezu die Tränen, er hat mich mit diesem Licht mitten in der Dunkelheit total geschockt. Und dann dieses Bullenschwein, das erst das Auto durchleuchtet, dann mich. Ich will vorsichtig ein Gespräch anfangen, ich sage: ›Ich war wohl ein bisschen zu schnell, was? Wird nicht mehr vorkommen, ich schwör's ...!‹, und er sagt nichts. Schweigen. Aber ich bin auch nicht mehr dieser kleine Junge von damals, als sie uns ins Polizeiauto gezwängt und in die Berge gefahren haben. Aber mit ein paar Leuten habe ich es mir auch verdorben, mein Kopf arbeitet wie ein Dampfhammer, ich gehe alle meine Sünden durch, rate, wer es sein könnte. Jede Menge Sünden, unzählige Möglichkeiten. Mittlerweile geht mir wirklich schon die Muffe, meine Hände sind total verschwitzt, rutschen nur so übers Lenkrad. Dann dreht der Typ die Taschenlampe nach oben, nur ein kurzer Schwenk, verstehst du, über sein Gesicht, und ich sehe, es ist Tine!

›Tine, Alter, was machst du denn da?!‹, sage ich. Er richtet die Taschenlampe nach unten, auf den Boden, sagt nichts. ›Tine, was ist los? Hör auf, mir Angst zu machen! Arschloch!‹

Ich fange an zu lachen, warte darauf, dass er auch lacht, du weißt ja, Lachen soll ansteckend sein. Verflucht, Tine ist geimpft, den steckt nichts an. Er steht da und schweigt, als wäre er aus Holz. ›Tine, was ist? Was stimmt nicht? Tu mir das nicht an, Alter!‹ Endlich redet er:

›Du bist zu schnell gefahren‹, sagt er.

Das kommt mir seltsam vor, verstehst du, er benimmt sich

wie eine Amtsperson, als würden wir uns nicht schon von früher kennen, als wären wir nicht zusammen aufgewachsen.

›Aber du kennst mich doch ...‹, sage ich.

›Dich‹, sagt er so kurz angebunden, als hätte er die Atemluft nur auf Kredit bekommen. Ich denke nach, mir ist schon ganz eng ums Herz, und dieses kurze Wort macht es noch schlimmer, wie eine Schraube, die sich enger dreht, verstehst du, du glaubst, okay, das ist das Ende, aber du reißt dich zusammen und es geht noch ein bisschen.

Moment, wo war ich ...

›Aber was stimmt denn nicht?‹, frage ich noch einmal. Und jetzt er, verstehst du, dort in dieser Dunkelheit, die Taschenlampe leuchtet auf den Boden, ich sehe ihn, aber nur als Schatten, auf einmal verliert er dieses steinerne Gesicht und wird der alte Tine. Ich will ja nicht schlecht über die reden, mit denen ich aufgewachsen bin, aber bei ihm war uns schon immer klar, dass er entweder Soldat oder Polizist wird. Na, dieser Tine.

Er sieht mich mit seinem Tine-Gesicht an und sagt:

›Wir wissen beide, was ich dir schuldig bin. Du hast mich aus dem Fluss gezogen, du hast mir das Leben gerettet. Jetzt werde ich mich dafür revanchieren.‹

Ich verstehe nicht die Bohne, um was es geht, aber mir ist klar, dass wir gerade verhandeln, feilschen. Um große Summen, er nennt gleich das Leben. Das habe ich ihm tatsächlich gerettet, weißt du.

Ich sage: ›Was sagst du da? Dass du mir keinen Strafzettel schreibst? Ist dein Leben etwa nur ein paar Geldscheine wert oder was?‹

Tine seufzt, als wäre ich in dieser Geschichte der, der nicht wirklich reden will: ›Wenn ich dir einen Strafzettel schreibe, muss ich erst in der Zentrale deine Daten überprüfen. Aber du existierst nicht.‹

›Hä?‹, mache ich.

›Es gibt dich nicht‹, sagt Tine, ›ich habe alle meine Freunde überprüft, ein paar von euch gibt es nicht mehr, auch dich nicht. Seit dem 26. Februar. Wir haben eine offizielle Anweisung bekommen, wie wir mit euch verfahren sollen.‹

Er spricht, als würde er an meinem Grab stehen und mich ins Jenseits geleiten. Ich muss ihn wieder zur Vernunft bringen, ich denke an die logischste aller Möglichkeiten:

›Hast du Fieber? Musst du ins Krankenhaus?‹

Er schüttelt den Kopf.

›Geh morgen aufs Gemeindeamt, zeig ihnen deinen Ausweis, wenn du mir nicht glaubst.‹

›Tine, du machst nur Spaß, oder? Du rächst dich jetzt an mir für all die Scherze, auf die du reingefallen bist, und du bist sehr oft drauf reingefallen. Ein Scherz, oder?‹

Er schüttelt den Kopf:

›Sie haben euch aus den Melderegistern gelöscht. Es gibt euch nicht mehr. Sie sagen, ihr wolltet die Staatsbürgerschaft nicht, ihr wärt gegen uns.‹

›Gegen wen euch?‹, ich werde wütend. ›Wir vom ersten Stock gegen euch vom mittleren Stockwerk, oder was? Was redest du da?‹

Ich spüre, wie sehr ihm das zuwider ist. Dass er die Sache beenden, weggehen, mich vergessen will.

›Weil du gelöscht bist, kann ich dir keinen Strafzettel schreiben. Ich muss dich zum Asylantenheim begleiten. Dort bringen sie dich zur Grenze und übergeben dich den

Kroaten. Die Kroaten werden sagen, oh, schau, ein Montenegriner, mit denen sind wir doch im Krieg, und dann werden sie Dinge mit dir machen, die ich dir nicht wünsche. Deshalb werde ich gleich gar keinen Zettel aus der Tasche ziehen, du bist gelöscht, und ich sehe dich nicht. Jetzt sind wir quitt, aber ich darf dich nie wieder sehen.‹ Er hat die Taschenlampe ausgeschaltet, und ich habe ihn wirklich nicht wiedergesehen.«

↓

»Warte«, sagte Zala, und ihre Hand kroch wie von selbst, wie ein fremder Körperteil über den Tisch, die Finger leicht nach links, zur Zigarettenschachtel hin gekrümmt. »Sie haben uns einfach aus den Computern gelöscht?« Sie konzentrierte sich auf die abgewinkelten Fingerknöchel und hielt ihre Hand an. Sie musste noch zusätzliche Mühe aufwenden, um sie zurückzuziehen. In der Mittelschule hatten fast alle ihre Mitschülerinnen geraucht, nur sie war standhaft geblieben. In ihrer schlechten Beziehung war sie jedoch eingeknickt, im zweiten oder dritten Jahr. Es war an einem jener Abende, als sie auf der Couch saßen und er hätte schreiben sollen, wie er behauptete, aber eine schöpferische Krise hatte, und stattdessen Bier trank, was angeblich seiner Phantasie guttat, die sich damals nicht regte und später auch nicht. Nach einem Schluck zündete er eine Zigarette an und Zala tat es ihm gleich. Nach dem ersten Zug rannte sie aufs Klo und übergab sich und rauchte anschließend die Kippe, die im Aschenbecher auf sie wartete, stur zu Ende. Als sie ihre Beziehung aufarbeitete und sich an das Rauchen erinnerte, stellte sie fest, dass sie mit ihrem Ex nichts gemeinsam hatte außer einer Schachtel auf dem Tisch vor sich. Aus ihren Mündern kamen keine Worte, die sich mischten, sondern Rauchwolken. Als Erstes hörte sie mit dem Rauchen auf, dann nahm sie natürlich zu und ging zur Gymnastik – für einen etwas aufmerksameren Mann wäre das bereits ein Zeichen gewesen, dass es schlecht um ihn stand. Aber wäre er aufmerksamer gewesen, hätte er es nie so weit kommen lassen.

Mit dem Kaffeetrinken hatte sie aufgehört, als auf dem Schwangerschaftstest zwei Streifen erschienen waren.

Nikola zuckte mit den Schultern: »So ist es. Es gibt uns nicht mehr.«

»Und wie vielen von uns geht es so?«

»Keine Ahnung. Ziemlich vielen, soweit ich weiß.«

»Und was haben wir getan?«

»Weißt du, zuerst habe ich gedacht, das sei ein Trick der Polizei. Du fährst zu schnell, prügelst dich ein bisschen, verkaufst ein bisschen Gras, und sie haben genug von dir, von mir und meinesgleichen. Aber dann hab ich von einer uralten Tante gehört, einer Rentnerin, verstehst du. Ich hab nachgefragt und ich glaube, ich kenne die Regel: Mein Name endet auf ić, ich bin in Montenegro geboren.«

»Und ich in Serbien, in Kragujevac. Aber ich bin nur dort geboren, ich war vier Jahre und ein paar Monate alt, als mein Vater versetzt wurde ...«

»Ja, das ist egal. Dein Kragujevac, mein Titograd, das war's. Ich hab einen Freund, der ist noch mehr Balkanese als ich, aber er ist in Wien geboren. Ihm wurde der Ausweis nicht durchgeschnitten. Scheiß auf ihn.«

»Sie löschen einen aus, wenn man einen Namen auf -ić hat und in Jugoslawien geboren ist? Aber von diesen Menschen muss es Tausende geben. Zehntausende?«

Zala spürte, wie die Tasse mit dem Kräutertee in ihrer linken Hand erkaltete. Nikola hatte seinen Kaffee schon ausgetrunken und zündete sich eine neue Zigarette an. Der Imbiss war im letzten Jahrzehnt eingerichtet worden, er funkelte nur so wegen all dem Messing, das lackierte Furnier aber hatte stellenweise seinen Glanz schon wieder verloren und wirkte eher wie ein Kranker mit verfärbter Haut. Einige Stammgäste saßen auf Barhockern, die Kellnerin sah häufig auf die Uhr und machte dabei ein Gesicht, als wartete sie geduldig darauf, dass das Leben endlich vorüberging. An der Wand bildeten Neonröhren das Wort TAGESBAR, darunter klebte ein Zettel, dass das absichtliche Zerschlagen von Gläsern dreifach berechnet würde.

»Ja, möglich«, Nikola stieß den Rauch aus, womit er hätte angeben können, wenn es ein Ring geworden wäre, so aber fuhr er rasch mit seiner Antwort fort: »Aber jeder versteckt sich, verkriecht sich in sein Mauseloch, wird unsichtbar. Es gibt sie nicht.«

Zala sah durch das Schaufenster. Sie versuchte, die Gesichter der Passanten zu erfassen und in Erinnerung zu behalten, sich vorzustellen, auch sie seien gelöscht worden, wüssten aber noch gar nichts davon, weil sie noch nicht wegen Geschwindigkeitsübertretung von der Polizei angehalten worden waren, weil sie noch nicht auf dem Gemeindeamt gewesen waren, um neue Papiere zu beantragen, weil die Schwangeren noch nicht entbunden hatten. Sie versuchte, noch weitere Gründe zu finden, aber ihr Gehirn arbeitete nicht mit. Eine herbe Verwunderung hatte sich seiner bemächtigt, bremste es aus.

»Das kann Jahre dauern«, sagte sie, »bis alle festgestellt haben, was mit ihnen geschehen ist. Und dann werden sie noch lange denken, sie seien selbst schuld. Aber das hat der Staat uns angetan!«

»Mhm«, Nikola nickte bedächtig, und Zala war sich nicht sicher, ob er nicht vielleicht noch einen Scherz darüber machen würde.

»Wir müssen uns wehren! Uns organisieren! Etwas tun! Wie lange weißt du das schon?«, fragte sie ihn, ganz rot im Gesicht vor revolutionärer Begeisterung.

»Seit fast zwei Monaten.«

»Und was hast du unternommen?«

»Alles, verstehst du. Alles, was möglich war. Ich habe mich angepasst. Ich gehe nachts nicht mehr raus, weil sie dann nach deinem Ausweis fragen könnten. Ich halte mich an die Verkehrsregeln, fahre niemals ein altes Auto, weil sie die anhalten. Ich errege keine Aufmerksamkeit. Ich bin unsichtbar. All das.«

»Und? Was sonst?«

»Was meinst du? Man muss in allem auch etwas Gutes sehen. Frauen, denen man den Ausweis durchschneidet, brauchen einen Tröster.«

Zala schüttelte traurig den Kopf.

»Das ist alles, was du in zwei Monaten organisiert hast? Sex?«

Nikola wunderte sich aufrichtig über Zalas verzweifeltes Gesicht: »Warte mal. Wovon sprechen wir? Das Wesentliche habe ich geregelt, was ist falsch daran?«

Sie sah lieber auf die Straße. Ihre Augen begannen zu

brennen. Sie atmete vorsichtig und langsam, bis es vorbei war. Sie dachte: ›Ist wie im Kindergarten, ich erkläre es einem Kind. Warum sind echte Männer so rar?‹

(Sein Atem, sein Geruch. Sie reißt seine Hand von ihren Brüsten und schiebt sie nach oben, über seinen Kopf, auf das Gras. Mit offenem Mund stürzt sie nach vorn und saugt sich am Schweiß seiner Achseln fest.)

Sie schüttelte den Kopf, bis sie die Erinnerung vertrieben hatte.

Lange betrachtete sie Nikola, wie er so dasaß in seiner aufrichtigen Verwirrtheit, dann begann sie langsam und deutlich zu sprechen, ihr war bewusst, dass sie ihre Dienststimme benutzte: »Wir müssen uns organisieren. Wir sind viele. Man hat uns Unrecht getan. Wir müssen uns wehren.« Er nickte begeistert.

Sie wartete.

Dann war er mit dem Anzünden einer Zigarette beschäftigt, und als er den ersten Zug nahm, sah er sie erwartungsvoll an, was sie noch alles sagen würde. Zala wäre am liebsten aufgestanden und gegangen. Aber sie konnte nicht – sie hatte endlich noch einen Schiffbrüchigen gefunden, und mitten auf offener See ist schlechte Gesellschaft besser als gar keine.

»Und wo sind deine Eltern?«, fragte sie ihn.

»Beide in der Armee. Während des Unabhängigkeitskampfes haben sie meinen jüngeren Bruder abgeholt und sind nach Montenegro gefahren. Wir haben uns gestritten, und ich bin hiergeblieben. Was soll ich dort unten, verstehst du? Wir sind einmal im Jahr in den Urlaub dorthin gefahren, in Wirklichkeit kenne ich niemanden, und ...«

Sie wedelte mit der rechten Hand, als wollte sie den Verkehr antreiben.

»... sie haben dich trotzdem als Slowenen beschimpft«, beendete Zala seinen Satz.

»Ja. Verfluchte Arschlöcher.«

»Hast du einen Platz zum Schlafen?«

»Nein, aber das ist ok. Ich komm klar«, und er schaute ganz brav und mitleiderregend, noch so ein infantiler Trick.

Sie langte in ihre Handtasche, riss ein Blatt von einem Notizblock und schrieb ihm ihre Adresse und Telefonnummer auf.

»Du kannst abends kommen, wenn nötig, und auf der Couch schlafen. Ruf vorher an. Okay?«

↓

Tanja öffnete die Tür, aber blockierte den Eingang mit ihrem Körper. »Ist etwas mit dem Kleinen?«, fragte Zala erschrocken.

»Keine Sorge«, sagte Tanja. »Es ist alles in Ordnung. Heute geht es nicht. Ein paar Leute sind bei ihm. Auch die Klinikleiterin und der Oberarzt ...«

»Dann warte ich eben.«

»Ich muss gehen, meine Eltern haben Hochzeitstag. Entschuldige, aber es ist wirklich so.«

Zala wurde misstrauisch. ›Lügt sie mich an? Traut sie sich nicht einmal mehr, mich in die Vorratskammer zu lassen, weil ich gestern beinahe mit dem Kleinen abgehauen wäre?‹

Sie hatte Tanja von einer Telefonzelle angerufen und fast eine Handvoll Münzen verbraucht, bis sie endlich mit der richtigen Abteilung verbunden wurde. Sie hatte ihr keine Einzelheiten erklärt, sondern nur gesagt, dass es auf dem Gemeindeamt Komplikationen gegeben hätte, dass sie das Problem lösen würde. Und sie hatte sie gebeten, am Abend zum Stillen kommen zu dürfen.

Tanja wollte einerseits so früh wie möglich weg, zugleich zögerte sie aber und bewegte sich nicht vom Fleck. Bis Zala fragte: »Was ist denn los?«

»Ich denke, du solltest es erfahren. Nein, nein, nein, mit dem Kleinen ist alles in Ordnung! Als ich ihn holen wollte, habe ich ein Gespräch gehört. Die Klinikleiterin hat ja eine sehr markante Stimme, wie du weißt. In ihrer Gegenwart schweigt und nickt der Oberarzt bloß. Die Tür war nur angelehnt, deshalb ...«

Ihr Blick war der von einer, die sich zu rechtfertigen versucht. Zala gestikulierte ungeduldig mit den Händen, um sie zum Weitersprechen zu bewegen: »Um das Bett deines Kindes standen die Klinikleiterin und der Oberarzt, und bei ihnen war ein jüngeres Paar, das ich noch nie gesehen habe.

›Er ist einsam, wurde verlassen‹, hat die Klinikleiterin gesagt, ›der Vater unbekannt, die Mutter ist weggelaufen und hat ihn hiergelassen. Das kommt manchmal vor. Einige Frauen entwickeln einfach keine mütterlichen Gefühle, glaubt bloß nicht den Klischees.‹

›Alle Tests ohne Befund‹, hat der Oberarzt hinzugefügt, und ich konnte den Blick nicht von ihm abwenden, was für ein Waschlappen. Wenn er mit uns zusammen ist, benimmt er sich ganz anders.

›Ihr könnt eine vorübergehende Pflegschaft beantragen und das Adoptionsverfahren einleiten. Geht einfach zu

Tina‹, hat die Klinikleiterin gesagt, und dann erst hat die junge Frau zum ersten Mal gesprochen.«

Tanja schwieg und griff mit den Fingerspitzen nach ihren Haaren. Sie wurde sich dessen bewusst und zog die Hand so abrupt weg, man hätte meinen können, sie wollte sich die Strähnen ausreißen.

»Was hat sie gesagt?«, fragte Zala.

»Sie hat gesagt: ›Oh, Mami, danke!‹«

Beim letzten Wort machte sie einen Schritt zurück, als erwarte sie, ihre Zuhörerin würde explodieren. Zala spürte eine eisige und gefährliche Ruhe in sich. Das Puzzlespiel, das die ganze Zeit wild durcheinandergewirbelt war, beruhigte sich, eines der wichtigsten Teile fand seinen Platz. Wie eine Krankheit, die gleich weniger furchtbar wird, sobald sie einen Namen hat. Oder wie Hass, wenn er ein Gesicht bekommt und sich in einen Feind verwandelt.

↓

Die Klinikleiterin bedankte sich trocken beim Wachmann, der Zala ins Büro gebracht hatte, und lehnte sich mit dem ganzen Rücken an ihre Stuhllehne. Sie wartete, bis er die Tür hinter sich geschlossen hatte, und bedeutete ihrem Gast, sich zu setzen.

Zala gehorchte, drückte jedoch nur ein Stückchen ihres Hinterteils auf den Stuhl, ständig zur Flucht bereit. Sie kaute nervös an ihrer Unterlippe, schaute ratlos, an ihrer Hosentasche zupfend um sich, als suchte sie nach etwas. Sie ließ von ihrer Schauspielerei erst ab, als sie fürchtete, die Klinikleiterin könnte sie durchschauen, ihre Entschlossenheit erkennen, und sie das Gefühl hatte, dass ihr statt der Wirbelsäule ein Rasiermesser wuchs, um das sich ihr Fleisch wand und es verbarg, bis der richtige Augenblick kam. All die Dringlichkeit, der Antrieb und die Instinkte, die sie zuvor zu ihrem Kind getrieben hatten, all die Eile, all das blieb in ihr, eingesponnen wie in einem Kokon, abwartend. Die Absichten, die die Klinikleiterin mit ihrem Tun verfolgte und von denen sie durch Tanja erfahren hatte, verwandelten die Frau vor ihr von einem Rädchen im Staatsapparat, das sich der Logik des Ganzen entsprechend verhielt, in eine Person, einen Menschen, der sein eigenes Spiel spielte. Sie hatte die Umstände auf ihrer Seite sowie den Staat in Form eines ungerechten Gesetzes, das beutegierige Vampire anlockte. Zala wusste nicht, wo sie den Weißdornpfahl hernehmen sollte, um ihn ihr ins Herz zu rammen, aber letztlich kämpfte sie gegen eine Person, nicht gegen den Staat. Und außerdem wusste Zala jetzt mehr, als die Frau vor ihr glaubte. Und das verlieh ihr ein Gefühl der Macht.

Ihr erster Gedanke, als sich die Tür hinter Tanja geschlossen hatte, war die Polizei gewesen, was sie gleich als naiv und dumm verworfen hatte; sie wäre dann ja bereits an der Pforte der Polizeiwache nach ihren Papieren gefragt worden und hätte sich erneut auf dem Weg der Ausweisung wiedergefunden. Der zweite war

(seine Augen, tiefschwarz, wenn er in ihr ist),

und jetzt wusste sie schon, dass sie ihn aufsuchen musste, Gelübde hin oder her. Sie brauchte aber mehr Informationen und war deshalb zum Klinikeingang gegangen, wo der Wachmann stand. Ungerührt hatte die Klinikleiterin sie erwartet, die Finger

verschränkt und den Handrücken leicht zu sich hinge-
dreht, vielleicht, damit der Ehering aufblitzte.

»Ich habe nachgedacht«, begann Zala.

Das Gesicht ihres Gegenübers blieb ausdruckslos. Der
Geruch nach schwerem Parfum erreichte Zala und legte
sich klebrig auf sie. »Das, was Sie erwähnt haben, diese ...«
Die Klinikleiterin nickte, als wollte sie sagen, man müsse
das Wort Adoption ja nicht aussprechen.

»Wie ist das Verfahren?«

»Sie unterschreiben das hier ...«, sie klopfte mit der rechten Hand auf einen Stapel Papier, »zuvor geben Sie aber
Ihre Bedingungen bekannt.«

»Welche Bedingungen?«

»Die finanziellen.«

»Ich möchte kein Geld.«

»Vermögende Menschen haben nur eines gemeinsam: Sie
haben sich nie gegen Geld gewehrt, sonst wären sie nicht
vermögend geworden«, die Klinikleiterin spreizte die Hände und legte sie nebeneinander, sodass ihre manikürten
Fingernägel aufleuchteten, die im Rotton ihres Lippen-
stifts lackiert waren.

»Es geht mir nicht um Geld. Mich interessiert das Verfahren, wie es abläuft, wie lange es dauert?«

»Wenn Sie unterschreiben, war es das. Wenn nicht, dann
kommt das Kind vorübergehend in Pflege, das kann auch
ein ganzes Jahr dauern. Bis man Sie eben findet. Aber
wenn man Sie findet, wird man Sie deportieren, das wissen Sie, nicht wahr? Die Polizei ist bei uns schneller als
das Sozialamt. Werden Sie unterschreiben?«

»Nein.«

»Warum sind Sie dann gekommen?«

Zala sah ihr in die Augen und schwor sich, den Blick nicht als Erste abzuwenden. Sie hoffte, zugleich auch in ruhiger Sorglosigkeit mit ihr konkurrieren zu können.

Sie gewann.

Die Leiterin zog ein Formular zu sich und las es fast eine Minute lang durch.

»Sie machen einen Fehler«, stellte sie fest und sah Zala an: »Wissen Sie, ich war vor Jahren auf einem Seminar in Spanien, und dort habe ich mit einem Arzt gesprochen. Bei ihnen sind solche Dinge normal. In vielen Krankenhäusern wechseln gesunde Kinder aus schlechten Verhältnissen in bessere Verhältnisse. Sie fragen nicht einmal die Mütter. So wird eine gesunde Gesellschaft aufgebaut, es gibt keinen anderen Weg. Lassen Sie uns das also auf freundschaftliche Weise regeln. Sagen Sie, wie viel Sie haben möchten, seien Sie vernünftig, und wir werden uns einig. Unterschreiben Sie. Sogar wegen Ihrer Löschung können wir vielleicht noch etwas tun, da wir eine angesehene Familie sind. Sie selbst haben da mit Sicherheit keine Möglichkeit. In Ihrem Alter muss Ihnen das klar sein: Wenn Sie bislang nichts aus sich gemacht haben, werden Sie das von jetzt an auch nicht mehr tun. Sie stehlen mir nur meine Zeit. Wenn Sie kommen, kommen Sie zum Unterschreiben. Danke und auf Wiedersehen.«

Sie schob mit dem Hintern ihren Stuhl zurück und widmete sich der Eintragung von Zahlen in eine mehrere Seiten umfassende Tabelle.

Zala stand langsam auf, richtete ihr Hemd, sah eine Weile auf den Haaransatz vor ihr und sagte vollkommen ruhig: »Ich gehe jetzt zu einem Rechtsanwalt. Das kann so nicht sein. Und es wird nicht so sein!«

Die Klinikleiterin hob ruckartig den Kopf, ihre Stimme war mit Hass getränkt: »Ha! Haben Sie mir denn nicht zugehört? In diesem Staat zählen nur Verwandtschaftsbeziehungen, das ist kein Rechtsstaat! Und wen haben Sie? Niemanden! Wegen Ihrer Sturheit wird auch Ihr Sohn so werden! Ohne Beziehungen und Bekanntschaften, ein Niemand! Auf Wiedersehen.«

Zala wollte schreien und ihr das Gesicht zerkratzen, aber sie sagte nur in eisigem Ton, als müsste sie jedes gefrorene Wort einzeln herausbeißen: »Auf Wiedersehen. Bis bald.«

↓

Die Leiterin des Zentrums für Sozialarbeit beugte sich vor und verschränkte die Unterarme. Ihre Fingernägel, ihr Ehering, ihre Bluse schimmerten silbrig. Das braune Kostüm mit den gepolsterten Schultern sorgte für würdige Gelassenheit. Ihre Haare waren in einem Kupferton gefärbt, und das Licht verlor sich in ihnen. »Der Fall ist so delikat, dass ich ihn persönlich übernehmen werde«, sagte sie und lächelte. Das Gesicht war in Ringen um das geschminkte Schmollmündchen angeordnet, zuerst die Falten der Wangen, dann die Augen und die Stirn. »Wissen Sie«, sagte sie, »in Ausnahmefällen ist eine Adoption auch vor Ablauf der gesetzlichen Frist möglich, wenn das Zentrum für Sozialarbeit feststellt, dass dies zum Wohle des Kindes wäre. Aber darum sollten Sie sich keine Sorgen machen, ganz gleich, was sie in der Entbindungsklinik planen, wir arbeiten ordnungsgemäß nach dem Verfahren. Feststellungsverfahren, Besprechungen, zielgerichtete Besprechungen, zielgerichtete Befragung. Alles im Rahmen des Verfahrens. Es besteht keine Möglichkeit, dass etwas gegen Ihren Willen geschieht.«

»Wann kriege ich mein Kind wieder?«, fragte Zala.

»Bis jetzt hat noch niemand Kontakt zu uns aufgenommen. Ich werde persönlich überprüfen, was da vor sich geht. Man kann Ihnen das Kind nicht wegnehmen. Allerdings ...«, sie schwieg und sah Zala mitfühlend an, »haben Sie tatsächlich keinen Aufenthaltsstatus, würde man sie beide nach Kragujevac deportieren. Daher ist es besser, wenn Sie das Kind im Krankenhaus lassen und sich in ein paar Tagen wieder bei mir melden.«

Es klang endgültig und vernünftig, doch Zala konnte noch nicht gehen. Sie betrachtete die Diplome und Belobigungen an der Wand, den Kalender des Vereins der Sehbehinderten, den fast bis zur Decke reichenden Stamm der Drachenlilie mit einem Kranz abgefallener Blätter im Topf in der Ecke, daneben den Schrank mit Büchern und die an die Buchrücken gelehnten gerahmten Bilder. Auf jedem war die Leiterin des Zentrums zu sehen, einmal zwischen Kindern, mit der Familie, dann ein Bild, das umgefallen war und das sie nicht wieder aufgestellt hatte, dann mit Mitarbeitern.

»Machen Sie sich keine Sorgen«, wiederholte die Frau am Tisch und löste die verschränkten Arme. Es klang wie ein Abschied.

»In ein paar Tagen?«, fragte Zala.

»Ich habe Ihre Nummer, ich rufe Sie an, wenn ich früher etwas in Erfahrung bringe. Ansonsten rufen Sie uns an. Oder Sie kommen her, Sie sind jederzeit willkommen.«

Zala bedankte sich gedankenverloren und verabschiedete sich. Ein unbestimmbares Gefühl begleitete sie, und sie glaubte, verrückt zu werden. Die Angst hatte sich in Misstrauen verwandelt, Instinkte, die auf Reize reagierten wie die Tentakel eines Oktopus in Gefangenschaft.

Sie schloss die Tür hinter sich und konnte die Klinke nicht loslassen. Das Gespräch hatte lange gedauert, sie erinnerte sich jedoch nur an das Ergebnis: Nichts.

VALENTINA lautete das erste eingravierte Wort auf dem Schild in der Mitte der Tür.

Was hatte die Leiterin der Entbindungsklinik zu ihrer Tochter gesagt?

›Geht einfach zu Tina‹!

Hätte sie nachgedacht, hätte sie sich beherrscht. So stürzte sie in das Büro, und die Leiterin sprang erschrocken auf. Sie hielt das gerahmte Foto in der Hand, das während Zalas Besuch umgedreht dagelegen hatte. Sie wusste nicht, ob sie es gegen ihre Brust drücken oder wieder verdeckt auf das Regal legen sollte, ihre Hand zuckte unter einander widersprechenden Befehlen, und Zala war bereits neben ihr. Auf dem Bild standen die Leiterin des Zentrums für Sozialarbeit und die Leiterin der Entbindungsklinik nebeneinander, mit Champagnergläsern in der Hand.

»Ich hätte es in die Schublade legen sollen«, sagte die Leiterin.

Das Schmollmündchen in ihrem Gesicht hatte einen abfälligen Ausdruck angenommen.

»Ich rate Ihnen, ruhig zu bleiben und zu gehen«, sagte sie, »keiner von uns will die Polizei hier haben, Sie noch weniger als ich.«

↓

Sie wusste nicht, wie sie aus dem Büro herausgekommen und wo sie hingegangen war, bis sie sich plötzlich mitten im Tivoli-Park wiederfand. Erst das Quietschen der Kinderwagen, die von Müttern durch den Kies geschoben wurden, schreckte sie auf. »Ich hätte nicht herkommen sollen!«, sie schüttelte sich und versuchte, den Blick abzuwenden. Vergebens, die jungen Mütter spazierten umher und unterhielten sich, Kinder liefen kreischend über die Wiese, jemand hob ein Hundehäufchen auf und betrachtete es fachmännisch.

↓

Sie trat aus dem Aufzug und bemerkte einen Schatten, der sich vom Fenster am Ende des Flurs in ihre Richtung ausdehnte. Sie wollte sich instinktiv umdrehen, wieder in den Aufzug steigen, die Tür schließen und keinen Knopf drücken.

Früher oder später musste sie ihnen ja begegnen; wenn es etwas Unangenehmes oder Schmerzhaftes zu erledigen gab, wollte sie das immer möglichst rasch hinter sich bringen. Als ihr Großvater mütterlicherseits gestorben war, der die letzten Jahre allein in einem unverputzten Haus mitten in den Bergen lebte, hatte sie sich noch lange mit dem Tod beschäftigt. Sie hatte sich viele Male gewünscht, das Leben würde beschleunigen, damit sie sehen und wissen würde, wie ihr Tod aussähe. Es würde sicher keine nackten Wände geben, kein Gefäß zum Transport von Wasser, mit Gummistiefeln daneben, kein Bett, in dem Holzwürmer rascheln, keine knochige Leiche mit hochgebundenem Unterkiefer.

»Wo ist es denn?«, fragte Meta, und Zala ging an ihr vorbei und starrte zu Boden. Sie hatte die Blumen und Geschenke in ihren Händen gesehen und den Blick gesenkt, denn Geschenke für ein Kind, das sie nicht mit nach Hause gebracht hatte, hatten etwas Obszönes an sich.

Sie nahm die Schlüssel aus der Handtasche und schloss auf. Sie betrat die Wohnung und ließ die Tür hinter sich weit offen.

Nana trat als Erste ein und fragte ängstlich: »Stimmt etwas nicht mit ihm?«

»Quäl uns nicht, sag schon!«, Vlasta erhob die Stimme und wollte sich schon entschuldigen, dann schloss sie sich den beiden anderen an, die auf Zalas Rücken starrten, der über die leere Wiege gebeugt war. Sie beobachteten ihre Hände, die langsam herabsanken und den Rand streichelten, wie die Hände eines Pianisten, der sich auf einen Auftritt vorbereitet.

Als sie sich umdrehte, waren sie von ihrem tränennassen Gesicht überrascht, sie hatten sie nicht weinen gehört.

»Ich schäme mich so! Oh, ich schäme mich so!«, schluchzte Zala und verbarg ihr Gesicht in den Händen. Sie umringten sie, warteten, wer ihr wohl als Erste die Hand auf die Schulter legte, sie berührte, sie umarmte. Von Händen bedeckt begann sie laut und stoßweise zu weinen.

»Wie oft habe ich mir das vorgestellt, wie ihr vom Meer zurückkommt und hier steht und mein Kind anschaut, wie es in der Wiege schläft, und ich … Ich schäme mich, ich schäme mich so!«

»Erzähl, was ist passiert?«, sagte Vlasta, und sie drückten sie zwischen sich.

Langsam begann sie zu erzählen, zuerst von den Fehlern im Computer, dann vom Gemeindeamt und darüber, dass es sich um ein Gesetz handelte und dass es viele gab, denen es genauso ging. An dieser Stelle bereits sahen sie sie mit großen Augen an und verzogen das Gesicht. Sie konnten es nicht glauben, und Zala verschwieg absichtlich die Leiterin der Entbindungsklinik und ihren Plan.

»Wir werden Geld sammeln!«, Vlasta ergriff die Initiative.

»Ich habe etwas gespart, ich könnte es bezahlen. Aber ich muss meinen Aufenthaltsstatus regeln, was soll ich mit meinem Kind in Kragujevac?«

Sie sahen einander an und Vlasta versuchte es erneut mit einem Vorschlag: »Hat irgendjemand Beziehungen? Kennen wir einen Politiker?«

»Ich habe auf einer Feier den Bürgermeister kennengelernt«, sagte Nana, aber die anderen schüttelten traurig den Kopf.

»Zala, wir werden herumfragen, wie müssen irgendwelche Beziehungen auftun!«, sagte Nana. »Du musst dich nicht schämen! Schämen müssen sich diejenigen, die euch das angetan haben!«

»Ich weiß nicht, ob sie überhaupt ein Schamgefühl haben, diese Verbrecher!« Vlasta erschauderte; sie war zehn Jahre älter als die anderen und Zalas Kollegin. Sie hatte Zala von Anfang an unter ihre Fittiche genommen und sich auch den Eltern gegenüber hinter sie gestellt, wenn diese sich im Kindergarten aufregten und bei den Erzieherinnen nach Lösungen für Probleme suchten, die sie selbst zu Hause verursacht hatten.

Nana nahm ein Tuch aus Leinen aus ihrem Korb und zog einen roten Topf hervor.

»Hühnersuppe. Meine Großmutter sagte immer, das sei die beste Medizin.«

Sie erhitzten also die Suppe, während Zala am Tisch saß und sich der Benommenheit überließ. Ihre Erschöpfung überwog das Gefühl, in einer sicheren Gruppe geborgen zu sein, und breitete sich aus, kroch in Arme und Beine, vernebelte ihre Augen und machte sie so schläfrig, dass ihr Kopf sich langsam senkte.

Sie stellten einen Teller vor sie auf den Tisch und zwangen sie zu einem ersten Löffel. Sie schlürfte etwas Suppe und spürte zuerst nur Warmes; dann erwachten ihre Geschmacksknospen. Es überraschte sie, wie sie das Kauen der zerkochten Gemüsestückchen und winzigen Scheiben fasrigen Fleisches genießen konnte, ihren Weg durch die Kehle und das Gefühl der Wärme in ihrem Innern.

»Da! Siehst du!« Nana nickte zufrieden, sie war eine ausgezeichnete Köchin, die in der Buchhaltung Papiere hin und her schob, weil sie sich nicht traute, in der Gastronomie zu arbeiten. Ihre Eltern hatten ihr das nie ausdrücklich verwehrt, aber sie hatte deren Unbehagen gespürt, als sie ihren Beruf ausgewählt hatte, und die Zustimmung, als sie sich schließlich für das entschied, was sie sich für sie gewünscht hatten.

»Geh schlafen!«, sagte Meta, das nüchterne und wortkarge Rückgrat der Gruppe, an die sie sich immer wandten, wenn es etwas zu organisieren gab.

»Um sechs muss ich ...«, begann Zala und hörte sich selbst, als spräche sie im Nebenzimmer.

»Das ist in zwei Stunden, wir warten und wecken dich.«

↓

Am Kiosk kaufte sie eine Handvoll Telefonmünzen und ging in Richtung Innenstadt. Gelber Staub bedeckte die Bürgersteige und hinterließ Fußabdrücke in den marmornen Eingängen der Banken. Den größten Teil des Weges nutzte sie, um sich über die Ereignisse klar zu werden – was sie geträumt hatte und was nicht. Die Löschung, die beiden Leiterinnen, zwei Familien, die einander kennen … all das hätte einem Alptraum entstammen können. Aber die Milchpumpe, die den Kindermund ersetzte, erdete sie wieder. ›Alles wird in Ordnung kommen, solange noch die Milch fließt‹, sagte sie sich.

Sie blieb vor einem Bürohochhaus stehen, dessen Fassade im Sonnenlicht funkelte, und

(so funkelten die Tropfen auf seiner Haut, als er aus dem Meer kam; dann ist er auf einen spitzen Stein getreten und hat beinahe das Gleichgewicht verloren)

sammelte Mut. Dann ging sie zur nächsten Telefonzelle und tippte die Nummer ein. Ihre Finger rasten über die Tasten wie ein frei gelassener Hund. Er hob nach dem zweiten Läuten ab.

»It's me«, sagte sie, er legte auf.

↓

Der Aufzug fuhr abschnittsweise nach unten. Er hielt in fast jedem Stockwerk und füllte sich mit Geschäftsleuten in dunklen Anzügen. Zala wurde in die Ecke gedrängt, wie eingemauert von Leibern und dem Geruch versagender Deodorants, sich verabschiedender Parfums. Jemand hatte vergessen, sich die Schuppen von den Schultern zu schütteln, und die kleine Milchstraße unterbrach als Einzige das allgemeine Dunkel. In dem Gebäude hatten ausländische Firmen Räume gemietet, und viele Angestellte arbeiteten zu den Geschäftszeiten ihrer Heimatländer. Bei jenen, die Kinder hatten, kollidierten diese mit dem sozialistischen Arbeitsrhythmus – die Kindergärten leerten sich schon ab drei Uhr nachmittags, wer nach vier Uhr kam, um sein Kind abzuholen, wurde von den Erzieherinnen mit grimmigen Blicken erwartet und erhielt Mahnbriefe von der Verwaltung. Manchmal blieben bis zum Abend nur noch ein Kind und eine Erzieherin zurück, wer auch immer gerade an der Reihe war. Zala hielt in diesen Fällen mit stoischer Ruhe durch und sagte sich, dass das Kind keine Schuld daran habe, auch wenn es sie ärgerte. Einige Mitarbeiter erklärten den Kleinen, sie würden das nächste Mal allein vor dem Eingang sitzen, mit einem Tuch um die Schultern und einem Stück Brot darin, wie der Hänsel im Märchen.

Den amerikanischen Geschäftsmann hatte sie kennengelernt, weil ein Freund ihn gebeten hatte, an seiner Statt sein Kind aus dem Kindergarten abzuholen. Zala hatte mit dem Mädchen zusammen ein vierblättriges Kleeblatt gesucht und bekam schon Rückenschmerzen vom Bücken; häufig warf sie einen Blick zum Parkplatz, bis sie schließlich ein teures Auto bemerkte, das langsam einparkte. Ihr Wissen über Autos umfasste nur drei Kategorien: teuer, billig und ihres. Die beiden letzten überschnitten sich, aber sie betrachtete sie trotzdem getrennt, mit wenig Hoffnung und eigentlich auch nicht dem geringsten Verlangen nach einer Überschneidung der ersten und dritten Kategorie. Der Mann stieg aus, öffnete das Metalltor im Zaun und kam auf dem Weg aus Betonwürfeln auf sie zu.

Später hatte sie noch oft an diese Ankunft gedacht und sich wieder mit ihrer Theorie über die erste halbe Sekunde des Kontakts mit einem Fremden beschäftigt. Wenn keine Zeit ist, dass wirklich etwas geschieht, eröffnen sich Möglichkeiten und verschwinden wieder. Im langsamen Gang des Mannes flogen Möglichkeiten auf wie Konfetti. Doch in dem Moment nahm sie nur Gereiztheit wahr.

Er ging viel zu langsam, schaute nach rechts und nach links, betrachtete die Umgebung, die ihm fremd war, stellte womöglich Vergleiche zwischen slowenischen und amerikanischen Kindergärten an.

»Wo sind denn alle?«, fragte er nach der Begrüßung in seinem amerikanischen Englisch, das sie sehr viel besser verstand als das britische, da sie es aus Filmen und Serien gewohnt war.

Sie musste ihm die örtlichen Gewohnheiten und Arbeitszeiten erklären.

»Oh!«, sagte er. »Deshalb haben wir nachmittags nur Sitzungen innerhalb des Konzerns und die externen Partner sind immer beschäftigt.«

Sie dachte, er mache sich über sie lustig, aber die begeisterte Verwunderung überzeugte sie. Es gefiel ihr, dass sie ihr Englisch auffrischen konnte, und sie schämte sich, weil sie immer wieder stecken blieb und ständig ›dritte Person Singular, S am Ende des Verbs‹ und Ähnliches denken musste.

Das Mädchen rannte auf ihn zu, nannte ihn »Uncle Mark«. Er hob sie hoch und warf sie in die Luft, Zala fiel auf, wie groß seine Hände waren. Er war wirklich riesig, auf amerikanische Art. Nicht dick, nur groß und breit, als sei er gerade von einem Match dieser neuen Art von Fußball gekommen und hätte die Ausrüstung noch nicht abgelegt. »Sie sind wohl noch nicht lange in Slowenien?«, fragte sie ihn und dachte später, dass es diese zusätzliche Frage gewesen war, die über das hinausreichte, was eine Erzieherin eben sagen muss, wenn sie ein Kind übergibt und erklärt, warum es sich nicht gehört, so spät aus der Arbeit zu kommen.

»Erst einen Monat.«

Sie wollte ihn fragen, wie es ihm gefiele, aber sie fürchtete, er könnte sie für seicht halten, ja, genau dieses Wort ging ihr durch den Kopf, und sie fragte:

»Und was arbeiten Sie?«

Er lächelte und setzte zu einer Erklärung an, doch dann verzog er das Gesicht, etwas Diabolisches leuchtete in seinen Augen auf, er schob die Zunge links über die Oberlippe und spannte sie an, ein Ausdruck, den sie später noch häufig sehen, den sie immer mit ihm in Verbindung bringen würde, dann sagte er:

»Ich löse Probleme.«

»Willkommen«, sagte sie, und er lachte.

Beim ersten gemeinsamen Abendessen erklärte er, dass sein Unternehmen ihn in dieses Land entsandt hatte, weil die hiesige Tochterfirma einen schlechten Start gehabt hatte, sie konnten irgendwie »nicht abheben«, wie er sagte, und er wurde in alle Welt geschickt, um geschäftliche Probleme zu lösen. Er begann, ihr das Krisenmanagement zu erklären, spürte, dass er ihre Aufmerksamkeit verlor, und beendete die Erklärung schnell.

Der Aufzug hielt im Erdgeschoss, und die Leiber trugen

die Aktentaschen in die Empfangshalle. Der Pförtner begrüßte jeden einzeln.

Im Aufzug standen außer Zala noch drei Männer, der größte unter ihnen drückte auf den Knopf für den Keller und gleich darauf auf den für das Schließen der Tür – amerikanische Geschäftsleute hatten es immer eilig, das hatte Zala schon lange festgestellt.

Als sich die Tür des Aufzugs öffnete, blieb der Mann reglos neben dem metallenen Bedienfeld stehen, die beiden anderen stiegen aus.

Zala war hinter ihm und wartete ab.

Die Tür schloss sich automatisch, der Mann drückte den STOP-Knopf.

Zala entfernte sich von der Metallwand, ohne den Blick vom Kragen des weißen Hemds zu wenden, der den Hals mit den kurz geschnittenen Haaren umrahmte, hinten mit wenigen weißen Strähnen, die sich zwischen ihren blonden Artgenossen verloren, nur um die Ohren herum dominant waren.

»Du hast gesagt, du willst mich nie mehr wiedersehen«, sagte der Mann, ohne sich umzudrehen.

Er drückte auf den Türöffnerknopf und stieg aus.

Zala folgte ihm. Ein Auto fuhr vorbei, auf der rechten Seite beugte sich ein Geschäftsmann über einen geöffneten Kofferraum. Ziemlich verstaubte Neonröhren erleuchteten die Garage und mit Ölfarbe aufgemalte Streifen glänzten an den Säulen. Es stank nach Benzin und Abgasen, obwohl die metallnen Lüftungsvorrichtungen brummten.

Zala holte ihn ein und ging im Gleichschritt neben ihm. Sie wollte ihn nicht anschauen und starrte vor sich hin.

»Du hast gesagt, ich soll abhauen. Du hättest einen Jüngeren gefunden.«

Das hatte sie vergessen! Jetzt erinnerte sie sich wieder an ihr letztes Telefonat und schämte sich. Sie hatte keinen Jüngeren gehabt. Sie hätte ihm ganz einfach sagen können, dass es aus war, *the end*, wie die Amerikaner am Ende jedes Films schrieben. Doch etwas in ihr war in Bewegung geraten und hatte sie nicht losgelassen, bevor sie ihm Sachen entgegengeschrien hatte, die sie nicht wirklich so meinte: dass er alt sei, sie einen Jüngeren habe, er sie langweile, sie ihn satthabe … Eine Zirkusnummer: Er ist an ein Rad gebunden, das sich dreht, und sie greift nach Messern, die sie in Richtung seines Herzens wirft, und weiß, dass sie viele werfen muss, um ihn wenigstens ein bisschen zu treffen. Sie will nicht aufhören, die Klingen zischen durch die Luft, Blut spritzt, und sie hört erst auf, in den Hörer zu schreien, als schon lange nur noch ein Tuten zu hören ist.

»Ich habe gelogen.«

»Was brauchst du?«

»Willst du nicht wissen, warum ich gelogen habe?«

»Nein, ich weiß, warum du gekommen bist. Du brauchst etwas. Etwas Großes. Was?«

»Deine Beziehungen.«

Abrupt blieb er stehen, sodass sie einen halben Schritt zurückweichen musste. Er sah sie verächtlich an, und sie ließ zu, dass der Schmerz sie versengte.

»Ha! Und das traust du dich, nach allem, was du zu mir gesagt hast?« Er setzte sich wieder in Bewegung, und Zala folgte ihm.

»Ich wollte dich aus meinem Leben raushaben.«

Sie kamen zu seinem Auto, die Rücklichter begrüßten ihn, und die Schlösser klackten.

»Weil du mir selbst gesagt hast, wovor du am meisten Angst hast.« Zala stand neben ihm und sprach immer schneller. Er öffnete die hintere Tür und warf die Aktentasche auf den Sitz.

»Ich wollte dich nicht dabeihaben, als genau das Wirklichkeit wurde.«

Er knallte die Tür zu und öffnete die vordere. »Als zum ersten Mal meine Periode ausblieb.« Er stellte den rechten Fuß ins Auto.

»Dann hat der Schwangerschaftstest zwei Striche angezeigt.«

Er hielt inne und zog den Fuß wieder ins Freie. Er drehte sich um und sah Zala an.

»Ich wollte dich nicht dabeihaben, als ich meinen Freundinnen von der Schwangerschaft erzählt und dich verschwiegen habe, so, wie ich dich die ganze Zeit versteckt gehalten hatte. Ich wollte dich nicht dabeihaben, als ich fett wie ein Walross war. Ich wollte dich nicht bei der Geburt dabeihaben. Aber jetzt brauche ich dich, weil sie mir das Kind wegnehmen wollen.«

Sie starrten einander an. Aus seiner Kehle drang ein unbestimmtes Geräusch, etwas zwischen Ächzen und beruhigendem Knurren. Er schluckte schwer, sie verfolgte die Anstrengung seines Adamsapfels.

Er bedeckte sein Gesicht mit den Händen.

»Fuck!«, sagte er.

Zala sah in Richtung Ausgang: »Sollen wir rausgehen, in den Park?«

Sie führte ihn auf dem schmalen Gehweg an der Betonmauer entlang, an den Schranken vorbei und über die Kreuzung. Sie spürte ihn hinter sich, die Verwirrung hatte ihm alle Kraft geraubt, und sie wusste, dass sie auf die obligatorischen Fragen antworten musste, die sie bald zu hören bekam.

»Ist es überhaupt meins?«

»Das Datum war der neunte Mai, rechne nach.«

Sie hatten vorgehabt, auf einer Decke zu liegen und die Sternschnuppen zu erspähen. Sie waren auf den Gipfel des Inselbergs gestiegen, hatten dort eine einsame Lichtung gefunden. Zala hatte Angst vor Schlangen und Skorpionen und ging sie den gesamten Flecken ab, trampelte kräftig mit den Füßen und leuchtete mit der Taschenlampe umher. Sie lagen nebeneinander und warteten, bis sich ihre Augen an die Dunkelheit gewöhnten. Die Galaxie breitete sich über ihnen aus und verschmolz in der Ferne mit den Lichtern der Stadt. Sie spürte seine Wärme neben sich, er hatte den rechten Arm um sie gelegt, und sie wäre am liebsten in ihn hineingekrochen. Er begann, mit dem Daumen über ihre Brustwarze zu reiben.

↓

»Du hast gesagt, du nimmst die Pille.«

»Im Beipackzettel steht: zu 98 Prozent zuverlässig.«

»Was ...«

Sie unterbrach ihn: »Ich weiß schon, du musst mich das alles fragen. Nur zu. Aber ich bin gekommen, um dich um einen Gefallen zu bitten.«

»Nach allem ...«

Der Schmerz in ihrer Stimme ließ ihn innehalten. Sie sprach, als würde sie sich gleichzeitig mit einem Schaber die Haut vom Körper kratzen: »Du warst für mich wie ein schmerzender Zahn, an dem ich ständig herumgespielt habe. Ich musste dich ziehen. Ich musste. Ich habe den falschen Weg gewählt. Weil ... es mir wehgetan hat. Mark, entschuldige.«

Er nickte, und sie gingen weiter. Der Kies knirschte unter ihren Schuhsohlen, und gelber Staub rieselte von den Bäumen. Das Ende der Allee schien wie in einen gelben Nebel gehüllt. Die Düfte des Frühlings senkten sich auf sie herab und verdichteten sich und wetteiferten darum, sich in ihre Nasen zu legen und dahinzuschmelzen.

›Ich hätte nicht herkommen dürfen! Schon wieder! Warum quäle ich mich?‹, fuhr es Zala durch den Kopf, als sie die Parade der Mütter mit Kinderwagen sah und die Kinder, die über die Wiese liefen, Fangen spielten, mit den Hunden herumtobten, die nach einem langen Tag in der Wohnung vor lauter Abenteuerlust völlig außer Rand und Band waren. Schwangere gingen mit ihren Männern spazieren, Zala hingegen sah den Mann an ihrer Seite nur verstohlen an; ihr war zum Heulen zumute. Am schwersten waren die Mütter zu ertragen, die ein Kind auf der Hüfte trugen und daher einen ganz besonderen wiegenden Gang hatten.

»Deine Frau wird nichts erfahren«, sagte sie.

Sie hörte, wie er seufzte.

»Die Kinder auch nicht. Niemand. Hilf mir, bitte.« Noch ein Seufzen.

»Gib mir bitte ein bisschen Zeit. Ich habe erst vor einer Minute ein Kind gekriegt, ich stehe unter Schock.«

Er schloss die Augen, als wollte er sie nie wieder öffnen. »Was brauchst du«, fragte er, noch immer mit geschlossenen Augen.

»Die Medien. Es geht nicht nur um mich, die Leute müssen von uns allen erfahren.«

Er sah sie an: »Warte, worum geht es? Wenn ich dich richtig verstehe, bittest du mich darum, dir Zugang zu den Medien zu verschaffen, und du versprichst, dass niemand etwas erfahren wird?«

»Nicht von dir. Ich werde es dir erklären ...«

Sie begann zu erzählen, und dieses Mal ließ sie nichts aus. Nach der Hälfte der Geschichte setzte er sich auf eine Bank und stützte das Kinn auf die Hände.

Als sie fertig war, schwieg er lange und schlussfolgerte dann: »Scheiße! Das hört sich unglaublich an. Ich fasse mal zusammen. Die Leiterin der Entbindungsklinik nutzt die Umstände aus, die der Staat geschaffen hat. Dabei bedient sie sich ihrer Beziehungen zum Zentrum für Sozialarbeit. Wenn du einen Aufenthaltsstatus erhältst, wird es okay sein, niemand kann dir etwas tun.«

»Das ist richtig.«

»Hm«, er bewegte seine Unterlippe mit der Zunge hin und her. »Ich werde mit Juristen sprechen. Ich werde meine politischen Kontakte fragen, was möglich ist.«

»Und was ist mit den Medien? Du hast Zugang ...«

»Ja«, er lächelte, »wir Amerikaner wenden uns immer gleich an die Medien. Ich kenne einen sehr gefragten Redakteur«, er sah auf die Uhr, »der wird vermutlich noch im Dienst sein, weil erst am Abend Redaktionsschluss ist. Ich rufe dich zu Hause an, sollte ich noch heute einen Termin mit ihm bekommen.«

Seine Stimme klang etwas blechern, hatte einen mechanischen Beiklang. Sein linkes Augenlid pulsierte im Rhythmus seiner Überlegungen. Zala lächelte.

»Was ist denn los?«

»Wie ich sehe, hast du schon ein Projekt.«

»He, ich bin Krisenmanager und ich liebe meine Arbeit.«

»Ich weiß.«

»Ich habe immer häufiger den Eindruck, dass man mich ins gelobte Land geschickt hat. Brauchst du Geld?«

»Nein, ich habe mein Mutterschaftsgeld noch nicht einmal angerührt.«

↓

Die Leiterin des Kindergartens forderte Zala auf, sich doch zu setzen, und nahm selbst auf ihrer Seite des Tisches Platz. Sie nahm die Brille ab, hauchte die Gläser an, bis sie beschlugen, und wischte sie mit einem Tuch ab, das sie aus der Schublade gezogen hatte.

»Zala, sag, was ist los?«

»Entschuldigung, dass ich Sie um diese Zeit angerufen habe ...«

»Ach, komm schon. Du weißt doch, dass ich gleich dort drüben wohne. Also, was ist? Warum wolltest du nicht zu mir nach Hause?«

»Weil es eine dienstliche Angelegenheit ist ...«

Der wahre Grund waren der Mann und der erwachsene Sohn der Leiterin, der vorwiegend noch bei ihr zu Hause lebte; Zala wusste nicht, wie er seinen Lebensunterhalt bestritt.

»Erzähl!«, forderte ihre Chefin sie auf, und Zala stellte

fest, dass sie das ganze Feuer für die Erzählung ihrer Geschichte bei Mark verbraucht hatte, jetzt war sie immer mehr von Verzweiflung erfüllt und von dem Gefühl, dass sich trotz aller Worte nichts bewegte.

Sie erzählte ihr nur von der Löschung, doch schon das erstaunte die Leiterin so sehr, dass sie sie lange ansah: »Ich glaube es nicht! Niemals! Die Slowenen würden so etwas nie tun! Du sagst, es gibt kein Mutterschaftsgeld? Sie haben es nicht überwiesen? Du hast keine Versicherung?«

»Ja. Ich wollte Sie nur bitten, Sie wissen ja, wie lange ich schon hier arbeite ...«

»Zala, hör auf. Ich werde alles tun, was in meiner Macht steht.«

»Wenn Sie nachfragen könnten ... ihnen bestätigen, wie viele Jahre ich hier schon arbeite, dass ich keine Ausländerin bin.«

»Natürlich. Gib mir ein paar Tage. Das darf einfach nicht wahr sein!«

↓

Sie stand da und berührte den Rand der Wiege, ließ die Hände über das Holz gleiten und schloss die Augen. Dieser Weg ins Schlafzimmer war zu einem Ritual geworden, das sie jedes Mal beging, wenn sie nach Hause kam. Als sie eingezogen war, kam ihr die Wohnung sehr groß vor, als sie sie gekauft hatte, erschien sie ihr genau richtig, als ihr Bauch gewachsen war, fragte sie sich, ob sie nicht vielleicht schon nach der Entbindung zu klein wäre und was sie in ein paar Jahren tun würde, wenn das Kind sein eigenes Zimmer brauchte. Jetzt gähnte ihr eine grauenhafte Leere entgegen, der Raum nagte an ihr, riss Stücke aus ihren Eingeweiden und höhlte sie aus, sobald sie eintrat. Alle ihre Vorstellungen, Hoffnungen und Träumereien streiften darin herum, ihre persönlichen Geister, die nur sie erschrecken konnten, wie alle gescheiterten Hoffnungen.

Sie öffnete die Augen und starrte lange auf den Rand des gefalteten Leintuchs. Noch eine Leere, die der Körper, für den die Wiege vorgesehen war, noch nie berührt hatte. Nicht vom kleinsten Stückchen Haut war das Gewebe gestreift worden, und kein einziges Mal hatte die Decke die Wärme des Körpers absorbiert, den sie umhüllen sollte. Ein Druck kroch über ihre Brust und würgte sie am Hals. Was, wenn sie starb, bevor sie den Kleinen retten konnte, bevor sie ihn hierher gebracht hätte? Wenn ihr Herz sie verraten würde, das irgendwie oberflächlich schlug, kein Gleichgewicht fand, manchmal hämmerte es wie Stiefel bei einer Parade, dann wieder glitt es nur dahin, wie Öl auf der Meeresoberfläche. Sie begann, mit den Händen um sich herum zu tasten, nach dem Mobile über der Wiege, die Fäden verwirrten sich zwischen ihren Fingern, die Papiervögel flogen auf. Sie ging durch das Zimmer und legte die Hände auf die Gegenstände, auf den Tisch, den Stuhl, das Sofa, und nicht einer trug eine Erinnerung an den Kleinen in sich, sie bereiteten ihr einen kalten Empfang. Auf der hinteren rechten Ecke des Tischs stand ein Ordner, und als sie ihn öffnete, hielt sie ihre Mutterschaftsunterlagen zwischen den bebenden Händen. Befunde, dazwischen aus Zeitschriften ausgeschnittene Artikel über Schwangerschaft und Geburt. Einen nach dem anderen schob sie beiseite, immer hastiger, obwohl sie nicht wusste, wonach sie suchte.

Sie hielt bei den Schwarz-Weiß-Bildern inne, die aussahen wie alte Radierungen, mit Computerbuchstaben und Zahlen beschriftet, die in Trauben zusammenstanden. Als sei etwas Schnelles an einer überraschten Kamera vorbeigerast, etwas zwischen zwei Wellen, eine Art Bündel, aus dem Flügelchen hervorragten. Sie betrachtete das Bild, das ihr die Gynäkologin gegeben hatte, und wollte jedes Detail erfassen. Die gebeugten Beinchen und der Kopf, aus dem sich die winzige Wölbung der Nase auf dem Abglanz des unkenntlichen Gesichts eines Menschen erhob, der noch nicht geboren war, der wartete. »Genug«, sagte sie laut zu ihren Tränen, ohne Erfolg.

Sie holte eine Schere und schnitt vorsichtig das Ultraschallbild aus, öffnete ihren Geldbeutel, maß das Einschubfach und faltete das Bild so, dass es durch das Sichtfenster zu sehen war. Das Telefon klingelte.

↓

»Entschuldigen Sie, dass ich so auf die Schnelle gekommen bin, aber ...«, setzte Zala zu einer Erklärung an, der Redakteur unterbrach sie: »Nein ... nein, nein, ist schon in Ordnung! Man hat mir gesagt, ja, dass Sie über das Problem des Ausländergesetzes sprechen möchten. Dann mal los, obwohl ich mich um den Redaktionsschluss kümmern muss. Wir haben ja über die Erstellung des Gesetzes und die Bekanntmachung geschrieben. Setzen Sie sich, setzen Sie sich!«

Der Redakteur gab ein Schmatzgeräusch von sich, und

Zala dachte zuerst, das sei ein Tick, doch dann bemerkte sie ein zusammengeknülltes Wachspapier im Papierkorb, was bedeutete, dass er gerade gegessen hatte und seine Zunge als Zahnstocher benutzte. Das Geräusch lenkte ihren Blick auf den kleinen Mund in dem teigigen Gesicht. Das Gesicht hätte zu einem Fettleibigen gehören können, doch bis auf den Bauch, über den sich eine schwarze Jacke mit fadenscheinigen Ellbogen und Schuppen auf den Schultern spannte, wies der Körper nicht darauf hin. Er fuhr fort:»Wissen Sie, Ihre Probleme betreffen eher Themen sozialer Natur, wir sind eine tagespolitische Zeitung.«

»Es ist ein Unrecht geschehen! Es muss viele wie mich geben! Das ist doch ein Thema!«

Er verzog sein Gesicht, als sei ihm etwas im Hals stecken geblieben, aber diskret, er wollte seinen Gast nicht mit seinen Problemen belasten. Seine Bewegungen hatten etwas Schmieriges an sich.

»Das habe ich gehört, ja, aber trotzdem ist es weiterhin nur ein Randthema.«

»Für mich nicht. Für uns nicht.«

»Ich verstehe Sie. Aber sehen Sie ...«

Er kratzte mit den Fingern der linken Hand über seine Wange, sprang zu Mund und Nase und kehrte dann wieder an seinen Ausgangspunkt zurück.

»... mit gesellschaftlichen Aktionen, mit Protesten habe ich kein Problem, ich habe ja letztendlich selbst an der Organisation einiger Proteste mitgewirkt ...«

Er schloss die Augen, während er sprach, und beugte sich nach hinten, sodass ein brauner Wildlederschuh unter dem Tisch hervorschaute, dessen Spitze in ihrem ganz eigenen Rhythmus wackelte.

»... wir standen auf der Roška* und demonstrierten, als das noch eine mutige Tat war, sogar zwei Mal, deshalb habe ich so meine Erfahrungen ...«

Die Fingerspitzen drückten sich zusammen und sprangen direkt zum Mund. Er schwelgte in Erinnerungen an Demonstrationen, an den Fall des kommunistischen Regimes. Er sprach in seine eigene Hand, ohne die Augen zu öffnen.

›Warum redet er so viel? Damit er nichts tun muss?‹, ging es Zala durch den Kopf, und die Ungeduld kroch über ihren Körper wie Gänsehaut.

Vielleicht hatte er das mitbekommen, denn auf einmal hob er den Kopf, blickte sie an, streckte den Zeigefinger aus und wechselte das Thema:

»Aber! Das Pressing, das da läuft, ist an eine andere Ebene gebunden.«

»Entschuldigen Sie«, sagte Zala, »wovon reden Sie?«

»Ich versuche, Ihnen die Situation zu erklären.«

»Was haben die Demonstrationen, an denen Sie im Vorgängerstaat teilgenommen haben, mit dem zu tun, weswegen ich gekommen bin?«

Er drehte die Hand mit der Handfläche nach oben und legte sie an sein Kinn. Sie konnte den Blick nicht mehr von seiner Hand und den unglaublichen Posen abwenden, die sie einnahm, ohne dass ihr Besitzer ihr die geringste Aufmerksamkeit schenkte. Die Wildlederschuhe hielten inne, während seine linke Hand Bewegungen vollführte, die an das Auftragen von Rasierschaum erinnerten. Während all dieser Aktionen hing die rechte Hand

---

* Roška cesta, Straße in Ljubljana

wie tot am Rand des Stuhls, die ausgestreckten Finger drückten sich an das Hosenbein.

»So geht das nicht, nein«, sagte er, und sie wusste nicht, worauf er sich bezog.

»Demonstrationen waren damals das Paradigma eines neuen Diskurses, der ...«, er schloss wieder die Augen, mit unbewegtem Gesicht, das alle Ausdruckskraft der unermüdlichen Hand überließ.

Sie blickte zur Wand hin, wo gerahmte Zeitungstitelseiten hingen; sie kannte die mit dem bekannten Gesicht und den großen, fetten Buchstaben: UNSER TITO IST VERSTORBEN. Dazwischen waren Diplome und Auszeichnungen verteilt, die der Redakteur erhalten hatte, und Fotos, auf denen er Politikern die Hand schüttelte. Zala erinnerte sich an Gesichter, Vor- und Nachnamen, aber nicht an alle.

Die Worte »Diskurs« und »Paradigma« wiederholten sich, der Mann schwelgte in Erinnerungen an eine harte Haltung der Zivilgesellschaft, den Schriftstellerverband, Journalisten, und erwähnte Referenzrechtssysteme. Dies Gerede verstand Zala nicht, es berührte den Schwachpunkt ihrer Ausbildung. Mark hatte dieses Thema einmal angeschnitten: »Du bist intelligent und jung«, sagte er zu ihr, »willst du auf ewig Erzieherin bleiben?« Er ließ das Wort »nur« aus, aber sie reagierte, als hätte er es ausgesprochen. Als sie an jenem Abend auseinandergingen, war sie wütend und er verwundert. Er traute sich nicht, noch einmal davon anzufangen, aber Zala hatte später oft darüber nachgedacht – und sich eingestanden, dass das Gespräch damit angefangen hatte, wie sie ihm erzählte, dass sie schon seit dreizehn Jahren dieselbe Tätigkeit ausübte, und das war für ihn unvorstellbar. Als sie zu ihm sagte, er sei ja auch schon seit Langem Krisenmanager, erwiderte er, dass diese Krisen jedes Mal andere seien, und es folglich nicht dasselbe wäre. Auch die Kinder sind immer andere, argumentierte sie spitz, ohne von der Vergleichbarkeit überzeugt zu sein. Er konnte nicht verstehen, wie Menschen in dieser Gegend der Welt stolz darauf sein konnten, dass allein schon die Wahl der Schule über ihr restliches Leben entschied. Nach dem Abschluss wagt fast niemand mehr, es sich noch einmal anders zu überlegen und den Beruf zu wechseln: Für die Anstellung sorgt der Staat, für die Prämie bei der Pensionierung das jeweilige Unternehmen.

Der Mann aus ihrer schlechten Beziehung glaubte fest an die immer gleiche Gegenwart und an eine reiche, vielfältige Zukunft, die ganz von selbst kommen würde. Er sprach von sich selbst im Futur: »Ich werde einen Roman schreiben!«, »Ich werde berühmt werden!«, ich werde dies, ich werde jenes – alles nur, um eine Ausrede dafür zu haben, wenn er die Dinge aufschob. Mark war völlig anders, vermutlich, weil er Amerikaner war – seinem »Ich werde« folgte immer eine Feststellung des Status quo und eine Ausarbeitung aller Möglichkeiten. Er war ein Mensch der Listen, mit Häkchen darauf und logischen Kombinationen. In dieser Hinsicht erinnerte er Zala an einen Mitschüler aus der Volksschule, einen dieser geborenen Mathematiker, die aufgrund ihrer Begabung untauglich für das Alltagsleben sind. Mark hatte eine praktische Anwendungsmöglichkeit für sein Talent gefunden: auch das flüchtigste »Ich würde« oder »Ich werde« zog sofort eine Analyse nach sich. Das erste Zeichen war immer die Zunge, die die Oberlippe ausbeulte. Zala wusste nicht, ob ihr das auf die Nerven ging, aber sie hatte sich häufig gefragt, wie es wäre, mit einem derart pragmatisch veranlagten Menschen zusammenzuleben. Einem, der nicht den ganzen Tag vor sich hinträumte, während sie ihm Bier besorgen ging. Alles in ihr hatte »Ja!« geschrien, und damals hatte sie zum ersten Mal Angst bekommen.

Der Redakteur stotterte ein wenig: »D-die Vorgänge bei Gericht und innerhalb des Gerichtsgebäudes ...«

»Entschuldigen Sie«, sagte sie, »es ist ein Unrecht geschehen. Nicht nur mir, wir sind viele. Warum schreiben Sie nicht darüber?«

Er blieb komplett stecken. Er sah sie an wie ein unglückliches Kind, und als er zu seinem eigenen Erstaunen eine Uhr an seinem linken Handgelenk entdeckte, konnte er den Blick nicht mehr davon losreißen.

»Warum nicht?«, wiederholte Zala.

»Hören Sie ...«, begann er, und jetzt klang auch seine Stimme verzweifelt: »Die Regierung konstituiert sich, verstehen Sie? Im Herbst sind Wahlen!«

»Und was dann?«

»Sehen Sie ...«

Er griff nach einem der vielen Blätter, die auf dem Tisch herumlagen und las, was auf der beschriebenen Seite stand, drehte es um und begann, mit einem Bleistift darauf zu zeichnen.

»Nun ... so ...«

Er zeichnete Quadrate, eines neben dem anderen, und verband sie zu einem Halbkreis.

»Nun, Sie werden sehen ...«

Er begann eine zweite Reihe von Quadraten etwas weiter innen und beendete sie schneller.

»Jetzt ist Ihnen doch alles klar, oder?«

Eine dritte Reihe, eine vierte ... Zala wurde bewusst, dass sie ihn anstarrte, mit offenem Mund, den sie nun vorsichtig schloss. Er bemerkte es nicht. Er war in seine Quadrate vertieft, ergriffen von einer Art autistischer Konzentration.

Schließlich sah das Netz aus wie der Grundriss eines Kinosaals.

»Schauen Sie«, sagte er, »die Liberal-Demokratische Partei, die LDS, wird vermutlich die stärkste Partei werden mit zwanzig Sitzen.«

Er hakte rasch zwanzig Quadrate ab.

»Die Slowenischen Christdemokraten, die SKD ... denen gebe ich zehn, mehr nicht.«

Erneut zuckte der Bleistift. Er zählte die Namen der Parteien auf und markierte alle Sitze im Parlament.

»Sehen Sie? Verstehen Sie?«

Zala sah ihn lange an. Vor lauter Begeisterung hatte sein Gesicht einen Hauch idiotischer Freundlichkeit angenommen. Ihr kam der Gedanke, dass das Gefühl der Sanftheit nicht von der Güte seines Herzens ausging, sondern dass es sein Körper war, der ständig auf der Lauer sein musste, um sich je nach Gesprächspartner in die richtige Form zu bringen. Dass er vermutlich ein furchtbarer Vorgesetzter und ein schleimiger Untergebener war.

»Nein«, sagte sie scharf. »Entschuldigen Sie, aber was hat das mit mir und meinem Kind zu tun? Mit denen, die über die Grenze geschickt werden?«

Er lehnte sich zurück, die Begeisterung war verflogen, seine linke Hand drehte sich, er drückte die Augen zu: »Sehen Sie, wenn Ihr Thema politisch wird, könnten diese

Verhältnisse ins Wanken geraten. Dann wäre der Staat bedroht. Als wir auf der Roška demonstriert haben ...«

»Wie meinen Sie das? Wen bedrohen wir?«

»Ja, verstehen Sie denn nicht?«, er sah sie an. »Die Regierung konstituiert sich. Es kann auch zu vorgezogenen Wahlen kommen!«

»Und?«

»Verzeihen Sie, aber Sie sind politisch völlig ungebildet.«

Ein Gefühl der Frustration überkam sie, als hätte es sich längere Zeit hinter einer Tür angesammelt, liefe jetzt endlich über und schwappte über sie hinweg.

»Ja, ich sehe tatsächlich keine Nachrichten«, sie schürzte sarkastisch die Lippen. Der Redakteur dachte hingegen, dass sie zum ersten Mal einer Meinung waren, und lächelte dankbar.

↓

Sie blickte auf das schlafende Gesichtchen und fragte sich: ›In was für eine Welt habe ich dich nur hineingeboren?‹ Angesichts der Hilflosigkeit des Säuglings, der weichen Haut, der winzigen Knochen und der zukünftigen Muskeln, die jetzt noch weich ihrem Druck nachgaben, wurde ihr das Herz eng. Sie wünschte, sie könnte ihn wieder in sich verbergen und laufen, laufen.

6. MAI 1992, MITTWOCH

»Ich habe mich erkundigt, allein in Europa gibt es etwa 300.000 Gelöschte, und weltweit sind es zehn Millionen. Ich hätte nie gedacht, dass Regierungen das so gerne machen. Die Öffentlichkeit protestiert nicht. Solange die Leute nicht selbst betroffen sind, interessiert es sie nicht, und wenn doch, dann ist es zu spät«, sagte Mark und verzog das Gesicht. »Ich muss mich noch auf eine Sitzung vorbereiten.«

Sie standen mitten auf dem Gang, und die Tür des Aufzugs schloss sich hinter ihnen. Der Morgen wirkte bläulich, als sie versuchte, durch das gefärbte Glas zu schauen, das zu einer Zeit eingebaut worden war, als die Architekten Klimaanlagen entdeckten und sich schworen, dass Menschenhände nie wieder Fenster öffnen würden.

»Ich muss jetzt stillen gehen, meine Bekannte hat heute vormittags Dienst. Und der Redakteur ...«

Er wandte den Blick ab und holte tief Luft. Obwohl er auf die Fünfzig zuging, wirkte sein Gesicht bei bestimmten Gefühlsregungen alterslos, wie vermutlich schon sein ganzes Leben; zum Beispiel beim Lösen von Problemen und beim Eingestehen von Fehlern. Er hatte sie am Abend zuvor angerufen, und sie hatte ihm von ihrem Treffen mit dem Redakteur berichtet. Er hatte sie unterbrochen, nach Details gefragt, sich entschuldigt und war einen Bleistift holen gegangen, kurz, er war völlig ratlos und hatte versprochen, sich zu kümmern.

»Der Redakteur war ein schlechter Vorschlag«, sagte er, »ich hatte nicht genügend Informationen. Ich kann nicht über das Sekretariat oder unsere PR-Abteilung gehen, das verstehst du sicher, ich muss alles selber und über Umwege machen. Deshalb hatte ich mich noch nicht mit den Medien bei euch beschäftigt und wusste nicht ...«

»Warum hat er sich denn so beschissen verhalten?«, fragte Zala.

»Die Zeitungen in Slowenien sind in staatlicher Hand. Die Regierung setzt die Redakteure ein. Wenn er zu der gegenwärtigen gute Beziehungen hat, muss das nicht unbedingt auch bei der nachfolgenden der Fall sein. Obwohl man von ihm sagt, dass er immer ein Freund von allen ist. Ein Arschkriecher, unter uns gesagt. Aber so sollen alle erfolgreichen Redakteure bei euch sein.«

»Was für ein idealistisches Huhn ich doch bin! Wenn ich wenigstens blond wäre!« Er lächelte, und zwischen den Fältchen leuchteten seine Augen auf. »Das warst du doch, als ich dich zum ersten Mal gesehen habe!«

Beim dritten Treffen hatte er ein Foto von einer Faschingsfeier im Kindergarten mitgebracht, sein Freund hatte es wegen seiner Tochter immer an der Wand hängen. Sie war als Marienkäfer verkleidet, und hinter ihr stand ein Rotkäppchen mit einer Perücke aus dem Kaufhaus – Zala, die sich mit ihren Freundinnen jedes Jahr neue Verkleidungen ausdachte. Dieses Mal hatte sie es sich zum ersten Mal leicht gemacht und das Kostüm vom Vorjahr hervorgeholt. Insgeheim hatte sie sich dabei gefragt, ob sie sich schon so an das Verkleiden an Fasching gewöhnt hatte, dass das Aufregende daran langsam verloren ging. Mark erzählte ihr, er habe das Gefühl gehabt, sie irgendwo schon einmal gesehen zu haben, als er diesen Weg im Kindergarten entlangging, und er habe dann ein paar Tage darüber nachgedacht, bis er die Antwort im Büro gefunden hatte. Er hielt ihr das gerahmte Bild hin, und als sie es zugab, verstaute er es wieder in seiner Aktentasche. Sie musste lachen, sie wusste selbst nicht, warum; vermutlich aus Verlegenheit über sein analytisches Vorgehen. Romantik war es offenbar nicht. Kein Wort über frühere Leben, über Schicksal, Gegebenheit und Wissen und welche Begriffe es in ihrer schlechten Beziehung noch gegeben hatte. Er hatte das Wort »Priming« verwendet, das sie nicht kannte, und er hatte versucht, es ihr zu erklären, aber sie musste es trotzdem im englisch-slowenischen Wörterbuch nachschlagen, wo sie zwischen »Auftragen einer Farbgrundschicht« und »Zünden von Sprengstoff« auswählen konnte, was mit Sicherheit nicht das war, was Mark gemeint hatte, aber zugleich wunderbar die Vergangenheit und die Zukunft um dieses Gespräch herum beschrieb. Beim vierten Rendezvous waren sie miteinander ins Bett gegangen. Zala hatte es schon lange herbeigesehnt, das Kribbeln war bereits schmerzhaft geworden. Sie hatte sich geschworen, sich zurückzuhalten, schließlich war die schlechte Beziehung erst seit einem Monat beendet, hatte sie gedacht; und sie sollte sich Zeit nehmen, um zur Ruhe zu kommen, sich zu stabilisieren, ein politischer Ausdruck aus der Zeit ihrer Kindheit, der ihr in den Sinn kam. Seine einleitenden Worte, die davon abrieten, spornten sie nur noch mehr an. Sie saßen im Restaurant und brachten kein Wort mehr über die Lippen, sie sahen einander nur an. Er trug einen schwarzen Pullover, den er bis zum Kinn hochgezogen hatte, ein halber Millimeter Bart war nach der morgendlichen Rasur nachgewachsen, ein weiß-blond geflecktes Feld, wie die Haare. Er presste die Lippen fest zusammen und verbarg die übertrieben weißen Zähne, an denen die Einheimischen immer die amerikanischen Touristen erkannten, oder die Rentner, die von jenseits des Ozeans in die Heimat zurückgekehrt waren. Seine grauen Augen hefteten sich an ihr Gesicht und schienen langsam dunkler zu werden.

»Wie du weißt, bin ich verheiratet«, sagte er, und Zalas Blick blieb an seinem Ehering hängen. Er legte die Hände auf den Tisch, als wollte er sie ausstellen. Sie dachte: ›Hat er ihn sich erst jetzt angesteckt? Hatte er ihn bei den vorherigen Treffen abgenommen?‹, und stellte fest, dass dem nicht so war. Sie hatte den Ring nicht gesehen, weil sie ihn nicht sehen wollte.

»Die Kinder sind erwachsen, aber ich werde mich nicht scheiden lassen.«

»Ja, ich weiß«, sagte sie trocken, irgendwie mechanisch, weil er sie fragend ansah. ›Ängstlich?‹, dachte sie.

»Und ich werde keine weiteren Kinder haben«, fügte er hinzu.

»Warum sagst du mir das?«, fragte sie und hatte nicht das Gefühl, dass ihre Stimmbänder von ihrem Gehirn gesteuert wurden, sie arbeiteten ganz von selbst.

»Weil du im richtigen Alter für Kinder bist.«

»Ihr Männer ...«

Er schüttelte den Kopf. »Biologie.«

In dem Augenblick hasste sie ihn, ohne dass ihr Verlangen nach ihm davon beeinträchtigt war.

»Ich bin in dieser Zeit nicht der richtige Mann für dich«, sagte er.

»Verdammt«, sagte sie, »wer bist du, dass du entscheidest, was gut ist für mich und was nicht?« Er nickte.

»Möglich, dass das nur eine rationale Erklärung ist. Ich habe beobachtet, dass man immer eine Erklärung bekommt, wenn man danach sucht. Je verzweifelter man ist, desto dämlicher kann sie sein. Aber man glaubt sie trotzdem.«

Sie sah ihn lange an, bevor sie nickte: »Das habe ich allerdings von deinem analytischen Verstand nicht erwartet.«

»Kann ich um die Rechnung bitten?«, fragte er.

Sie nickte.

»Sollen sie ein Taxi rufen?«, fragte er noch.

Sie lächelte. Seine Warnung hatte sie nur noch mehr angestachelt, genau wie all die Ratschläge, die sie von ihren Freundinnen nach dem Ende ihrer schlechten Beziehung bekommen hatte: Du musst die Bremsen lockern, darüber hinwegkommen, es vergessen. Morgens, als der Wecker klingelte und sie sich in einem fremden Badezimmer umsah, dachte sie, dass die Mädels recht gehabt hatten, Beruhigung und Stabilisierung hatte sie im vergangenen Jahrzehnt bereits zur Genüge gehabt. Vor allem auch deshalb, weil sich in ihrer schlechten Beziehung der Sex bald verabschiedet hatte, da sie sich auf eine höhere Bewusstseinsebene begeben hatten.

Was für eine dumme Ziege sie doch gewesen war!

Jetzt hielten sie einander mit Blicken fest, genau wie an jenem Abend, und sie zuckte zusammen, als der Aufzug hielt und mit gewichtigem Gebaren ein Geschäftsmann in den Flur hinaus trat.

Betreten starrten sie in unterschiedliche Richtungen und warfen sich vor, dass sie sich hatten mitreißen lassen. Er hätte noch immer sauer auf sie sein müssen, und sie war schon über ihn hinweggekommen, sagte sie sich.

Er musste sich räuspern, um mit klarer Stimme sprechen zu können: »Ich habe einen Juristen konsultiert, er sagt, dass, nachdem das Gesetz verabschiedet worden war, euch eine bestimmte Frist gegeben wurde, um einen Antrag zu stellen.«

»Das wusste ich nicht!«

»Sie haben sich mit der Bekanntmachung nicht übermäßig angestrengt. Rein rechtlich sind sie auf der sicheren Seite. Wenn du sie verklagst, wird es Jahre dauern, und mit ungewissem Ausgang.«

»Sie können mir nicht einfach so mein Kind wegnehmen!«

»Nein, das wirklich nicht. Der Jurist wird sich erkundigen, wie das mit deinem Fall ... mit dir ist. Mit euch. Aber ihr seid beide Ausländer ...«

»Und sie werden uns nach Kragujevac schicken? Hatte die Leiterin des Zentrums für Sozialarbeit also recht?«

Er nickte. Ihre Wangen glühten vor Zorn. Dieser Mann, dieser ... ihr Mann ... der Mann, den sie ... für ein paar Monate gehabt hatte, er stand vor ihr und löste ein Problem. Sie war nur noch ein Satz zusätzlicher Daten und möglicher Lösungen im Großhirn dieses so typisch amerikanischen Körpers, der genauso war wie jene, die früher in karierten Hemden und Hosen in einem anderen Karomuster anzukommen pflegten und von denen die Kinder in ganz Jugoslawien sagten, dass sie deshalb so riesig seien, weil sie sich nur von Hühnchen ernährten, die mit Galofak gefüttert wurden, was auch immer das sein mochte. Für seinen Körper sorgte er mit dem täglichen Besuch eines Fitnessstudios und jammerte, wie schwer es gewesen sei, in Ljubljana eines zu finden, und erst recht eines, das früh morgens öffnete oder bis spät abends offen hatte.

Der Körperkult war bei den Einheimischen erst in den Anfängen. Auf den Bürgersteigen parkten bereits die großen schwarzen Autos jener, die durch den Verkauf von Waffen an die kriegführenden Nachbarstaaten oder die Privatisierung reich geworden waren und jetzt schon an verbotenen Stellen parken durften, ohne einen Strafzettel zu bekommen. Doch dass sie ihren Körper selber aufbauen mussten, das hatten sie noch nicht begriffen, und das würde noch dauern.

Ihr hasserfüllter Blick erschreckte Mark.

»Stimmt was nicht?«

»Alles!«

Er nahm den Aktenkoffer in die linke Hand. Der Aufzug lieferte eine neue geschäftliche Fracht. Die Sonne gab sich Mühe, aber sie musste ihre Wärme vorerst am dicken Fensterglas deponieren.

»Ich weiß nicht ... aber hast du überhaupt ein Herz?«, fragte sie.

Er sah sie ratlos an.

Sie wollte ihm nicht den gesamten Gedankenstrom erklären, der ihre Wut vor sich hertrieb. Dieser Problemlöser hier hatte einen neuen, schweren Fall bekommen, und er hatte sich dessen angenommen, eben weil er das gern tat. Er widmete ihm Aufmerksamkeit, stellte Fragen, sammelte Informationen. Jetzt war er gerade in der analytischen Phase oder etwas in der Art, in einer Phase, in der er es, so hatte er es ihr einmal erklärt, mit Hypothesen versuchen würde. Er beschäftigte sich mit allem, nur war er nicht in der Lage zu kapieren, dass das Problem nicht Zahlen und gewundene Gedankengänge waren, sondern sein Kind. Sie tobte innerlich, ließ ihren Zorn aber nur aus ihren Augen sprechen. Zugleich aber war etwas in ihr bereits am Verzeihen: Er ist ein Mann, er hat das Kind nicht fast neun Monate in sich getragen, er hat es nicht geboren, man hat es ihm nicht auf die Brust gelegt, ganz nass und schleimig, in unglaublichen Farben, die sie schockiert hatten und zugleich mit der Angst, es zu verletzen, so klein, so hilflos, ihre Hände hatten innehalten lassen. Er hatte es nicht gestillt. Ihm hatte man es nicht weggenommen.

Eine Frau im Kostüm ging an ihnen vorüber, und als sie die Spannung zwischen ihnen spürte, wollte sie schon stehenbleiben. Sie wandte jedoch rasch den Blick ab und ging weiter.

»Was soll ich tun?«, fragte Zala.

»Ich schlage vor, dass du den Kleinen erst einmal in der Entbindungsklinik lässt.«

»Nein!«

»Du gehst ja dorthin, um es zu stillen. Du kennst dort jemanden. Wenn die Leiterin es für sich haben will, dann werden sie bestimmt gut für das Kind sorgen. Du musst aktiv sein, dich in Bewegung setzen, die Situation in Ordnung bringen. Bitte, lass es fürs Erste dort!«

Sie stimmte ihm zu, aber die Logik war nicht tragfähig, war wie ein Ast über einem Abgrund.

»Okay«, flüsterte sie, senkte das Kinn, blickte dann nach oben und stellte sich auf die Zehenspitzen, sodass sie ihm beinahe ins Gesicht schrie: »Ich hasse deine geschäftsmäßige Ich-kann-alle-Probleme-lösen-Stimme!«

Er wich einen Schritt zurück.

»Zala …«

Dieses langgezogene erste A, wenn er ihren Namen aussprach – sie bekam jedes Mal weiche Knie.

»Entschuldige«, sagte sie.

»Okay, lass uns nachdenken, was wir jetzt tun können. Ich frage noch immer herum und sammle Informationen. Kannst du vielleicht trotzdem etwas bezüglich der Dokumente in Kragujevac tun? Dort müsstest du die serbische Staatsbürgerschaft bekommen, mit der du dann in Slowenien eine Aufenthaltsgenehmigung beantragen kannst. Kennen deine Eltern jemanden, der vielleicht Kopien hat, wissen sie was?«

»Nun …«

»Ich weiß, ihr seid zerstritten. Aber du weißt ja, in der Not …« Sie nickte.

Er sah auf die Uhr.

»Das wird eine dieser weniger gut vorbereiteten Sitzungen. Die würde ich ungern verpassen. Obwohl … ich bin in den Pausen sowieso hauptsächlich am Telefon. Es ist interessant, wenn ich die Löschung erwähne, wissen alle Bescheid, aber niemand sagt von sich aus etwas. Sie murmeln ›Ja, ja‹ und wechseln das Thema. Wir hören voneinander?«

»Danke!«

Seine rechte Hand hob sich ein wenig, ihre auch. Sie bemerkten es und hielten inne. Sie mussten einen Schritt zurück machen, weil ihrer beider Finger zu sehr nach Berührung drängten. Er drehte sich um und tat den ersten Schritt.

»Mark«, sagte sie, »nur noch eins. Ich habe heute Nacht nachgedacht. Das wird jetzt dumm klingen, obwohl es mir in der Nacht als große Hoffnung erschien ... ich konnte danach zumindest einschlafen, wenigstens ein bisschen. Es gibt da einen Schriftsteller, ich habe dir von ihm erzählt, erinnerst du dich? Ein großer Dissident, ein moralischer Mensch, immer im Kampf mit dem Regime. Er war auch im Gefängnis. Er schreibt so schön über Frauen ... Wenn die Redakteure gekaufte Arschlöcher sind, wie wäre es dann mit ihm?«

»Okay, schreib mir seinen Namen auf. Gib mir einen Tag, ich versuche, das zu organisieren.«

↓

Die Hochhäuser waren Anfang der Siebzigerjahre gebaut worden, man hatte sie wie Zahnstocher in die Wiesen gesteckt. Die Regierung hatte zwar eine traumhafte Zukunft versprochen, doch Autos waren darin nicht vorgesehen. Weil sie dann trotzdem kamen, besetzten sie nun das Grün zwischen den Häusern und die Reste der Kinderspielplätze.

Nutzbar war nur noch der Basketballplatz. Dort drängten sich ein paar Jungs um einen Ball, während zwei Mädchen kichernd vorbeigingen. Zala blieb einen Augenblick neben einer Bank stehen, die man genau auf halbem Weg zum Hochhaus platziert hatte, und blickte auf die Fassade. Sie musste die Stockwerke nicht zählen, ihre Mutter und deren Nachbar hatten ihre Balkone mit Blumen gefüllt, die über die Betonbrüstung hinausquollen und von Töpfen an der Decke herunterhingen. Sie sahen aus wie bunte Augenbrauen, die zusammenklebten, weil keine auf ihre Seite zurückweichen wollte. Die übrigen neun Stockwerke darunter und die restlichen darüber wirkten nur mit dem einen oder anderen kümmerlichen Topf mit; über die meisten hatte sich der Trend zur Verglasung ausgebreitet wie eine modische Seuche.

Nachdem sie ausgezogen war, waren im Aufzug Schutztüren montiert worden, die sie selbst schließen musste. Die Anlage quietschte während der ganzen Fahrt nach oben.

Ihre Mutter öffnete und warf dann gleich einen Blick hinter sich auf die Uhr an der Küchenwand.

»Ich werde in weniger als einer Stunde gehen«, sagte Zala. Ihre Mutter hatte ihr schon vor Jahren erzählt, dass ihr Vater jetzt, da er in Rente war, nachmittags zwei Stunden spazieren ging, und Zala hatte angerufen und sich versichert, die Zeiten noch richtig in Erinnerung zu haben. Ihr Vater schwor auf Ordnung und begriff die Uhr als deren höchsten Vertreter. Daher stellte er abends, vor den Nachrichten, alle Uhren in der Wohnung nach dem Countdown im Fernsehen und rief manchmal, wenn er tagsüber eine Abweichung bemerkte, die Zeitansage an, wo ihm eine weibliche Automatenstimme antwortete. Sie hatte noch sehr deutlich seine dicken Finger vor Augen, wie sie vorsichtig nach der gezahnten Schraube griffen und den Uhrzeiger bewegten. Sein Blick war ganz der Handlung gewidmet, er hielt den Atem an, und seine breiten Schultern zogen sich zusammen.

»Du weißt ja ...«, sagte ihre Mutter, »komm einfach rein.«
Sie führte sie an den gerahmten Belobigungen mit dem
Wappen der Sozialistischen Föderativen Republik Jugoslawien und dem der Jugoslawischen Volksarmee vorbei,
die an der Wand hingen. Ein Bild von Josip Broz Tito in
Marschalluniform hing an seinem Ehrenplatz. Er hielt
weiße Handschuhe in den verschränkten Händen, und
sein Ehering funkelte einsam, weit weg von den Orden an
seiner Brust. Tito sah alt und müde aus, als hätte er gerade eine Grabrede gehört und überlegte nun, was sie wohl
dereinst über ihn sagen würden.

In der Küche stand noch immer die Sitzecke, dahinter die
Vertäfelung aus Eichenholzimitat, in deren Mitte eine einzige weiße Steckdose angebracht war. Darin steckte das
Kabel des tragbaren Radios, das genau in der Ecke platziert war.

»Möchtest du einen Kaffee?«, fragte die Mutter und griff
nach der Mokkakanne.

»Nein, danke. Mein Magen ist ein bisschen empfindlich.
Ich werde einfach Wasser trinken.«

»Du bist wie dein Vater, nervös. Ich habe etwas für dich,
ich werde es holen, bevor du gehst. Setz dich«, ihre Mutter deutete in die Ecke. Sie schenkte beiden ein Glas Wasser ein, und sie setzten sich jede auf ihre Seite des Radios,
das leise volkstümliche Walzer und Polkas spielte, ein Zeichen, dass ihr Vater nicht zu Hause war.

Sie griffen gleichzeitig nach ihren Gläsern und hoben sie
an. Sie lächelten einander auch gleichzeitig zu. In diesem
gemeinsamen Augenblick fühlte sich Zala plötzlich wieder wie ein Kind, und es war ihr peinlich. Ihr war, als sei
sie aus Mosaikstücken vergangener Zeiten zusammenge-

setzt, die nur etwas über sich selbst wussten, ihre Vorgänger und Nachfolger aber lediglich erahnen konnten.

»Ich trinke in letzter Zeit auch mehr Wasser«, sagte ihre Mutter, »das ist gesund. Erinnerst du dich an Doktor Bergant, der viel Meerwasser getrunken hat und dann sieben Tage, sechs Stunden und ich weiß nicht wie viele Minuten gelaufen ist, bis er tausend Kilometer erreicht hat? Das war ein slowenischer Rekord!«

»Nein.«

»Ja, Sport hat dich noch nie interessiert«, seufzte sie, nahm einen Schluck und stellte das Glas ab.

»Mama«, begann Zala, »ich habe zu Hause eine Geburtsurkunde, auf der steht, dass ich in Kragujevac geboren bin. Ich meine, das weiß ich sowieso. Hast du vielleicht noch andere Papiere, kennst du jemanden dort in der Gemeinde?«

»Niemanden. In Kragujevac hatte dein Vater die größten Eifersuchtsanfälle, ich habe mich überhaupt nicht aus der Wohnung getraut. Du warst noch so klein, klar, dass du dich nicht erinnerst, aber dein Vater kam manchmal mitten aus seinem Dienst nach Hause gestürmt, um mich zu kontrollieren. Ich habe ihm gesagt, was ist los, ich habe gerade erst ein Kind bekommen, was ist mit dir, und er hat nur geknurrt. Dann sind wir umgezogen und es wurde besser. Es ist seltsam, das fällt mir jetzt erst wieder ein, da du mich daran erinnert hast. Er war weder davor noch danach besonders eifersüchtig. Er war, wie ein Mann sein muss, wenn er einen liebt, aber nicht übertrieben. Einmal schickte er einen Soldaten, der nachsehen sollte, was ich tat, und dann kam er nach ein paar Minuten selbst, um nachzusehen, ob ich vielleicht etwas mit diesem Soldaten hatte. Als hätte ich auch nur daran gedacht. Du warst dreißig Stunden zuvor auf die Welt gekommen, ich war ganz zerrissen, ich wollte keine Männer mehr sehen ...« Zala wurde es peinlich, sie unterbrach sie: »Schon gut, Mama. Danke. War nur eine Frage.«

»Wie geht es dir? In der Arbeit alles in Ordnung?«

Zala spürte in sich ein Ventil, das aufgedreht werden wollte, um alles herauszulassen, was sich dahinter aufgestaut hatte. Sie riss sich zusammen, und es kostete sie nicht viel Mühe. Sie hatte sich ihrer Mutter schon lange nicht mehr nahe gefühlt. Sie kannte einige Frauen in Mutters Alter, aber die kamen ihr im Vergleich zu ihr viel weniger vital vor. Als man ihre Mutter nach ein paar Jahren Dienst in Slowenien entlassen hatte, eine der vielen in den ersten Runden der Zwangspensionierung, mit der der Staat Massenentlassungen kaschieren und die Statistik retten wollte, hatte sich ihre Mutter an den Garten und an die Blumen auf dem Balkon geklammert. Zwischen den Pflanzen wurde sie lebendig. In der Wohnung, beim Kochen oder in Gegenwart ihres Vaters schaltete sie auf automatische Navigation durch den Alltag um. Sie schminkte sich nie, und es reizte Zala, sie zu fragen, ob ihr Vater es ihr nicht erlaubte, aber angesichts ihres Schweigens erschien ihr diese Frage zu persönlich. Sie färbte sich die Haare, sehr dilettantisch und selten, der graue Ansatz besaß ein unbefristetes Bleiberecht. Auf ihren Händen zeigten sich die ersten Altersflecken, Zala fand sie noch zu jung dafür. Sie hoffte, selber nicht zu früh welche zu bekommen, es nicht von ihr geerbt zu haben, und schwor sich, in der Apotheke nach einer Creme zu fragen, so etwas war bestimmt schon erfunden worden. Im nächsten Augenblick wurde ihr bewusst, dass sie ihr Kind retten musste und stattdessen über ein Mittel gegen Altersflecken nachdachte. Zur Strafe biss sie sich auf die Unterlippe. Das breite Gesicht ihrer Mutter flößte ihr eine gewisse Ruhe ein; ihre Haut, die in ihrer Jugend fettig gewesen sein musste, war dadurch schön gealtert. Zugleich hatte sie gerade so viel abgenommen, dass sie sich nicht wirklich Sorgen um Falten zu machen brauchte.

»Es ist alles in Ordnung, danke«, sagte Zala.

»Das freut mich, ja«, meinte ihre Mutter. »Es sind seltsame Zeiten, wir müssen auf uns aufpassen. Hast du diesen ganzen Blütenstaub gesehen, ich kann mich nicht erinnern, dass die Pflanzen jemals so geblüht haben! In den Nachrichten sagen sie, das sei alles normal, aber wenn sie das im Fernsehen sagen, weißt du, dass dem nicht so ist. Das ist alles, was du mit Sicherheit wissen kannst. Es kann auch ein chemischer Krieg sein, wer weiß, jetzt, wo wir unabhängig sind? Der menschliche Körper verträgt vieles, wenn nur der Kopf durchhält. Denn alles spielt sich im Kopf ab. Obwohl, ich werd dir was sagen – du hast wirklich eine etwas seltsame Figur, wenn du so dasitzt. Du hast ein kleines Bäuchlein bekommen, trinkst du etwa viel Bier?«

»Nein, nein. Ich habe dir doch gesagt, ich nehme schon wieder ab.« Ihre Mutter sah auf die Uhr.

»Und du, wirst du dieses Jahr gewinnen?« Zala nickte in Richtung des Balkons und der Blumen, die durch die offene Tür in die Küche drängten.

»Nun, siehst du, das ist eine dieser Entscheidungen, die man treffen muss. Sie sind schwer, aber notwendig.« Sie schürzte die Lippen: »Dieses Schwein …«

Sie nickte zur Wand hin: »Wir wetteifern schon seit Jahren um den schönsten Balkon des Stadtviertels. Was hat mich das Nerven gekostet! Ich habe ein Magengeschwür davon bekommen! Also habe ich dieses Jahr in die Kategorie ›Einheimische‹ gewechselt. Und so bin ich außer Konkurrenz. Jetzt kann ich ruhig schlafen.«

»Einheimische?«

»Ja, Nelken. Dabei hat mir ein Buch geholfen ... Warte, ich hole es mal.«

Sie zwängte sich vorsichtig aus der Ecke und ging in den Flur. Zala folgte ihr. Die Uniform ihres Vaters hing noch immer im Wandschrank, und nicht eine Staubfluse war darauf zu sehen. In der Ecke steckte etwas, was wie eine Tasche für einen Henkelmann oder vielleicht für eine Gasmaske aussah. Im Schlafzimmer saß an einer Wand der schreibende Tito, ihm gegenüber, über dem Ehebett, heirateten gerade zwei Menschen in Schwarz-Weiß.

Nach langer Zeit sah Zala ihre Eltern wieder, als sie das noch nicht waren, und fragte sich bitter: ›Wer sind die beiden? Wo sind sie abgeblieben? Wohin ist das Glück in ihren Augen verschwunden, wohin ihr triumphierendes Lächeln?‹

Auf dem Bett saß mit gespreizten Beinen eine Puppe mit einem Haarschopf, gekleidet wie ein Straßenkind. Zala erinnerte sich, es war der Gipfel des sozialistischen Trends, den sich jeder Bürger eigenhändig aus Italien mitbringen musste. Wenn man sie hinlegte, sagte sie »Mama«.

Sie trat rückwärts wieder in den Flur und ließ ihre Mutter zwischen den Büchern im Schrank kramen. Von Weitem konnte sie nur die Aufschriften auf den hohen und breiten Buchrücken lesen, von der Kriegsenzyklopädie über jugoslawische Perlen des Tourismus bis hin zum letzten, »Tito, der Held«. Sie ging zu der verschlossenen Tür, an der sie vorhin vorbeigegangen waren, und legte die Hand auf die Klinke.

Ihr Zimmer.

Ihr ehemaliges Zimmer.

Langsam öffnete sie die Tür, es wäre ihr peinlich gewesen, wenn ihre Mutter sie erwischt hätte.

Auf der Innenseite klebte noch immer der Stundenplan der Abschlussklasse in der pädagogischen Fachoberschule. Auch alles andere war unverändert. Das bezogene Bett, die Poster von Punk- und Rockgruppen an der Wand, die mit der Zeit vergilbt und brüchig geworden waren. Der geschlossene Schrank, und auf dem Tisch noch immer ein Heft, die Bücher im Regal. Sie sah auf die Innenseite des Schlosses: der Schlüssel war nicht mehr da. Das Einzige, was ihren Vater wirklich gestört hatte, war verschwunden. Sie war aus der Schule gekommen und hatte sich eingeschlossen, war an ihrem brüllenden Vater vorbeigelaufen, er hatte gegen die Tür gehämmert, und sie wusste, er würde sie jederzeit aufbrechen können, hielt sich aber zurück.

Heute musste sie ihn treffen. Nach so vielen Jahren, nach all den Beschimpfungen und Streitereien in ihrem Kopf, bei denen sie gewonnen hatte und die sich langsam gelegt hatten, dann in einer Art Brei verschwunden waren. Bis sie schwanger geworden war, und ihr Vater damit wieder zum Leben erwacht war. Die pubertäre Überzeugung, mit ihren Eltern nichts zu tun zu haben und ein völlig neues Wesen zu sein, geschaffen aus dem Nichts, war der Frage gewichen, nach wem das Kind kommen würde. Sie hoffte natürlich auf die Energie und Kraft ihres Vaters, aber flehte zu wem auch immer, dass es nicht seine Sturheit und Engstirnigkeit sein mochten. Was würde es von ihrer Mutter erben? Es dauerte ein wenig, bis es ihr einfiel: die Entscheidungsfähigkeit. Man muss sich entscheiden, zwischen Mann und Tochter, zwischen Hortensien und Nelken – und man tut es. Entscheiden ohne Reue und Qual. Welch eine Gabe! Aber die Hauptsache blieb der Vater.

Ihr Körper hatte sich verändert, hatte sich mit einem neuen Körper gefüllt und war von Hormonen überschwemmt worden, Erinnerungen waren an die Oberfläche gebrodelt und mit ihnen das Bild des Vaters. Sein cholerisches Temperament, seine Ausbrüche; sie hatte angefangen, ihn zu verstehen, konnte ihm aber nicht verzeihen. Jedes Mal, wenn sie im Kino oder in der Literatur einem Vater begegnete, der so war, wie er ihrer Meinung nach sein sollte, wurde sie von Zorn auf den Vater erfüllt, den sie hatte.

Sie schloss die Tür.

Die Mutter rückte noch immer Bücher hin und her und verschob dabei die auf Rollen montierten Vitrinen.

Ihr Vater verpasste nicht eine Nachrichtensendung. Er war der bestinformierte Mensch, den sie kannte, er musste von dem Gesetz gehört haben. Deswegen musste sie ihn sprechen.

Er hatte mit Sicherheit erfahren, dass der Staat sie aufforderte, entsprechende Anträge zu stellen für das, was ihnen zustand. Sie aber hatte er nicht darüber informiert. Alles, was er bisher zu ihr gesagt hatte, alles bis zum letzten Wort, auch wenn es noch so übertrieben war, konnte sie sich als seinen Wunsch erklären, sie auf den richtigen Weg zu bringen – sie hatten nur verschiedene Ansichten darüber, wie der auszusehen hatte. Also war er ihr wohlgesonnen.

Die Tatsache, dass er ihr in diesem Fall etwas verschwiegen hatte, zeugte von Boshaftigkeit.

Wie hatte er ihr so etwas nur antun können?

Trotz all dem Geschrei und Geschimpfe, der Angst vor seiner körperlichen Überlegenheit – es war etwas Stierhaftes an ihm, wenn er gegen die Wand oder den Türrahmen schlug, sich nicht beherrschen konnte – hatte sie immer das Gefühl gehabt, dass er sie gernhatte.

Und – sie war nie zuvor bereit gewesen, sich das einzugestehen, bis kurz vor der Entbindung – sie hoffte, er wusste, dass auch sie ihn gernhatte.

»Da!«, ihre Mutter kam mit einem winzigen Büchlein aus dem Schlafzimmer. »Lies das, das wird auch dir helfen!«

↓

Zala starrte während der ganzen Fahrt mit dem Aufzug auf die Aufschrift »Martin Kojc – *Selbstheilung nervöser Störungen*« und erreichte gedankenverloren die Briefkästen in der Eingangshalle. Darunter standen beinahe volle Kisten, in denen die Bewohner überflüssige Reklame entsorgten. In hohem Bogen warf sie das Buch hinein und ging zur Treppe.

Bevor sich die Eingangstür hinter ihr schloss, drehte sie sich schnell um und lief zu der Kiste, nahm das Buch wieder heraus und steckte es in den Briefkasten ihrer Eltern.

Sie setzte sich auf die Bank und wartete. Lange folgte ihr Blick zwei Schülern, die sich gegenseitig schubsten, die Schulranzen auf ihren Rücken brachten sie aus dem Gleichgewicht und noch mehr ins Schwanken als die Stöße des jeweils anderen. Eine junge Mutter schob einen Kinderwagen auf das Hochhaus zu und Zala wollte auf ihre Schuhe starren, es gelang ihr aber nicht. Sie sah alles: wie die Frau klingelte und ein junger Mann im Trainingsanzug zur Tür gelaufen kam, ihr den Kinderwagen abnahm, wie sie das Kind hochhob, es auf die Wange küsste, das Kind anfing zu weinen, sie ihm beruhigend zuredete, sie alle in das Hochhaus gingen und der Mann hinter ihnen den Kinderwagen mitnahm.

Sie spürte, dass sie die Brust gegen die Lehne der Bank drückte, drehte sich um und richtete sich auf. Aus dem Augenwinkel nahm sie einen alten Mann wahr, der sich mühsam an ihr vorbeischleppte, gebeugt, als versuchte er bei jedem Schritt, sich auf die Luft vor ihm zu stützen.

Sie sah zum Basketballplatz hinüber, die beiden Mädchen gingen schon wieder vorbei und kicherten. Die Jungs hatten jetzt das Tempo gesteigert, gaben nicht mehr ab, jeder versuchte sich an Einzelaktionen und gewagten Würfen aus der Entfernung.

»Was machst DU denn hier!«, rief eine Männerstimme auf Serbisch. Zala sprang auf und begann zu stottern. Sie sah sich um, die Stimme musste ihrem Vater gehören, sie hatte sie gleich erkannt, doch sie wirkte etwas hohl, als fehlte etwas in ihr. Die Stimmbänder wollten, konnten aber nicht.

Nirgendwo war jemand zu sehen, außer dem alten Mann, der zuvor an ihr vorbeigegangen war. »Vater?«, sagte sie und trat nach vorne.

»Na? Ich habe dich etwas gefragt?!«, rief er, und sie dachte: ›Er kann ja kaum sprechen!‹ Und dann noch: ›Er ist ja nur noch die Hälfte!‹

Seine Nase ragte spitz aus der Haut, die sich über den Schädel spannte, das Skelett hatte seine Breite und Höhe beibehalten, aber von dem, was es umgab, war nicht mehr viel übrig. Seine Kleidung war nicht mit ihm geschrumpft, er verlor sich beinahe darin.

»Vater?«, wiederholte sie und trat näher.

»Du brauchst Geld, was?«

Sie blieb dicht vor ihm stehen, und er krächzte aus den Resten seiner Gestalt, eine Art halbes Schreien, das nicht weiter als ein paar Meter reichte. Er war wütend, weil er sich nicht in ihrem Gesichtsausdruck wiedererkennen wollte.

Er hatte Angst vor dem, was in ihren Augen stünde: Mitleid.

»Was ist mit dir?«, fragte Zala.

»Hat dich dieser Luftikus bis auf die Knochen ausgezogen, und du hast dich an deine Alten erinnert?«

»Du bist krank.«

»Das sagst du doch immer zu mir! Erzähl mir mal was Neues!«

»Was redest du da? Du bist ja nur noch die Hälfte! Was ist mit dir?«

»Geht dich nichts an. Aber wenn du es wissen willst: Bitte schön, ich zerfalle wie Jugoslawien.«

Zala dachte an all die Feinde, auf die ihr Vater sein ganzes Leben lang gewartet hatte. Die Russen, die Amerikaner, die Italiener, die Deutschen, dann noch die Albaner und die Bulgaren, auch die afrikanischen Staaten, in die Tito gereist war, hatte er misstrauisch beobachtet, der einzige mildernde Umstand war ihre Entfernung. Bei Militärmanövern wurden sie immer die »Blauen« genannt, und die »Roten« besiegten sie. Wie sich ihr Vater gefreut hatte, als wäre das nicht alles abgesprochen gewesen. Manöver waren für ihn das Wahre, weil er Ordnung liebte. Zala vermutete, dass der Krieg sehr viel chaotischer war und ihrem Vater womöglich gar nicht so sehr gefallen hätte, auch wenn er von sich behauptete, er sei von ganzem Herzen Soldat. All diese Vorbereitungen, Trainings, Taktiken, Unterstände, die Ausrüstung und alles andere, was den Feind aufhalten sollte. Die bedrohliche Welt da draußen, in die ihr Vater nicht wollte, weil doch Jugoslawien genügend Naturschönheiten hatte, vom Triglav bis zum Vardar*, wie er immer sang. Er wollte nicht über die Grenze, weil man sich furchtbare Geschichten von Offizieren erzählte, die auf Ferienreisen von ausländischen Geheimdiensten entführt und gefoltert worden waren, um ihnen wertvolle Informationen abzupressen.

Als sich Zala schließlich fragte, was ein gewöhnlicher Feldwebel denn eigentlich wissen konnte, wollte sie schon nicht mehr mit ihren Eltern verreisen. Ein einziges Mal hatte er nachgegeben und war mit ihnen nach Triest gefahren: Schlangen an der Grenze, er hasste sie, genauso

---

* Eigentlich »Vom Vardar bis zum Triglav«, »Od Vardarja pa do Triglava«, erste Zeile der »inoffiziellen jugoslawischen Nationalhymne« »Jugoslavijo«, so bezeichnet, weil beim Volk derart beliebt; die offizielle war eine andere.

wie die Zollbeamten, die die Slowenen erniedrigten und kontrollierten, die Italiener, die sie beschimpften und auslachten. »Stolz, habt doch euren Stolz«, hatte er gesagt, und das letzte Mal war sie nur mit ihrer Mutter gefahren, ohne Stolz und mit dem Zug.

Trauer überkam Zala, als würde sie innerlich weinen: Nicht einer der Feinde war gekommen, so sehr die Generation ihres Vaters auch auf sie gewartet hatte. Sie hatten die Grenzen im Blick behalten, das Gemetzel aber war im Landesinneren losgegangen.

»Du hast Krebs, oder?«, sagte sie.

»Bestimmt mehrere Arten. Du kannst es dir aussuchen. Wie viel Geld brauchst du?«

»Hör schon auf mit deinem Geld! Deshalb bin ich nicht hier.« Da merkte sie, dass sie geschrien hatte, und sie blickte sich um. Die Basketballer hatten nichts mitbekommen. Sie spürte, wie sie wieder auf die eingefahrenen Gleise ihrer alten Streitereien geriet; sie wusste, was für einen Gefallen sie ihm täte, wenn sie sich genauso verhielte wie damals, als er gesund und stark war.

Aber er war es nicht.

Sie hatte sich auf diesen Streit vorbereitet, sich selbst als erwachsene und starke Person gesehen, die zurückkehrt, um die Angelegenheit zu beenden, die sie im Teenageralter nicht gewinnen konnte. Die Zeit war nicht stehengeblieben, und die Teenagerjahre waren nur noch Erinnerung. Ihren Vater aus jener Zeit, den gab es nicht mehr. Wie sehr er sich auch bemühte, sie anzublaffen, zu beschimpfen, zu beschuldigen, seine Augen blieben starr, sein Körper zittrig. In Wirklichkeit stritt er nicht, er warf nur mit Vorwänden und Schwulst um sich, rief sein altes Selbst hervor und hielt es ihr hin, damit sie es schlug. Ihn besiegte. Endlich.

»Du bist wirklich wie Jugoslawien«, sagte sie. Ihr war zum Heulen zumute.

»Ihr habt mit allem angefangen, ihr Slowenen!«

»Kragujevac«, sagte sie ruhig. Sie wusste, dass der Kontrast zwischen dem Bild ihres Vaters von einst und dem realen Vater, der da vor ihr stand, sie noch lange beschäftigen würde, aber in diesem Moment hatte es keinen Sinn. Es war Geschichte, wie so vieles andere auch.

»Was ist mit Kragujevac?«

»Ist mit deinen Papieren alles in Ordnung?«

Die Maske fiel. Sie hörte ein Pfeifen in jedem Atemzug.

»Setzen wir uns«, sagte sie, und sie setzten sich jeder an ein Ende der Bank.

»Kragujevac? Gelöschte? Wusstest du von dem Gesetz?«, wiederholte sie.

»Ja.«

»Ja, hast du keinen Antrag gestellt?«

Eine Spur seines alten Temperaments flammte wieder auf: »Einmal in meinem Leben habe ich einen Eid abgelegt, ich habe einen Eid auf Tito geschworen, auf die Sozialistische Föderative Republik Jugoslawien! Ich werde es kein zweites Mal tun! Was haben sie aus unserem Staat gemacht, verflucht! Wenn ich die Nachrichten schaue, ist es schlimmer, als wenn sie mich in Stücke schnitten! Tito hätte das nie zugelassen. Auch diese Löschung nicht. Alle diese slowenischen Politiker, Tito hätte sie an die Wand gestellt.«

»Alle heutigen Politiker sind Titos Kinder«, entgegnete sie und wechselte das Thema: »Hast du einen Pass?«

»Ja. SFRJ.«

Sie nickte: »Den Staat gibt es nicht mehr. Auch die Staatsbürgerschaft nicht. Hast du einen slowenischen?«

»Ich will keinen.«

»Gut. Wie du willst«. Sie schwiegen und starrten vor sich hin.

»Und warum hast du mir nichts von dem Gesetz erzählt?« Er drehte sich langsam zu ihr. Sie spürte die Bewegung, sie sahen einander an. Der Schmerz ließ seine Züge weich werden.

»Verflucht noch mal«, flüsterte er. »Ist das wirklich wahr? Sie haben auch euch, die Slowenen, gelöscht? Ihre eigenen Leute?«

Sie nickte: »Ja, ich habe keine Staatsbürgerschaft. Warum hast du mir nichts davon erzählt?«

»Ich habe nie darüber nachgedacht. Sie haben von einem Ausländergesetz gesprochen, doch wie kannst du Ausländerin sein, wenn deine Mutter Slowenin ist?« Er verstummte, und nach einer ganzen Weile fragte er leise: »Habe ich dich in große Schwierigkeiten gebracht?«

»Nein, ich werde das schon regeln. Wie kannst du ohne Krankenversicherung denn zum Arzt gehen?«

»Wie meinst du das? Dass ich zu so einem Quacksalber gehen soll?! Ich habe mir die angesehen, die wir in der Armee hatten. Die haben nur geschnitten, hatten weiße Kittel und Messer, verhielten sich wie Metzger.«

Ihm ging die Luft aus, er hatte zu viel auf einen Schlag gewollt. Zala fasste ihn instinktiv an den Schultern, wie ein kleines Kind im Kindergarten bei einem Trotzanfall, und ihr kam der Gedanke, dass sie ihn auch genauso behandeln musste, seine Aufmerksamkeit ablenken, zum

Beispiel fragen: ›Wie macht die Kuh?‹, und dann vergisst das Kind, was es wollte, aber sie sagte nur: »Atme!«

Er verstummte und holte langsam Luft.

»Hast du Schmerzen?«

»Lass mal, ist schon in Ordnung. Schmerzmittel bekomme ich, ein Freund von mir geht zu seiner Ärztin und jammert ihr was vor.«

Zala nahm langsam ihre Hand weg, und ihre ganze Aufmerksamkeit richtete sich auf ein Gefühl, das verblasste: wie die Kleider nachgegeben hatten, bevor sie unter ihnen auf die Knochen gestoßen war.

»Habe ich dich in Schwierigkeiten gebracht?«

»Ich sagte doch, ich werde das regeln. Wie du ja sagst, ich bin Slowenin.«

»Bist du noch immer mit diesem Versager zusammen?«

»Nein.«

Er sah so unglücklich aus, dass sie ihm ein Geschenk machte: »Du hattest recht, was ihn angeht.« Er lächelte zufrieden.

»Ein Vater weiß das immer. Hast du einen Jungen?«

»Ja.«

»Hat er einen guten Job?«

Sie zuckte zusammen, als sie ihren Irrtum begriff. Sie konnte nicht sprechen, bevor sie das Bild ihres Sohnes in Gedanken weggeschoben hatte.

»Was? Nein, nein! Ich bin allein.«

»Verflucht. Ich hatte gehofft, bevor ich sterbe, darf ich noch deine Hochzeit und meinen Enkel erleben. Warum du zehn Jahre mit diesem Misthaufen vergeudet hast, werde ich nie verstehen.«

Sie wollte sagen ›Ich auch nicht!‹, aber so viel Einvernehmen zwischen ihnen wäre für das erste Treffen nach so langer Zeit zu viel gewesen.

Sie schwiegen.

»Schau«, sagte er. »Schau dort drüben!«

Er hob die Hand und zeigte mit dem Finger auf die geparkten Autos. Ein großer schwarzer Jeep stand quer auf den Behindertenparkplätzen.

»Die haben sich vermehrt, diese Ganoven«, sagte er, »und dann spornt ihr Frauen sie auch noch an. Als ich zu meinem Spaziergang aufgebrochen bin, habe ich gesehen, dass hinter dem Scheibenwischer ein Zettel steckt, eine ausgerissene Heftseite. *Ruf mich an*, stand darauf, mit einer Telefonnummer und einem Herzchen, in rosa Filzstift. Verfluchte Bande! Dieser Zettel hat mir den ganzen Spaziergang verdorben!«

Der schwarze Lack glänzte in der Sonne, und das Spiegelbild einer Wolke glitt über den vorderen Teil.

»Vater«, sagte sie, »find dich damit ab, dass du nichts tun kannst. Du ärgerst dich nur, und das frisst dich auf.«

Sie dachte an die Schultern, von denen nur noch zusammenhängende Knochen geblieben waren.

»Verflucht«, sagte er, »du hast ja recht.«

Er brachte die Worte kaum über die Lippen. In ihrem Augenwinkel sammelte sich eine Träne, sie wischte sie schnell ab und überprüfte verstohlen, ob ihr Vater es vielleicht gesehen hatte. Er blickte auf den Parkplatz und setzte zu einem seiner Monologe an: »Gut war, wie Tito gesagt hat, dass wir einem Frontalangriff der Russen oder Amerikaner nicht standhalten würden. Dass wir dann nach der Guerillataktik arbeiten müssten. Nur auf diesem Wege würde es niemandem gelingen, diese Nation zu besiegen!«

Sie dachte, dass das alles war, was ihm geblieben war, Fragmente alter Reden, die er Tag für Tag den Soldaten entgegengedonnert hatte. Traurigkeit presste ihr Herz zusammen. Würde er ihr vielleicht wieder erzählen, dass ein Soldatenmantel, ein *Sinjel*, wenn er völlig durchnässt war, ganze sieben Liter Wasser halten konnte? Sie wusste nicht, warum ihm diese spezielle Wolle im Atomzeitalter als große Errungenschaft der jugoslawischen Technologie erschien. Ihr Vater zeigte auf das schwarze Auto: »Vorhin, als ich zurückkam, habe ich den Zettel genommen und an den alten Golf dort in der Ecke gesteckt.«

Zalas Schultern begannen zu zucken, von Weitem war kein Unterschied zwischen Weinen und Lachen zu erkennen.

↓

»Die Papiere, bitte!«

Nikola sprang auf, die Zigarette fiel ihm aus dem Mund. Als er erkannte, dass es Zala war, die sich von hinten an ihn herangeschlichen hatte, begann er mit der Schuhsohle wild auf dem Stummel herumzutreten.

»Ich glaub es nicht! Ich bin doch hier der, der das Volk verarschen soll, nicht du. Warum tust du mir das an?«

Zala erstarrte mitten im Lachen.

»Entschuldige! Ich weiß auch nicht, was in mich gefahren ist! Ich wollte dich sehen und bin zu deinem, nun ja, Arbeitsplatz gegangen. Ich habe gesehen, wie du die Frauen musterst, die aus dem Gemeindeamt kommen. Wie du sie anschaust, wie ein Stück Fleisch. Vielleicht hat mich das wütend gemacht?«

»Oh, nein! Erst der Schock und dann noch dieser Feministenscheiß, was hab ich dir bloß getan?«

»Wird nicht wieder vorkommen, ich versprech's. Das sieht mir wirklich nicht ähnlich. Manchmal überrasche ich mich selbst.«

Erneut überkam sie ein Schuldgefühl, weil sie Spaß gehabt hatte. Auf dem Weg zum Gemeindeamt war sie sogar vor einem Schaufenster stehen geblieben, bis sie plötzlich ein scharfer Schmerz durchfuhr: ›Was machst du da? Dein Kind ist allein und hilflos, und du schaust dir Kleider an?‹ Sie wusste nicht, wie verräterisch ihr Gesichtsdruck war, also sprach sie hastig weiter: »Ich gebe zu, du hast eine gute Methode gefunden, dir jemanden zu angeln.«

»Im Unglück ist der Mensch nicht gern allein. Und er ist auch großzügiger.«

»Großzügig? Der Mensch? Du meinst doch sicher der weibliche Mensch?«

Er zündete sich eine Zigarette an und kräuselte angeberisch die Nase.

»Nimmst du dir auch irgendwann mal frei?«

»An Sonn- und Feiertagen haben sie zu, da bleib ich zu Hause«, sagte er, auf sein Feuerzeug konzentriert, in dem der Feuerstein nach wenigen Funken schon seinen Geist aufgab, immer wieder.

Zala wartete, bis er an der Zigarette zog, und fragte dann langsam: »Zu Hause?«

»Upps!«, brachte er nur heraus.

»Du hast eine Wohnung, oder? Du hast mich angelogen!«

Er suchte auf den Spitzen seiner Turnschuhe nach etwas unbeschreiblich Interessantem, von dem er den Blick einfach nicht losreißen konnte.

»Bist du überhaupt gelöscht?«

»Ja, das bin ich.« Sie sah ihn lange an und fragte: »Wo waren wir stehen geblieben? Zeig mir deinen Ausweis!« Nikola drehte die leere Handfläche nach oben und gab die Aufforderung zurück:

»Ihr Ausweis, bitte!«

»Zala Jovanović! Nachname vom Vater, Vorname von der Mutter.«

»Wir glauben Ihnen das nicht einfach so. Die Papiere, bitte.« Auch Zala öffnete die Hand.

»Den Pass?«, fragte sie.

Nikola drehte die linke Hand um, Zala auch.

»Krankenversicherung?«, sagten sie beide gleichzeitig und zeigten einander ihre leeren Hände.

»Ok, dann schau dir noch die Arbeitsnachweise an«, Zala drehte ihre Hand erneut.

»He, das gilt nicht, die habe ich schon gleich gar nicht gehabt.«

»Ich habe auch keine Arbeit mehr, obwohl meine Chefin in Ordnung ist, ich glaube, sie kann etwas regeln. Vielleicht werde ich schwarzarbeiten.«

»In der Firma, in der du bis vorigen Monat offiziell gearbeitet hast?«

»Ja. Die Löschung kann ja nicht ewig dauern. Das werden die Leute nicht zulassen.«

»Meinst du? Es ist doch allen scheißegal, bis es sie selbst trifft. Und dann ist es zu spät, dann sind sie bereits am Arsch.«

»Und wovon lebst du?«

»Gelegenheitsarbeiten. Schwarz. Und manchmal stehle ich auch Fahrräder, keine besonders teuren, der Polizei sind solche Kleinigkeiten egal. Also, siehst du, ich habe dir die Wahrheit über alles gesagt, ich fühle mich wirklich seltsam.«

»Lass uns zu dir gehen.«

»Glaubst du mir nicht? Kein Problem, du wirst sehen, es stimmt alles. Es ist leichter, wenn einen das Mädchen zu sich einlädt, als wenn man sich selbst einlädt. Mitleid, du weißt schon. Deshalb hab ich dir die Wohnung verschwiegen. Eine kleine Lüge darf aber auch sein, sonst ist ein Mann nicht interessant. Gehen wir.«

Sie überquerten die Brücke über die Ljubljanica, gingen am Bahnhof vorbei, weiter zu den alten Hochhäusern und den noch älteren Mehrfamilienhäusern dazwischen. Der gelbe Blütenstaub klumpte zusammen und die kleinen Klumpen rollten unter ihre Füße, wenn sie von der ausgetretenen Mitte des Bürgersteigs abkamen.

Auf der anderen Straßenseite kamen ihnen zwei junge Männer in raschelnden Trainingsanzügen und mit falschen Goldkettchen um den Hals entgegen. Sie und Nikola winkten einander zu und grüßten, riefen sich über die Straße etwas zu. Als sie weg waren, sah er Zala an und sagte: »Das tut mir weh. Hast du sie gesehen? Meine Freunde können normale Klamotten tragen, weil sie die Staatsbürgerschaft haben: Ich hingegen muss mich als geschniegelter Slowene tarnen, Scheiße noch mal. Wie tief kann ein Mensch noch fallen?« Er schüttelte den Kopf und grummelte lange vor sich hin.

Die Ampel am Fußgängerüberweg war rot, doch die Menschen gingen einfach über die leere Straße. Zala wollte ihnen folgen, doch Nikola packte sie am Oberarm und zog sie zurück. Sie sah ihm verwundert in die traurigen Augen und begriff, dass sie nicht das kleinste Gesetz brechen durften. Sie warteten als Einzige auf Grün.

Zala hob das Gesicht, weil sie die Sonne auf der Haut spüren wollte. Sie hoffte, so das Gefühl zu vertreiben, das sie erfasst hatte, das sie aber nicht klar bestimmen konnte: Es war eine Mischung aus Wut und Ekel vor sich selbst. Sie scherzte mit Nikola, obwohl sie sich doch jede Sekunde dem Gedanken widmen müsste, wie sie ihr Kind aus den Klauen der Klinikleiterin befreien konnte. Der Alltag kam ihr klebrig vor, zu schnell zog er sie mit hinein in das, was gewesen war. Veränderungen weckten sie für einen Moment auf, aber der Alltag glättete diese Veränderungen zu Gewohnheiten. Nach ein paar Tagen erschien es ihr ganz normal, morgens und abends stillen zu gehen, als habe sie das schon immer getan und würde es auch immer tun. Doch sie wusste, dass gerade die Gedanken, die davonschwammen, und die Dinge, die sie nach alter Manier tat, sie davor bewahrten, dass der Schmerz sie zerbrach. Sie dachte an die Bücher, die sie gelesen hatte, an die Empfindung von Wärme und Halt, die sie ihr vermittelt hatten, auch wenn ihr Vater in der Küche tobte. Sie hoffte, dass es Mark gelingen würde, ein Treffen mit dem Schriftsteller zu vereinbaren, denn der würde ihr zuhören. Ein Mensch, der so schrieb wie er, musste allen zuhören. Sie wusste nicht, ob das Gefühl, das sie erfüllte, Naivität oder Hoffnung war.

»Bitte, da wären wir!«, sagte Nikola. Sie standen vor einem Mehrfamilienhaus mit bröckelnder Fassade, umgeben von einem großen Park, in dem hier und da Hundehäufchen lagen.

»Und jetzt pass auf!«, sagte er und zog prahlerisch einen

großen Schlüsselbund aus der Tasche. Er drehte die Schlüssel zwischen den Fingern, bis er einen dunkelgrünen fand, mit dem er die Eingangstür aufsperrte.

Sie traten ein und gingen die erste Treppe hinauf bis zum Gang. Eine Tür auf der linken Seite öffnete sich gerade so weit, dass ein aufgedunsenes rotes Gesicht zu erkennen war, das sie ansah. Es wirkte wie ein Blutfleck zwischen dem Furnier. Sie warfen einander einen Blick zu, und sofort schloss der Mann die Tür mit der Aufschrift HAUS-MEISTER wieder. Nicht ganz, Zala spürte im Dunkeln, wie er ihnen nachsah, als sie vorbeigingen. Nikola streckte den Daumen aus und bewegte ihn nach oben, Richtung Mund, und deutete zugleich hinter seinen Rücken: Der Hausmeister trank.

Im ersten Stock suchte er wieder zwischen den Schlüsseln und wählte dieses Mal einen blauen.

Der passte nicht ins Schloss.

Nikola sah mit großen Augen die Schlüssel auf seiner ausgebreiteten Hand an, versuchte es mit einem zweiten, einem dritten ... »Aha!«, sagte Zala.

Nikola lief rot an, nahm erneut den blauen Schlüssel und versuchte, ihn in das Schloss zu schieben.

»Heißt dein Vater Janez Gorenc?«, fragte Zala, und Nikola sah sie erstaunt an.

»Was für ein Gorenc?«

»Schau doch!«

»Hä?« Er las das gravierte Namensschildchen und sein Mund blieb weit offen.

Schlagartig wurde der Name vom Namensträger in Fleisch und Blut abgelöst. Der schnurrbärtige Mann mit dem prallen Bäuchlein sah aus wie einer dieser Handwerker, die gerade so viel arbeiten, dass sie irgendwie überleben, und die übrige Zeit mit Unterhaltungen im örtlichen Imbiss verbringen.

»Was ist? Was willst du in meiner Wohnung?«, schrie er. Nikola wich zurück.

»Entschuldigen Sie, ich ...«

Zala konnte nur schauen, war zu keinem Gedanken fähig. Alles war zu viel, alles geschah zu schnell, ihre Gefühle waren nur flüchtige Notizen. Aus der Wohnung drang der Geruch nach gefülltem Paprika.

»Lass dich bloß nie wieder hier blicken!«, zischte Janez Gorenc so heftig, dass sein Schnurrbart erzitterte.

»Aber ...«, Nikola trat noch einen Schritt zurück und stieß gegen das Geländer. Die Berührung weckte ihn auf, er sah zu den beiden übrigen Wohnungen, blinzelte, um die Namensschilder lesen zu können, und riss dann die Augen weit auf: »He, das ist meine Wohnung!«

»Ach ja?« Der Mann krempelte drohend den rechten Ärmel seines Flanellhemds hoch und brüllte dann, so laut er konnte: »HAUSMEISTER!«

Der rote Fleck über dem blauen Kittel stand schon am Fuß der Treppe bereit.

»Ja, Herr Gorenc?«, fragte der kleinlaut.

Gorenc sah ihn nicht einmal an: »Wessen Wohnung ist das?«

»Ihre, Herr Gorenc!«

Nikola wurde wütend: »Was ist mit Ihnen? Sind Sie verrückt? Sie gehört meinem Vater, ich wohne darin!«

»Ach ja?«, der Mann hob die Spitze seines Kinns. »Hör mal, du Bengel, dein Vater ist Angehöriger einer feindlichen Armee. Er hat in Slowenien nichts zu suchen.« Und er wandte sich zum ersten Mal an den Hausmeister: »Ist das so?«

»So ist es, Herr Gorenc«, der Fleck nickte und traute sich nicht einmal auf die erste Stufe.

»Ich kann es nicht glauben«, Nikola schüttelte den Kopf, als wollte er aufwachen: »Sie sind eingebrochen und haben das Schloss ausgetauscht. Sie haben meine Wohnung gestohlen.«

»Und jetzt verleumdest du mich auch noch. Die Wohnung war leer, als ich sie gefunden habe.«

»Wie kann sie leer gewesen sein, wenn ich ...«

Gorenc trat auf den Flur, und sein Bauch nahm die halbe Treppe ein.

»Hör mal, Bengel, dich gibt es nicht. Du bist verschwunden. In Slowenien gibt es dich nicht, niemand weiß, wo du bist. Die Wohnung ist leer.«

Nikola stieß sich mit erhobenen Händen vom Geländer ab und landete genau in einer Ohrfeige, die ihn zum Ausgangspunkt zurückwarf. Für einen Augenblick sah es so aus, als würde er über das Geländer kippen, doch dann fing er sich ab und drückte die Hand auf seine Wange.

Gorenc ging auf ihn zu und drückte die Spitze seiner Wampe gegen ihn.

»Wirst du zur Polizei gehen? Wirst du vor Gericht gehen? Du existierst nicht, also verzieh dich. Verschwinde, wie es sich gehört!«

Gorenc wandte sich der Wohnung zu, als Zala ihn mit den Fäusten auf den Rücken schlug. Es traf ihn nicht.

»Widerlicher Gauner! Du nutzt fremdes Unglück aus!«

Er verscheuchte sie wie eine lästige Fliege.

»Wessen denn sonst, mein eigenes, oder was? Wer bist du

überhaupt? Eine von denen? Wirst du zur Polizei gehen?
Na?« Zala trat einen Schritt zurück.

»Gehst du zur Polizei?«, bedrängte Gorenc sie und grinste über die ganze Breite seines gelblichen Gebisses. »Na,
geh schon!«

Zala blieb stehen.

Gorenc' Lächeln wurde noch breiter, zuvor hatte er noch
den Schatten eines Zweifels gehabt, jetzt aber wusste er
es mit Sicherheit.

»Eigentlich«, sagte er, »sollten Sie die Polizei rufen, Herr
Hausmeister, Sie sind für Ruhe und Ordnung in diesem
Haus verantwortlich.«

»Sofort, Herr Gorenc.«

Schlurfende Schritte zogen seine Pantoffeln nach Hause.
Zala ballte die Fäuste und presste die Zähne zusammen,
dass sie knirschten. Ihre Muskeln rissen sich von den Knochen und wollten prügeln, das Unrecht zerschlagen, dessen Zeuge sie wurde. Ihr Vater hatte einmal von einem
Feldwebel erzählt, der Essen in der Küche gestohlen und
sich damit herausgeredet hatte, dass das nun einmal die
Volksarmee sei, also seine, und dass das alle täten. Er hatte
ihn angezeigt, und der Dieb wurde aus der Gesellschaft
ausgeschlossen, musste um Versetzung bitten.

Er hatte Essen gestohlen, doch das hier war eine Wohnung.

»Und was ist mit meinen Sachen?«, fragte Nikola.

↓

Den ganzen Weg zu ihrer Wohnung hielten sie die Köpfe
gesenkt. Nikola trug eine kleine Kunstledertasche mit den

aufgemalten Umrissen eines Flugzeugs und der Aufschrift
»Jugoslovenski Aerotransport«, oben ragte der Griff eines
Badmintonschlägers hervor.

Als sie ankamen, setzte er sich auf die Couch, stützte den
Kopf in die Hände und starrte auf den Boden.

Zala kochte ihm einen Kaffee, doch er rührte ihn nicht
an. »Du spielst Badminton?«, sie versuchte, irgendwie ein
Gespräch zu beginnen. Er antwortete mechanisch: »Nein.
Warum fragst du?«

Im Kühlschrank fand sie einen Rest Käse, schnitt ihn auf
und stellte ihn neben den Kaffee, und jetzt warteten sie
zu zweit. Zala ging auf Zehenspitzen, es erschien ihr un-
passend, Geräusche zu machen. Als das Telefon klingelte, lief sie zum Apparat. Vlasta fragte, ob sie sich abends
treffen wollten, zu einem Mädelsabend, wie sie ihre regelmäßigen Mittwochstreffen nannte. Mark rief an und
sie verabredeten sich zum Mittagessen. In ihrer Stimme
musste etwas sein, das ein wenig anders war als sonst, etwas Verschlossenes, oder sie sprach einfach nur leiser. Er
wusste, dass sie nicht allein war, das spürte sie, und es
schmerzte ihn, aber sein Verstand sagte ihm, dass er in
dieser Hinsicht nichts zu melden hatte. Er verabschiedete sich schnell.

Das Schlimmste waren die Zeiten des Wartens. Sie fühlte
sich, als kletterte sie eine Wand hoch, als bewegte sie sich
von Griff zu Griff, manchmal glitt sie ab, wie beispielsweise mit dem Redakteur, aber sie kletterte weiter. Und
dann kam die Zeit des Biwakierens, wenn sie nichts anderes tun konnte, als zu warten. Sie sah auf die Uhr, zählte die Minuten herunter und wünschte sich diese Putz-
kammer, diese Beengtheit mit einem Körper, der an ihr

saugte. Sie konnte nicht lesen, sie ging zum Regal und strich mit der Hand über die Buchrücken. Sie hatte vergessen, Mark zu fragen, ob es Fortschritte gäbe, was das Treffen mit dem Schriftsteller anging. Sie hatte alle seine Bücher, und wenn er im Theater gespielt wurde, kaufte sie immer eine Karte für die Premiere. Die vorderen Reihen im Parkett waren für politische Größen reserviert, sie gönnte sich einen Rangplatz, erste Reihe, und klatschte bis zu den letzten Reaktionen unter den aufbrechenden Zuschauern.

Ihr wurde bewusst, dass sie auf die Uhr starrte. Ihre Gedanken waren wie ein Strudel, änderten schlagartig das Thema, das ihr von einem Sturm entrissen und durch ein anderes ersetzt wurde; manchmal, und auch nur für einen Augenblick, wurde ein drittes eingeflochten, und der Körper versuchte zu folgen. Sie ballte die Fäuste, biss sich auf die Lippen, spürte, wie ihr Herpes zögerte und nicht wirklich aus dem linken Mundwinkel hervorwuchern konnte, sie zuckte häufig mit dem Kopf, als würde sie einnicken, und wusste nicht, worüber sie eigentlich nachgedacht hatte, hoffte, sie wäre vielleicht eingeschlafen, wenigstens für eine Sekunde, auch wenn sie sich nicht erfrischt fühlte.

»Das ist kein Spiel mehr, das ist Ernst«, sagte Nikola und griff abwesend nach dem Kaffee. Er trank ihn in einem Zug, ohne zu merken, dass er kalt war.

Sie zog sich einen Stuhl heran und setzte sich ihm gegenüber: »So war es ja auch gemeint.«

Das schadenfrohe Stimmchen in ihr feierte, weil endlich jemand wusste, wie sie sich fühlte.

»Sie haben gut angefangen mit diesem neuen Staat, alle

Achtung! Aber erinnerst du dich«, er wurde wütend, und Zala verfolgte erleichtert, wie er aus seiner Erstarrung erwachte, »wie sie vor der Unabhängigkeit ständig über die Nachkriegsmorde geredet haben? Der kommunistische Staat hat angeblich schon bei seiner Ausrufung 1945 eine solche Sünde begangen, er hat Kriegsgefangene getötet, ein moralischer Schandfleck, erinnerst du dich?«

»Ja.«

Ein Thema, über das ihr Vater sie durch die Wand ihres Zimmers informiert hatte. Als sie in den Nachrichten darüber berichteten, hatte er etwas von Verrätern und Kollaborateuren gebrüllt. Aber sie war seine Stimmakrobatik gewohnt und hatte ruhig an ihren Hausaufgaben weitergearbeitet, ohne sich stören zu lassen.

»Dann bekommen sie ihren eigenen Staat, und was machen sie als Erstes? Eine Löschung!«, empörte sich Nikola und begann, mit den Händen zu rudern.

›Gut!‹ Zala atmete auf und ermunterte ihn durch Nicken. Er sollte wütend werden, damit er sich nicht aufgab.

»Wenn Krieg wäre, würden sie uns erschießen, so haben sie uns eben gelöscht, verflucht, wir haben bald das 21. Jahrhundert, der Computer ersetzt das Maschinengewehr. Moderne Zeiten. Scheiße, aber modern. Das mit uns, ist das etwa kein moralischer Schandfleck? Wissen diese Leute überhaupt, wie man neu anfängt, ohne sich gleich ans eigene Bein zu pinkeln? Sie kommen aus einem Scheißhaufen und sagen sich, schlagen wir eine neue Seite auf! Bitte, wir haben sie aufgeschlagen, dann scheißen wir auch noch drauf. Jetzt, in dieser Scheiße, können wir aber wirklich ganz anders anfangen als bisher. So geht das also?«

Er nahm ein Stück Käse und biss hinein, als greife er einen Feind an. Er hörte nicht auf zu reden, er verschluckte sich, hustete verzweifelt, bis Zala zu ihm sprang und ihm auf den Rücken klopfte, bis er wieder Luft bekam.

»Siehst du«, sagte er, »jetzt schlagen wir Gelöschten uns schon gegenseitig.«

Sie packte ihn am Hals, spürte die Haare, hielt die Hand dort, wo sie war.

»Was soll ich jetzt tun?«

»Ich weiß nicht. Du kannst auf der Couch schlafen. Die Ersatzschlüssel sind dort drüben, am Haken neben der Tür.«

Er sah sie an, als sie neben ihm stand. »Bis sie dir auch noch die Wohnung wegnehmen.« Sie wich zurück und wurde blass.

»Das werden sie nicht.«

»Woher weißt du das? Wer garantiert dir das?« Sie starrten einander an. Der neue Vorhang aus Illusionen vor Zalas Augen bekam Risse und fiel zu Boden. Vermutlich hatte der Hausmeister am Tresen einem Trinkkumpan gegenüber die Wohnung und den Menschen erwähnt, der illegal darin lebte, und so war Janez Gorenc auf die Idee gekommen. Wie viele Leute waren zu ähnlich lukrativen Ideen fähig, und nur das Gesetz und die Angst vor Strafen hielten sie zurück? Wie lange würde es dauern, bis sie begriffen, dass auch solche Menschen unter ihnen waren, die nicht die Polizei rufen konnten, was auch immer ihnen widerfuhr? Dass sie ihnen die Wohnungen wegnehmen, sie verprügeln und vergewaltigen durften, ohne dass sich die Opfer an die Gesetzeshüter wenden konnten, weil das Gesetz sie ausschloss? Dass von nun an Zala und jene, die ihr Schicksal teilten, von der Freundlichkeit Fremder abhängig waren, Menschen, die eben auf sich allein gestellt waren, ohne die Unterstützung und den Rückhalt eines Gesetzes oder der Staatsmacht.

↓

»NICHTS!«, sagten Meta, Vlasta und Nana eine nach der anderen, als müssten sie in der Schule etwas aufsagen.
»Niemand weiß irgendetwas.«
»Niemand kennt irgendjemanden, der etwas tun könnte ...«
»Alle haben etwas gehört.«
Sie saßen in einem Café, das eine der letzten Festungen des Bürgertums war, wie der Sozialismus es sich vorgestellt hatte. Dunkles Holz, Spiegel an den Wänden, eine Auslage mit Süßigkeiten, von denen einige vertrocknet wirkten. Ein Kellner, dessen Ausbildung in einer englischen Fernsehserie über Butler bestanden hatte, aber mit abgeschaltetem Ton. Er bewegte sich wie im Film, die Nase in der Luft, sprach dabei aber Dialekt, als sei er per Telekinese von einem Volksfest auf dem Dorf hierher versetzt worden: Sein »Wosderfsdennsei?« war sogar der Grund dafür gewesen, dass sie vor Jahren genau dieses Lokal für ihre Treffen ausgewählt hatten, damit sie sich unterhalten und ihre Männer vergessen konnten, wie sie sagten, obwohl sie überraschend viel über sie sprachen. Zala hatte immer gedacht, dass Frauengespräche außerordentlich offen und kritisch gegenüber Männern waren – auch den eigenen – und dass die Beteiligten sich nicht verstellten, bis sie sich selbst anders verhielt. Zuerst hatte sie behaup-

tet, mit ihrer schlechten Beziehung – wie sie sie später bezeichnete – sei alles in Ordnung, er schreibe einen Roman und Verleger interessierten sich dafür, weil sie es selbst glaubte. Als sie es nicht mehr glaubte, schämte sie sich so sehr dafür, dass sie nur ganz Allgemeines herausbrachte, dass ein Künstler Ruhe braucht und Ähnliches. Vlasta hatte einmal hinzugefügt: »Und eine starke Frau, die ihn unterstützt!« – sie hatte am Tag zuvor eine Dokumentation über Tolstoi gesehen. Alle nickten, was Vlasta noch zu der Bemerkung anregte, dass sich Künstler manchmal seltsam verhielten, einige flüchteten sich sogar nur mit einem Nachthemd bekleidet in verlassene Bahnhöfe. Von Mark hatte Zala ihnen nie etwas erzählt, da er ja nur, wie sie gesagt hätten, ein Mann für zwischendurch war, zur Erholung zwischen zwei festen Beziehungen. Alle hatten jedoch am Leuchten in ihren Augen und an ihrer Haltung festgestellt, dass das Geheimnis es wert sein musste, gewahrt zu bleiben, und vergeblich hatten sie versucht, sie zum Reden zu bringen.

Der Kellner war schon an sie gewöhnt und machte ihnen eine Freude damit, dass er häufig an ihren Tisch kam und fragte: »Wosderfsdennsei?«

Sie kicherten, bestätigten, dass sie noch alles hatten, dass sie im Moment nichts wünschten, und er lächelte, zwinkerte ihnen zu und ging durch das halbleere Lokal, das hauptsächlich von Rentnern mit Zeitungen besucht wurde, zum anderen Ende, wo die Schachspieler auf die Uhren schlugen, ohne ihren Blick von den Figuren abzuwenden.

»Bist du sicher, dass sie nicht nur bei dir Fehler gemacht haben? Mit diesen Computern, sie führen sie jetzt überall ein ...«, fragte Meta.

»Nein, haben sie nicht. Danke euch«, sagte Zala. »Ist es denn möglich, dass keine von uns über Beziehungen verfügt? Was haben wir in unserem Leben erreicht? Auch ich habe alle der Reihe nach angerufen, nichts.« Sie sahen sie traurig an.

»Und was machst du jetzt?«, fragte Vlasta.

Weil sie ihnen Mark verschwiegen hatte, konnte sie jetzt nicht von ihm anfangen. Sie wagte nicht einmal daran zu denken, dass er auf ein Problem stoßen könnte, das seine Möglichkeiten übersteigen würde. Er musste wirklich gut sein, wenn sein Konzern ihn in der ganzen Welt herumschickte.

Sie starrten sie so traurig an, dass sie sagen musste: »Ich habe einen Plan. Es wird schon.«

Sie log, und die anderen wussten es, aber auch, dass sie ihnen einen Gefallen tat, weil sie Freundinnen waren. Freundschaft ist die gemeinsame Bündelung von Energien, Ohnmacht verwässert sie zu einem kollektiven Jammern.

»Wenn du Geld brauchst, können wir sammeln ...«, bot Meta an.

»Oder Essen ...«, schloss sich Nana sofort an.

»Nein, ich habe noch was.«

»Gut, dass du wenigstens eine Bleibe hast, trocken und warm«, sagte Vlasta, und Zala zuckte zusammen, weil sie an Janez Gorenc denken musste, und die Ohrfeige, mit der er für die Wohnung bezahlt hatte.

Sie hätte es ihnen erzählen sollen, aber hätten sie ihr geglaubt?

Vlasta, die viel fernsah, fuhr fort: »In Amerika schlafen sie auf dem Boden, nur gut, dass bei uns alle Eigentümer ihrer Wohnungen sind. Zumindest etwas, oder? Erinnert ihr euch noch an diesen Typen, als wir beim Skifahren waren ...«

»Den aus dem Solarium?«

»Ja, den doppelt gebräunten!«

»Also der«, fuhr sie fort, aber Zala wurde von einem Strudel ergriffen, der ihre Aufmerksamkeit forttrug. Sie konnte den Raum nicht mehr erfassen, die Menschen, jeden mit seinen Worten, Bewegungen und Beschwerden, die Stühle, auf denen sie saßen und die gelegentlich unter ihrer Last ächzten. Die leeren Tische, die Gläser, die Wosderfsdennsei auf dem Tresen vor dem Fenster in der Küche abgestellt hatte. Den Geruch nach Alterung und Reinigungsmitteln, nach Raumdeodorant, das einen künstlichen Frühling hinterließ, obwohl draußen alles geradezu in Gelb versank, Spuren von Blütenstaub zogen sich auch über den Boden des Lokals. Sie schaffte das alles nicht, alle anderen waren nur Details, Münder, die sich öffneten, Handbewegungen, schwankende Köpfe. Die Geräusche setzten sich nicht zu Worten zusammen und die Teile nicht zu Körpern. Andere Wesen umkreisten sie, etwas Dichtes steckte zwischen ihr und ihnen, etwas Undurchdringliches, das sie jeden Augenblick einhüllen und ersticken konnte.

↓

Vorsichtig betrat sie die Wohnung. Das Licht auf der Fensterbank brannte, und sie sah, dass Nikola auf der Couch schlief.

Die Tür stieß gegen etwas Metallisches. Zuerst konnte sie die runden Formen in dem Gegenstand nicht zu einem

Ganzen zusammensetzen, als sich ihre Augen aber an das Licht gewöhnt hatten, sah sie ein seltsames Damenfahrrad mit einem Kirschblütenmuster.

Sie strich über den Rahmen und lächelte.

»Du darfst niemals damit fahren!«

»Aber warum hast du dann ...«

»Ein Geschenk! Etwas Schönes!«

»Danke!«, sagte sie und sah auf die Uhr. Sie würde wieder zu früh zum Stillen kommen. Abends konnte sie am Seiteneingang warten, weil niemand dort war, wenn sie aber morgens zum Stillen ging, lief sie durch die umliegenden Straßen, die Augen auf den Sekundenzeiger geheftet. Sie tat ja zu Hause auch nichts anderes.

»Ich war mal mit einer zusammen ...«, begann Nikola mit vollem Mund und hielt ein Stück Brot mit Streichkäse und Salami vor sein Gesicht. Seine Augen hatten genießerisch aufgeleuchtet, als sie das Frühstück vor ihn hingestellt hatte. Sie war dankbar für seine Anwesenheit, weil er sie während der Warterei wenigstens ein bisschen ablenkte. Sie schlief immer erst gegen Morgen ein, nicht tief genug, um nicht den Lastwagen der Müllabfuhr zu hören, das Singen der Vögel und das Erwachen der anderen Hausbewohner. Wässrige Klumpen fielen durch die Kanalisation, zuerst vom Nachbarn über ihr, sein Toilettengeschoss spülte sie durch ihre Träume. In Rijeka hatten sie im Erdgeschoss eines Hochhauses auf einem Berg gewohnt, über dem Meer, das sie nicht sehen konnten, weil die Fenster, dem Dienstgrad ihres Vaters entsprechend, zum Hof hinausgingen. Die niedrigeren Offiziere mussten in den unteren Stockwerken wohnen, damit ih-

nen die höheren Ränge zum Frühstück auf den Kopf scheißen konnten.

Wenn sich die ersten Rentner auf dem Hof begrüßten,
stand sie auf und ging einkaufen. Endlich konnte sie für
jemanden etwas zu essen kaufen und es servieren, sie
selbst brachte immer noch nicht wirklich etwas hinunter, knabberte nur hie und da ein wenig.

Er fuhr fort, als er das größte Stück geschluckt und sich
mit der anderen Hand die Krümel vom Kinn gewischt hatte: »... die Tiersex wollte, wie sie es nannte, lassen wir mal
die Einzelheiten, also, was wollte ich sagen? Ach ja, sie hat
mir morgens nur Pflanzen und Körner auf den Tisch gestellt, verflucht. Ich hab sie gefragt, wann es etwas Rich-
tiges gibt, und sie hat vom Leiden der Tiere angefangen,
ohne sich um das meinige zu kümmern. Wie bin ich denn
jetzt darauf gekommen? Ach ja, jetzt fällt es mir ein: Man
predigt über solche Sachen, wenn man selbst keine ernst-
haften Probleme hat. Oder man hat selbst ernsthafte Probleme, will sie aber nicht sehen. Oder ... Jetzt habe ich das
aber verkompliziert.« Er blies auf den Kaffee und schlürfte davon.

»Oh, gut! Weißt du, so tragisch diese jugoslawischen Kriege jetzt auch sind, unsere Enkel werden nicht glauben,
dass der eine *kava* zum Kaffee gesagt hat, der andere *kafa*,
und sie dann aufeinander geschossen haben, weil sie wegen solcher Differenzen nicht miteinander leben konnten.«

Er plapperte drauflos, als wollte er sein Schweigen vom
Vortag wiedergutmachen. Zala fragte sich, ob er vielleicht
vergessen hatte, dass man ihm die Wohnung unterschla-
gen und ihn rausgeschmissen hatte, oder ob er diese Tat-

sache in eine Ecke seines Gedächtnisses verdrängt hatte, die für Träume reserviert war, damit sie dort langsam dahinschmolz und verschwand. Würde es ihn abends wieder einholen, wenn er seine gewohnten Wege ginge? Würde er sich mit einer neuen Frau ablenken oder war seine Persönlichkeit wie ein Kreisel, der sich immer wieder aufrichtet?

»Danke für das Fahrrad«, sagte sie, »obwohl es ein ziemlich großes Geschenk für diese Wohnung ist.«

»He, wer möchte denn kleine Geschenke? Damit man sie nur mit den Fingerspitzen berührt und sich draufsetzt, weil man sie vergessen hat? Es ist wirklich nur das, ein Geschenk, du darfst nicht damit fahren, es ist nur Dekoration. Ein teures Fahrrad, es wurde der Polizei gemeldet, es darf die Wohnung nicht verlassen. Ich habe es da stehen sehen und an dich gedacht. Ich kann es nicht erklären ... Man treibt ein Fahrrad mit eigener Kraft an. Man ist auf sich selbst angewiesen. Man braucht den Staat nicht! Bei einem Auto hingegen ... du brauchst eine Straße, du brauchst Benzin, du brauchst Werkstätten ... du brauchst den ganzen Staat, um dann mit verreckten Dinosauriern zu fahren, oder woraus auch immer dieses Erdöl besteht. Ein Fahrrad aber ... Einem Fahrrad geht der Staat am Arsch vorbei!«

»Wirklich, danke. Obwohl ich mich seltsam damit fühle, mit gestohlenem Zeug.«

»Aber sie haben uns doch alles gestohlen!«

»Ich weiß. Soll ich deswegen jetzt auch zur Diebin werden?«

»Oh! Ihr Frauen macht immer alles so kompliziert! Ich war mal mit einer zusammen ...«

»Okay, okay«, unterbrach sie ihn.

»Gut, dann eben nicht. Gestern habe ich mich unter den Balkon meiner Wohnung gestellt. Meiner. Und da oben blühten schon Blumen, verstehst du? Nelken, Fikusse, Kakteen, was weiß ich was! Sie stehlen, und dann machen sie es sich schön! Ich wollte alles zerschlagen, aber dann habe ich mich schon an der jugoslawischen Kriegsfront gesehen und bin lieber gegangen.«

»Da hast du das Richtige getan, bitte, pass auf dich auf.«

»Ich habe einen Stein in das Fenster des Hausmeisters geworfen, wenigstens das.«

»Manchmal habe ich auch Lust dazu. Vielleicht werde ich das noch tun. Nein, vermutlich nicht. Eines der furchtbaren Dinge an dieser Löschung ist, dass man mit niemandem in Streit geraten darf. Damals vor deiner Wohnung ... Jetzt sehe ich eine Verkäuferin im Geschäft und denke mir, was, wenn sie eklig wird und ich mich nicht zurückhalten kann? Dann werde ich sie anfauchen, ein Wort wird das andere ergeben, wir werden uns streiten und sie wird die Polizei rufen. Ich gehe durch den Laden und strecke die Arme weit aus wie eine Prinzessin. Damit niemand denkt, ich würde klauen. Sie würden mich wegen eines Schokoriegels anzeigen, wegen eines Kaugummis, würden die Polizei rufen ... Ich werde noch verrückt.«

»Hast du einen Koffer vorbereitet?«, fragte Nikola, »damit du nicht so endest wie ich, mit der JAT-Tasche?«

»Warum?«

»Wenn du schnell abhauen musst. Komm, mach das mal.«

»Aber ...«

»Bitte.«

190

Er wurde so besorgt, dass sie lachen musste.

»Ok, ich mach's«, versprach sie.

↓

Noch nie hatte Zala die Leiterin des Kindergartens mit derart hängenden Schultern gesehen.

»Es stimmt«, sagte sie, »sie haben das Gesetz verabschiedet. Meine Slowenen! Ich dachte wirklich, dass wir mit der Unabhängigkeit ein Paradies schaffen, eine zweite Schweiz, und jetzt das. Ich wusste nichts davon. Nein, ich hatte in den Nachrichten gehört, dass sie das Ausländergesetz ändern. Und dann denkt man, aha, Ausländer, ich kenne keine. Meine Angestellten sind keine Ausländer, sie sind schon seit Jahren hier ... Ich traue mich gar nicht, die Reinigungskräfte zu fragen ... Sind sie auch Ausländerinnen? Ich möchte mich bei dir entschuldigen.«

»Es ist doch nicht Ihre Schuld.«

Die Leiterin des Kindergartens seufzte und fuhr fort: »Ich habe den Gesetzestext gelesen. Ich kann einen Antrag stellen, um dich als Ausländerin vorübergehend beschäftigen zu dürfen, der Antrag muss alle halbe Jahre erneuert werden. Das mache ich dann morgen. Wenn du aus dem Mutterschaftsurlaub zurück bist, kannst du wieder arbeiten.«

Zala wollte schon sagen, sie hätte keinen Mutterschaftsurlaub, aber sie hatte das Gefühl, sie würde damit das Unglück ihrer Chefin noch vergrößern, die wirklich niedergeschlagen aussah. Sie wich Zalas Blick aus, verschränkte die Finger, als würde sie beten, und drückte sie zusammen.

»Ich habe am Referendum teilgenommen«, sagte sie. »Ich habe sie gewählt, und jetzt das ...«

↓

»Heute hat er mich angelächelt.« Zala sah Mark an und überlegte – hatte der Kleine seine Wangenknochen geerbt? Würden sie als kleine Hügelchen hervorstehen, wenn er lächelte? Mark sah sie an, als erwartete er eine zusätzliche Erklärung. Sie fand sich selbst widerlich, weil sie jetzt auf seinen ersten Fehler lauerte, um dann zu explodieren. Sie konnte nichts tun, um sich abzukühlen, es brodelte in ihr, die Bombe tickte, ohne dass Mark etwas ahnte.

Die Kellnerin nahm schon Teller und Besteck fort, die gefalteten Servietten lagen am Rand des Tisches. Das Restaurant gehörte zu einem Hotel, und Zala war oft daran vorbeigegangen, ohne es zu beachten. Vermutlich hatte sie es schon auf den ersten Blick als zu teuer beurteilt, außerhalb ihrer Reichweite, und es einfach aus dem Bild gelöscht. Die Portionen waren klein, kunstvoll dekoriert, sodass sie nicht wusste, welche Stückchen essbar und welche reine Verzierung waren. Widerwillig fing sie an zu essen, dann erwachte ihr Organismus, doch ihr Magen war bereits so sehr geschrumpft, dass er sich für solche feinen Restaurants eignete.

Mark zog einen Zettel aus der Innentasche seiner Jacke und legte ihn vor sie hin.

»Das ist die Dienstadresse dieses Schriftstellers. Er erwartet dich heute um 15 Uhr. Es scheint mir eine gute Idee zu sein. Öffentliche Aufmerksamkeit kann er mit Sicherheit bekommen. Ich habe ihn beiläufig der Sekretärin gegenüber erwähnt, und sie sagte, er sei die moralische Lichtgestalt der Nation. Gewichtige Worte, ich habe eine Zeitlang in Frankreich gearbeitet, sie haben auch so eine Einstellung zu Schriftstellern. Und die Russen auch, obwohl es sie nicht stört, wenn man die Autoren einsperrt. Bei uns fallen Schriftsteller mehr ... in die Rubrik Unterhaltung. Ich habe außerdem einen Fernsehmoderator gefunden, der eine eigene Sendung hat. *Samstagnachtgespräche*. Zur besten Sendezeit. Das Fernsehen ist auch staatlich, aber er hat trotzdem gesagt, dass es ihn interessiert. Seltsam, ich kann nicht garantieren, dass es klappt. Und noch etwas ...«

Er rutschte hin und her, zuckte mit den Schultern auf und ab.

»Was?«

»Der Anwalt hat sich mit dem Zentrum für Sozialarbeit in Verbindung gesetzt. Sie sagen, die Papiere seien fertig. Hast du was unterschrieben?«

»Nein. Sie lügen.«

»Der Anwalt sagt, wenn sie dich betrogen haben oder wenn die Adoption gefälscht ist, kann sie vor Gericht rückgängig gemacht werden, wenn es so weit kommt.«

»Dann wäre mein Kind nicht mehr meins«, sagte sie.

Mark senkte den Kopf und sog langsam Luft ein. »Und wie geht es dem Kleinen?«, fragte er.

»Wenn ich ihn sehe ... trinkt er und schläft.«

»Ich hoffe, dass du das in zwanzig Jahren nicht mehr über ihn sagen wirst«, er lächelte, Zala musste lachen. Ihr wurde bewusst, dass ihr Lachen auf einem eisigen Klumpen Traurigkeit schwamm, und sie erstarrte. Langsam schloss sie den Mund und senkte den Kopf.

»Ich weiß«, sagte er. »Deshalb sollten wir uns lieber nach anderen Möglichkeiten umsehen. Also, was hätten wir ...«
Er streckte den Zeigefinger aus: »Erstens: der Redakteur. Reinfall.« Er streckte den Mittelfinger aus:
»Zweitens: der Schriftsteller, gute Möglichkeiten, eingeschränktes Publikum. Aber Entscheidungsträger. Gut.«
Er streckte den Ringfinger aus:
»Drittens: die Fernsehsendung, geringe Möglichkeiten, alle sehen dich. Was ... obwohl, dort würdest du dich wirklich persönlich exponieren, du würdest eine ganze Stunde bei ihm auf dem Stuhl sitzen.«
In Zalas Kopf tönte es, als sei ihr eine Saite gerissen.
»Exponieren, ja? Sie sollen sehen, dass ich existiere! Dass ich nicht die Einzige bin! Dass ich keine Staatsbürgerschaft habe, dass der Staat aber mich hat.«
Die Kellnerin kam und flüsterte: »Etwas zum Dessert?«, doch sie winkten beide gleichzeitig ab, ohne sie anzusehen.
»Gib mir deinen großen Geldbeutel!«, Zala streckte die Hand aus.
Er griff in die Aktentasche und reichte ihr eine lederne Brieftasche.
Zala stellte sie aufrecht hin und öffnete sie ein wenig.
Sie nahm die Hände weg und die Brieftasche stand ruhig auf dem Tisch.
»Das bist du«, sagte sie, »schau dich an.« Er kräuselte interessiert die Augenbrauen.
»Und jetzt ...«, fuhr sie fort, »nimmt dir der Staat deine Staatsbürgerschaft.«
Sie öffnete die Brieftasche, ließ den Finger darüber gleiten, fand den Ausweis, zog ihn vorsichtig heraus, sah ihn

sich an und warf ihn über die Schulter. Mark sprang in die Höhe und streckte die Hand danach aus.

»Was bedeutet«, fuhr sie fort, »dass du keine Krankenversicherung mehr hast ...«

Sie suchte nach der entsprechenden Karte und ließ sie mit einer Handbewegung ebenfalls hinter ihrem Rücken verschwinden.

»Und kein Arbeitsvisum ...«

Ein weiteres Dokument flog durch die Luft.

Er lehnte sich zurück und sah sie ruhig an. »Was bedeutet, dass die Banken misstrauisch werden ...« Sie begann, die Bankkarten herauszuziehen und wegzuwerfen.

»Und du hast keinen Kredit mehr bei ihnen ...« Die Kreditkarten folgten ihnen.

Es blieben nur noch wenige Karten übrig, Zala zog sie heraus und studierte sie.

»Ein Debit hast du auch nicht mehr ...«, sie warf sie weg.

Sie griff nach dem Rand eines Fotos.

»Dein Privatleben ändert sich ...«

Sie sah eine Frau mit zwei lachenden Kindern und legte das Bild vorsichtig vor ihn hin. Er bedeckte es mit den Händen und zog es zu sich.

»Auch die Unternehmen vertrauen dir nicht mehr ...«

Es folgte das Wegwerfen aller möglichen Visitenkarten, von Fluggesellschaften bis hin zu Geschäften.

»Und dann bist du nur noch das, was du ohne Staat bist«, sagte sie ruhig, schloss die Brieftasche halb und stellte sie zwischen sie.

Das Leder erzitterte und knickte ein, fiel zur Seite und blieb kraftlos auf der Tischplatte liegen.

Sie konnten beide den Blick nicht abwenden.

Schließlich hörten sie von irgendwo her die verschreckte Stimme der Kellnerin:

»Wenn ich das richtig verstanden habe, zahlen Sie bar, oder?«

↓

Der Schriftsteller flatterte nervös mit den Lidern, während seine aufgeblähten Wangen den Eindruck vermittelten, als bemühte er sich, etwas zu schlucken. Gelegentlich legte er das Kinn in die Mulde zwischen Daumen und Zeigefinger und nickte schwer, als sei er todmüde. Wenn er seine Lippen leckte, blieb seine Oberlippe für einen Augenblick über dem künstlichen Gebiss hängen. Eine Haarsträhne teilte seine Stirn in zwei Hälften und berührte beinahe die dichten Augenbrauen. Graue Haare bedeckten seine Ohrmuscheln, die Augenringe ließen ihn unausgeschlafen wirken, und auf der aufgeknöpften Jacke war ein Namenszug aufgestickt, den Zala nicht entziffern konnte. Er hörte ihr zu und atmete, als verursache ihm jeder Atemzug Schmerzen. Noch bevor sie fertig war, setzte er zum Reden an, hielt sich aber zurück, bis sie schwieg.

Seine Stimme war überraschend zart für seine kräftige Statur; er wirkte etwas schwerfällig, obwohl er nicht dick zu nennen war.

»Wissen Sie, die letzten zwanzig Jahren haben wir Schriftsteller mit unserem Engagement ...«, er schloss seine Sätze ab, indem er mit der rechten Hand von sich selbst auf Zala zu winkte, als müsste er jeden einzeln auf seinem Weg begleiten, »einen Staat dekonstruiert und einen neuen aufgebaut. Die Menschen haben an den Schriftstellerver-

band geschrieben, wir sollen die Unternehmen übernehmen, sogar die Banken, denn sie haben nur uns vertraut.
Wir Schriftsteller stehen im Mittelpunkt des Geschehens,
weil wir Künstler sind und daher Nonkonformisten. Dadurch kollidieren wir zwangsläufig mit der Gesellschaft,
vor allem, wenn es um ein totalitäres Regime oder ein Unrecht geht. Ich schreibe gerade einen Roman über die kommunistischen Massaker. Über 1945 muss die Wahrheit gesagt werden! Dieses Volk braucht die Wahrheit! Wir müssen
die dunkle Seite der neueren Geschichte beleuchten!«
Er lebte in seiner Rede auf, bewegte sich vor und zurück,
an den besonders spannenden Stellen hüpfte er geradezu
auf seinem Stuhl herum. Zala verlor den Faden, traute sich
nicht, die Augen von dem Menschen abzuwenden, dem sie
endlich, nach so vielen abendlichen Lektürestunden persönlich begegnen durfte.
Sie hatte vor dem Treffen großes Lampenfieber gehabt,
musste dreimal auf die Toilette in der Imbissstube im unteren Stockwerk des alten bürgerlichen Hauses. Steinerne Treppenstufen. Kühle umfing sie. Eine leichte Feuchtigkeit, Hinterlassenschaft der Jahrhunderte, stieg ihr in
die Nase. Sie hatte kaum die Kraft aufgebracht, die Eichen-
tür zum Büro aufzustoßen, auf die die Sekretärin, ohne
aufzustehen, mit dem Finger gedeutet hatte. Der Schriftsteller saß ganz am anderen Ende des langen Raums, zwischen Wänden voller Bücher und Büsten, hinter einem
massiven Eichenholztisch, vor einem Fenster, das ihn wie
ein Heiligenschein umfloss.
»Nur hereinspaziert, mein Fräulein, setzen Sie sich! Sie
müssen einflussreiche politische Beziehungen haben, dass
sie mich aus meinem schöpferischen Schwung holen konn-

ten«, waren seine ersten Worte. Zala gehorchte ihm, traute sich aber nur mit einem Drittel ihres Hinterteils auf dem roten Samtpolster des Stuhls Platz zu nehmen.

»... das frühere Regime hat auch hermetische Texte verurteilt, weil es Angst vor dem großen Auge hatte. Jetzt ist die Zeit gekommen, die Versöhnung Wirklichkeit werden zu lassen, die ideologische Spaltung zu überwinden und unsere Entwicklung auf ein normales Fundament zu stellen, wie es andere mitteleuropäische Staaten schon 1945 erleben durften.«

Er hörte nicht, wiegte sich auf seinem Stuhl, sprang mit Worten hin und her, das quälende Schweigen war vorüber, doch ein Gefühl der Müdigkeit war geblieben. Er knetete die Luft mit den Händen, mehr und mehr.

Zala konnte es nicht glauben, es schien ihr, als hätte er Angst vor ihr.

Sie nutzte die Gelegenheit, als er Luft holte: »Ich verstehe, aber ... was hat das mit meinem Fall zu tun?«

»Mein Fräulein, ein Schriftsteller muss die konkrete Alltäglichkeit vermeiden und das Paradigma auf eine symbolische Ebene transferieren. Alle unsere Geschichten haben ihren Ausgangspunkt in der Realität, natürlich, aber sie füllen eine symbolische Ebene.«

Zala machte eine ungeduldige Handbewegung und der Schriftsteller zuckte zusammen. ›Ist er verängstigt?‹, fragte sie sich. ›Vor wem hat er Angst?‹

»Verstehen Sie, ich muss über die Hilflosigkeit des Menschen vor dem Krieg sprechen, vor dem System, vor dem Schicksal. Über die Gewalten des Krieges, totalitäre Gewalten, für die nur die Massen, nie der einzelne Mensch zählt.«

Unter seinem Backenbart glänzte ein Schweißtropfen. ›Was ist mit ihm?‹ Die Frage ging ihr nicht aus dem Kopf, und sie hörte auf, dem Strom seiner Worte zu folgen, der von einem Thema zum nächsten mäanderte. ›Ich störe ihn in seinem schöpferischen Moment‹, dachte sie, ›das hat er gesagt. Aber es ist 15 Uhr, das ist sein Büro, er ist Geschäftsführer eines Unternehmens. Schreibt er denn nicht nachmittags? Nach der Arbeit?‹

Sie sah sich die Fotos an der Wand an, sah ihn, wie er Politikern die Hand schüttelte, dieselben Gesichter wie beim Zeitungsredakteur. Dazwischen hingen gerahmte Anerkennungen und Auszeichnungen, auf allen stand sein Name. »Entschuldigen Sie«, sagte sie, »ist das hier eine staatliche Stelle?«

»Was?«, mitten im Satz geriet er aus dem Konzept.

»Ist das hier eine staatliche Stelle?«

»Natürlich. Aber was ...« Zala ging auf die Auszeichnungen zu.

»Das hier sind alles nur staatliche Auszeichnungen?«

»Es gibt keine anderen«, verteidigte er sich, mit traurig unterlegter Stimme.

Sie ließ die Spitze ihres Zeigefingers über die Rücken einer Reihe von Büchern gleiten.

»Staatliche Verlage?«

Sie prüfte ihre Fingerkuppe, kein Staub.

Sie drehte sich zu dem Schriftsteller um und ging auf ihn zu.

»Hat Ihnen der Staat eine Wohnung gegeben? Ein Wochenendhaus?«

»Werden Sie nicht unverschämt! Was wollen Sie überhaupt? Was hat das mit ... Was auch immer ich vom Staat bekommen habe, ich habe mir alles damit verdient, dass ich ihm den Spiegel vorhalte!«

Sie sah ihn an und wollte ihm nicht einen einzigen Lidschlag gönnen.

»Sie sind ein guter Geschäftsmann. Sie haben Ihre Sehkraft gegen staatliche Vergünstigungen eingetauscht. Ich gratuliere!«

Sie ging. Das Parkett knarzte unter ihren Schritten.

Sie wandte das Gesicht von ihrem Kind ab, damit die Tränen nicht darauf tropften. Zwischendurch hatte sie so heftig geschluchzt, dass dem Kind die Brustwarze aus dem Mund gerutscht war und es zu quengeln angefangen hatte. Sie krümmte sanft die Finger, auf denen es lag, um es durch die Lagen von Decken und Windeln besser spüren zu können. Ein winziger, warmer Körper, der bei ihr sein sollte, auf Spaziergängen im Park, zu Hause, in der Wiege. Sie beneidete die jungen Mütter. Ständig begegnete sie welchen, noch nie waren es so viele gewesen, und sie erging sich in Selbstmitleid. ›Nein, nein!‹, sagte sie zu sich, ›ich muss mich zusammenreißen, weiterklettern!‹, aber nach dem Redakteur und besonders nach dem Schriftsteller, nach zwei Fehlgriffen, versprach der Fernsehmoderator in ihren Augen nichts Gutes. Noch ein Arschloch, das es sich in den Bienenwaben der staatlichen Dienststellen bequem gemacht hat und nur die Hände nach dem Honig auszustrecken braucht. Mark gab mit seinen Erfolgen niemals an, er war zweifellos fähig, doch eben nur ein Fremder in einem fremden Land. Die Hoffnung auf das Treffen

mit dem Redakteur hatte ihr geholfen, eine Nacht zu überleben, wie würde sie die nächste Nacht überstehen, nach
der Enttäuschung mit dem Schriftsteller? Würde sie wieder schnell einschlafen, wie die Tage zuvor, würden sich
die Lider fast über den Augenringen schließen, während
ihr Kopf nach unten sank? Nach einer halben Stunde oder
auch länger würde sie vollkommen munter aufwachen,
energiegeladen, und dann würde sie loslaufen, um sich um
ihren Sohn zu prügeln. Mit diesen Gedanken würde sie
durch die Wohnung laufen, aber da Nikola bei ihr schlief,
kehrte sie vorsichtig, um ihn nicht zu wecken, ins Bett
zurück. Dachte nach, suchte einen Ausweg, kombinierte.
Nach ein paar Stunden würde die Nacht müde werden und
sie in den Schlaf wiegen. Die Gedanken dehnten sich dann
zu nebligen Schleiern aus, die durchlässig wurden, Gefühle und Bilder stiegen auf, legten sich auf ihre Brust,
griffen nach ihrem Hals. Der seltsame Aberglaube, alles
würde gut, wenn sie dem Kind keinen Namen gäbe, keinen aus der Liste auswählte, wenn sie bis hundert zählte,
ohne zu atmen, wenn … Endlos. Es würden noch schlim-
mere Gedanken kommen, nämlich dass sie selbst schuld
war. Sie zahlte die Strafe für ihre Sünde, sie verdiente kein
Kind, weil …
… weil!
Alle diese Gedanken und Gefühle würden sich wie in Rauch
auflösen, sobald der Kleine im Bettchen neben ihrem läge.
Sie würde sich nicht trauen, ihn zu sich ins Bett zu legen, um ihn nicht zu zerquetschen, was für kleine Hände er hatte, die Fingerchen waren wie die Fühler einer
Seeanemone. Er hätte nur da sein müssen, sie wäre auf-
gewacht und hätte seinem Atem gelauscht.

Tanja öffnete die Tür:

»Bist du schon fertig?«

»Nein«, sagte sie, der Kleine schlief in ihren Armen.

»Zala, bitte!«

»Noch ein bisschen, nur noch ein bisschen ...«

»Der Oberarzt ist gekommen, er will sich das Kind ansehen. Bitte! Du kommst doch morgen wieder!«

»Ich kann nicht mehr! Ich gebe ihn nicht her! Ich gehe!« Sie stand auf und versuchte, sich an Tanja vorbeizudrängen.

»Zala, bist du verrückt? Wegen dir kann ich keine Ärztin werden! Meine Eltern trifft der Schlag!«

»ICH KANN NICHT! ICH KANN NICHT!«, schluchzte Zala und drängte auf den Flur. Tanja hielt sie um die Taille fest.

Die Tür des Arztzimmers ging auf, und der Oberarzt trat auf den Flur.

↓

Dieses Mal saß Zala auf der Couch und Nikola auf dem Stuhl ihr gegenüber.

»Dein Körper?«, sagte Zala. »Wenn dein Körper macht, was er will? Wenn du weißt, dass du etwas tun müsstest oder etwas nicht tun darfst, aber Verstand und Körper gehen jeweils eigene Wege.«

Nikola senkte den Kopf, es sah aus, als betrachtete er seinen Schritt und wollte schon etwas sagen, hielt sich aber zurück.

»Bestraft mich Gott, weil ich nicht an ihn glaube? Wie kann ... Er hat gesagt, er würde seine Frau nicht verlas-

sen, und ich habe das akzeptiert. Im Kopf. Er sei zu alt
für Kinder, hat er gesagt, und ich habe es akzeptiert. Im
Kopf. Und dann ... Ich will dir das nicht erzählen! Wer
bist du, dass ich dir das erzähle?«

Nikola entschied sich zu schweigen.

»Ah!«, Zala fasste sich an die Stirn. »Das hätte ich fast
vergessen.« Sie ging zum Bücherregal, zog die Bücher
des Schriftstellers heraus und warf sie in den Müll. Sie
ging mitten im Zimmer im Kreis, stieß sich den Fußrü-
cken an der Couch an, humpelte, ohne sich dessen bewusst zu sein:

»Ich treffe mich mit meinen Freundinnen, wie jeden Mitt-
woch, schon seit zehn Jahren oder so, sehe sie an und stelle auf einmal fest: Sie sind mir fremd. Ihr Leben ist das
gleiche, aber bei mir hat jemand etwas unterschrieben,
eine Taste gedrückt, und es war weg. Du bist ein Fremder für mich, aber mit dir kann ich leichter darüber sprechen, du bist mir näher als die Menschen, die ich schon
mein ganzes Leben lang kenne, das ist doch furchtbar!
FURCHTBAR!«

Sie lief ins Badezimmer. Nikola sah ihr mit großen Augen
hinterher.

8. MAI 1992, FREITAG

Der Fernsehmoderator hackte mit halbkreisförmigen Bewegungen ein Schokoladentörtchen in kleine Stücke, tunkte eins nach dem anderen in den Klumpen Sahne daneben und leckte sie dann von der Gabel, als lutschte er Mayonnaise aus einer Tube. Die spärlichen grauen Haare im vorderen Teil des Scheitels zitterten im Rhythmus. Er sah Zala durch seine großen tränenförmigen Brillengläser an und lächelte. Seine Lippen senkten sich beinahe zu einem Dreieck herab, im rechten Mundwinkel war eine dunkle Spur geblieben.

Zala erzählte ihre Geschichte knapp, lustlos, ohne Begeisterung. In ihren Augen lohnte es sich nicht, die Jacke auszuziehen und ihre Tasche auf dem leeren Stuhl abzulegen. Vielleicht auch deshalb, weil der Mann vor ihr einen Trainingsanzug trug, mit hochgekrempelten Ärmeln, um sich nicht schmutzig zu machen, doch gelegentlich fielen ihm Stückchen seines Desserts in den Schoß.

Er hörte auf zu essen und sah lange durch das Fenster der Konditorei zum Parlament. Zala tat es ihm gleich, und zum ersten Mal kam ihr der Gedanke, dass da drinnen die Leute saßen, die ...

»Ich arbeite für das Staatsfernsehen«, sagte der Moderator.

Zala nickte und wollte aufstehen.

»Ich weiß«, sagte sie, »auf Wiedersehen.«

»Nein, nein, nein! Das wollte ich nicht sagen ... Bitte, setzen Sie sich!« Er schwang die Gabel wie einen Dirigentenstab.

Sie wusste auch nicht, ob es sich lohnte, seiner Aufforderung nachzukommen. Aber die Hilflosigkeit ließ ihre Knie einknicken. Tanja hatte die Seitentür der Entbindungsklinik nicht geöffnet, und Zala hatte sich nicht durch den Haupteingang getraut, deshalb war sie auf der Straße gestanden, bis eine der Krankenschwestern mit einem Zettel und Geld in der Hand herausgekommen war, vermutlich auf dem Weg zum Einkaufen. Sie fragte sie nach Tanja, beschrieb sie. Die Frau verzog das Gesicht und erinnerte sich, dass sie sie heute noch nicht gesehen hatte. Zala bedankte sich und wartete weiter. Schließlich bestätigte ihr eine ältere Schwester mit Bestimmtheit: »Sie wurde versetzt!«

›Habe ich ihre Karriere zerstört?‹, Schuldgefühle nagten an Zala. ›Ich hoffe, sie hat gelogen und gesagt, dass ich das erste Mal gekommen bin, um den Kleinen zu sehen, oder dass sie sogar verhindert hat, dass ich mit ihm weggehe.‹

›Was sie ja wirklich getan hat!‹, dachte sie und knurrte beinahe vor Zorn. Sie fasste sich an die Schläfe. ›Werde ich verrückt? Wird es einfach nur einen Knall im Kopf geben, und dieses Mal heftig und endgültig?‹

›Ich darf nicht, ich darf nicht, ich muss, wegen des Kleinen, ich muss! Wegen ...‹ Aber sie traute sich nicht, einen Namen zu denken, keinen der drei Finalisten. Sie hielt den Atem an und zählte bis hundert.

›Was mache ich da?‹ Die Alpträume hatten sich in den Tag geschlichen.

Sie hatte keine Zeit, um wieder nach Hause zu gehen, deshalb ging sie in ein Lokal und drückte sich auf der Toilette die Milch aus.

Trotz Törtchen am frühen Morgen war der Moderator eher knochig, mit einem länglichen Gesicht, seine Fingerknöchel stachen wie kleine Höcker hervor.

»Glauben Sie bloß nicht, Sie könnten zum kommerziellen Fernsehen gehen, das sind Staatsunternehmen, auch die Werbung wird vom Staat bestellt. Keine Werbung, kein kommerzielles Fernsehen. Leider. Möchten Sie wirklich kein Törtchen?«

»Nein, danke.«

»Als ich mich für mein Studium entschieden habe, stellte ich mir vor, welch großartige Geschichten ich der Welt zum Geschenk machen würde. Ich sehe sie, die Geschichte, sie flieht, ich laufe ihr hinterher, springe nach links und packe sie. Ja, ich habe als Kind gerne Tarzan gelesen. Diese dicken Bücher in Leinenbindung. In den Farben von Soldatenuniformen. Kennen Sie die?«

»Nein.«

»Egal. Die Mädels standen nie auf Tarzan, er hing immer mehr mit Cheetah rum als mit Jane, vermutlich deshalb. Ich schweife ab.« Er brachte sich mit einem Bissen wieder auf die richtige Bahn: »Und jetzt ... Jetzt sitze ich zusammen mit meinen Kollegen in Büros, und wir veröffentlichen dummes Zeug. Stellen Sie sich uns vor, ein Stockwerk nach dem anderen voll von Journalisten, die besten, die dieser Staat hat. Wir sind alte Kader, haben alles Mögliche überstanden, von der harten Hand der Politkommissare bis hin zu den sanften Überzeugungsmethoden des Sozialismus mit menschlichem Antlitz. Da sitzen wir also, stellen Sie sich das vor, und dann hören wir, wie eine große Geschichte die Treppe hochkommt. Tapp-tapp-tapp, sie kommt auf uns zu. Wir ziehen die Köpfe ein und hoffen, dass sie an die Nachbartür klopft. Dass sie nicht uns trifft. Hat sie sich aber unser Zimmer ausgesucht, dann tun wir so, als wären wir nicht im Büro. Das nennt man Klugheit, die man im Laufe seines Lebens durch Erfahrungen gewinnt.«

Er stach auf das Törtchen ein, ließ dann aber die Gabel fallen, als hätte sie ihm einen elektrischen Schlag verpasst.

»Werden Sie wirklich in die Sendung kommen?«

»Ja, natürlich«, sagte Zala verwundert, die noch immer darauf wartete, dass der Moderator sie ablehnen würde. Sie dachte, er führe diesen ganzen Monolog deshalb, damit das »Nein« nicht zu kurz ausfiel.

»Das wird eine Scheiße!«, er schüttelte den Kopf. »Uff! Meine Frau wird mich erschlagen. Meine Unvernunft hat ihr an mir am besten gefallen; doch das war vor der Hochzeit. Jetzt stört sie gerade die besonders.« Er konnte nicht aufhören, den Kopf zu schütteln.

»Ich werde es tun. Werden Sie wirklich kommen? Haben Sie den Mut, sich der Öffentlichkeit zu stellen? Diese Sendung sollte etwas unbeschwerter sein, die Leute schauen ständig nur Politiksendungen, wir versuchen, sie ein wenig zu entwöhnen. Wir haben einige Künstler und so, jemand trainiert Tiere, dann ein paar Sänger und Sportler. Ich werde ihnen sicherheitshalber nicht absagen, falls Sie es sich überlegen. Wenn Sie irgendwelche Dokumente haben, bringen Sie sie mit. Seien Sie morgen um 21 Uhr in der Eingangshalle, damit Sie vorher noch in die Maske können. Einfach am Diensteingang.« Er klopfte sich mit den Fingerknöcheln gegen die Stirn.

»Oh, ich bin ein Idiot!«

Er griff wieder nach der Gabel, spießte den Rest des Tört-
chens auf und schob es sich in den Mund.

»Das wird mich umbringen!«, murmelte er.

↓

Sie saß auf der Couch und starrte vor sich hin. Ihre Hand
pochte noch vom Drücken der Milchpumpe, und dieses
Mal schien ihr, als würde die Pumpe obendrein noch singen: alles sinnlos. ›Nein, ist es nicht!‹, sagte sie sich immer wieder und schaffte es irgendwie, damit aufzuhören.
Auf der Couch konnten ihre Gedanken nur flackern wie
eine kaputte Neonröhre – ein gelegentliches Aufblitzen
des Bewusstseins, das in Benommenheit versunken war.
Auf dem Beistelltisch war ein winziges Stück Käse zurückgeblieben; die Zeit hatte das Fett herausgedrückt, es sah
aus wie eine Seele, die aus einer Mumie gleitet. Schmerz
durchströmte sie, meldete sich mal in den Muskeln, mal
als Brennen in einem Zahn oder als Schwindel. Die Ab-
wesenheit höhlte sie aus, verursachte die Schmerzen. Sie
begann, über den Fernsehmoderator nachzudenken, ging
das Gespräch noch einmal durch, versuchte, sich auch
an die flüchtigsten Worte und Gesichtsausdrücke zu erinnern. Sie ließ keine Hoffnung aufkeimen; in der Nacht
vor dem Treffen mit dem Schriftsteller hatte sie sogar ge-
lächelt. Was, wenn ... Ist mit einer Gier nach Süßigkeiten,
dazu nach Schokolade, nicht ein schwacher Wille gepaart,
der beim ersten Hindernis in die Knie geht?

Ihr Kopf sank in Richtung ihrer linken Schulter, sie gab
nach und legte sich hin.

9. MAI 1992, SAMSTAG

Sie riss die Augen auf und sah auf die Uhr. Beinahe hatte sie das Frühstück mit Mark verschlafen. Sie lief ins Badezimmer, spritzte sich Wasser ins Gesicht und rieb sich mit dem Handtuch ab. Dabei überlegte sie, wie sie am schnellsten wäre, ein Taxi konnte im Verkehr stecken bleiben, also beschloss sie zu laufen. Als sie die Tür entriegelte, fiel ihr Blick auf das Fahrrad.

↓

»Entschuldige, ich schlafe immer erst gegen Morgen ein ...«, begrüßte sie ihn.

»Ist in Ordnung. Ich habe mir schon Sorgen gemacht.«

»Aber nicht so sehr, dass du nicht schon mit dem Essen angefangen hättest?«

»He, ich habe nicht viele Talente, aber fürs Pragmatische definitiv ja. Mein Meeting beginnt ...« Er sah auf die Uhr. »In zwanzig Minuten. Bestellst du was oder trinken wir nur Kaffee? Beziehungsweise Tee?«

»Kaffee.«

Er sah sie aufmerksam an.

»Tee, weil du stillst. Hast du selbst gesagt.«

»Ich stille eine Plastikflasche.«

»Wir arbeiten daran, dass es nicht mehr lange so bleibt. Gib nicht auf. Vergiss nicht, dass sie bestimmt gut für den Kleinen sorgen.«

»Ich werde mich nicht trauen, der Moderator wird sich nicht trauen!«

»Du hast gesagt, er hat dir einen Auftritt versprochen.« Der Kellner fragte, ob es ihm geschmeckt habe, Mark nickte und bestellte Kaffee.

»Und die Dame?«, fragte er Zala.

Sie zögerte.

»Tee, Kräutertee, bitte«, entschied sie sich schließlich.

Sie lächelten gleichzeitig.

»Es heißt, ich sei entschlossen, stur ...«, sagte sie, »aber manchmal brauche ich Unterstützung.«

»Die brauchen wir doch alle«, er nickte.

»Und wer unterstützt dich?«

»Gott«, sagte er.

Verwundert sah sie ihn an.

»Ich habe dich nie gefragt ... Willst du damit sagen, dass du an einen alten Mann mit Rauschebart auf einer Wolke glaubst?«

»Nein. Aber ...«

Er legte einen Zeigefinger an die Lippen.

»Psssst ... Ich bin Amerikaner. Alle sagen, wie leicht man Kontakte mit uns knüpfen kann, und wundern sich, wenn sie auf eine Party gehen und mit einer Olive auf einem Plastikzahnstocher und den Kindheitstraumata von mindestens drei Gesprächspartnern zurückkommen. Aber über den Glauben sprechen wir nie. Das ist tabu.«

»Glaubst du, dass es irgendwo eine Macht gibt, die ...«

»Ja«, er nickte.

Ihre Verwunderung hielt an: »Gib zu, du willst mich nur trösten! Du weißt, dass ich mir sonst bis zur Fernsehsendung heute Abend alle Nägel abknabbern und so viel Kaf-

212

fee trinken werde, dass mir schier das Herz herausspringt, und dass ich dann vor lauter Angst den Mund nicht aufkriege. Du tröstest mich nur, oder?«

»Nein. Alles wird gut.«

Ihre Augen begannen zu brennen, über ihre Wangen liefen augenblicklich Tränen. Sie betastete ihr Gesicht und spürte das Nass unter den Fingern.

»Danke«, sagte sie. »Ich hatte ganz vergessen, dass man auch vor Rührung weinen kann.«

Der Kellner brachte Kaffee und Tee, sah die Tränen und schaute vorwurfsvoll zu Mark, der nichts bemerkte und um die Rechnung bat.

Sie traute sich nicht, weiter in ihn zu dringen, um die Hoffnung nicht zu vertreiben, die sich endlich einen Teil ihres Inneren zurückerobert hatte.

»Schade, dass wir darüber nicht schon früher gesprochen haben ...«

Er sah sie mit leicht gesenktem Kopf an, und seine Augen glänzten:

»Wir hatten keine Zeit.«

Sie erinnerte sich an seinen Geruch, die Wärme seines Körpers, die Sommernächte, Schweiß, der auf sie tropfte, salzig und heiß. »Entschuldige!«, hatte er nach dem ersten Tropfen gesagt, aber sie hatte ihn umgestoßen und sich unter seiner Achsel verbissen. Danach hatte er sich nicht mehr entschuldigt. Eines Morgens hatte er noch geschlafen, als sie auf die Toilette gegangen war. Er hatte sanft geschnarcht, was sie dazu ermutigt hatte, seine Brieftasche zu nehmen und nach einem Familienfoto zu suchen. Sie hatte mit dem Daumen das Gesicht der Frau bedeckt und lange die Kinder betrachtet. Das Bild musste schon älter sein, er hatte gesagt, dass sie schon erwachsen waren. Wie war er als Vater? Wie löste er ihre Probleme?

Plötzlich sehnte sich alles in ihr nach ihm, nach diesem Mann auf der anderen Seite des Tisches, nach den drei Monaten, die sie zusammen gewesen waren, was gelegentliche Abendessen und geheime Treffen bedeutet hatte, und dazwischen zehn Tage auf den Adriainseln. Er hatte es selbst vorgeschlagen und eine Liste mit den Namen von Orten vor sie hingelegt, an denen seine Kollegen Urlaub machten. Eine schwarze Liste mit Orten, die es zu meiden galt. Sie hatte sich nicht getraut zu fragen, wie er das denn herausgefunden hatte, ob durch eine gezielte Umfrage oder ob er im Vorfeld eines Meetings einfach die Ohren gespitzt hatte. Was sie angehe, hatte sie gesagt, sei es ihr egal. Es gibt keine noch so einsame Insel, auf der nicht doch ein Slowene anzutreffen wäre. Robinson Crusoe war Slowene, da er seinen Findling nach dem Tag benannt hatte, an dem die Slowenen immer ans Meer fahren. So, wie sie jedes Wochenende aus den Städten drängen, so drängen sie im Sommer auch massenhaft aus dem Land. Sie hatte ihm ein Zeitungsinterview mit einem slowenischen Rentner gezeigt, der eine Zugfahrkarte nach Split gekauft hatte. Als sie ihm am Bahnhof erklärten, dass das Kriegsgebiet, also gefährlich sei, hatte er hartnäckig darauf gepocht, dass sie losfuhren. So hatten sie einen einzigen Waggon an die Lok angehängt, und bis zu ihrer Ankunft hatte er mit dem Schaffner Karten gespielt.

In Wirklichkeit wusste sie nicht, wann sie schwanger geworden war. Sie hatte für sich beschlossen, dass es die Nacht gewesen sein musste, in der sie eine Decke auf die höchste Stelle der Insel mitgenommen hatten, um Stern-schnuppen zu beobachten. Laut Medien sollte es in der Nacht den stärksten Meteoritenschauer des Jahrzehnts geben. Ihre Nase war erfüllt vom Geruch nach Meeres-pflanzen, Lavendel und Wacholder, Salz.

Sie fühlte sich angezogen von diesem Gegensatz zwischen seiner rationalen Problemlösung und dem Tier, das sie in ihm wecken konnte. Sie als Einzige, hatte er gesagt, und sie hoffte, dass das nicht gelogen war.

Seine Augen wurden dunkel, seine Finger packten den Rand des Tisches so fest, dass die Adern hervortraten. Beiden wurde bewusst, dass sie sich nach vorne beugten und synchron langsam und schwer atmeten.

»Ich wollte dich noch etwas fragen«, begann er, sie aus ihrer Verzauberung reißend, »die Fernsehsendung ... weißt du, was du da tust?«

»Ja.«

Sie wich zurück und richtete sich auf. Sie zog den Filter-beutel aus der Tasse, wickelte den Faden darum und drückte ihn aus.

Er rieb sich die Stirn: »Das wird jetzt grob klingen, aber mein Beruf ist Systemanalytiker. Bis du bereit?«

»Schieß los!«

»Erstens: Feststellung des Status: Was bist du überhaupt? Du oder ich, egal. Eines von vielen Teilchen, nicht gerade wichtig für die Funktion des Systems, wenigstens nicht als Einzelner. Okay?«

»Ja.«

»Und auf uns, auf diesen winzigen Kügelchen, gleitet das System, ohne uns zu beachten. Was ist dein Ziel? Du möchtest im Grunde deine Form ändern. Du möchtest ein Dorn werden oder jedenfalls so groß, dass das System sich an dir zu reiben beginnt. Zuerst ein leicht unangenehmes Gefühl, dann ein Stich, ein ständiges Unbehagen, ein Knirschen. Stimmst du mir zu?«

»Ja, natürlich.«

»Du bist zum Redakteur gegangen, und nach dem Treffen hat er womöglich, ich weiß es nicht, zum Telefon gegriffen. Der Schriftsteller, das hast du selbst gesagt, hatte Angst. Der hat angerufen. Diejenigen, die dieses Gesetz gemacht haben, sind noch immer an der Macht. Jetzt wissen sie, dass jemand herumläuft und ihnen Schwierigkeiten machen will. Eine Fernsehsendung zur besten Sendezeit ist ein Problem. Etwas, das sich Ausländergesetz nennt, kann man verabschieden, weil jeder an Leute wie zum Beispiel mich denkt. Aber an unserem Tisch bist du die Ausländerin, von der das Gesetz spricht, und nach der Fernsehsendung werden die Leute das wissen. Ich habe mir die Daten angesehen, bei euch ist Fernsehen das Medium schlechthin. Alle schauen Nachrichten, das haben sie sich letztes Jahr angewöhnt, während des Zehntagekriegs. Wo sollen sie nach den letzten Nachrichten auch hin außer ins Bett? Und während sie sich vorbereiten, hören sie deine Geschichte. Sie werden zuhören.«

»Das hoffe ich.«

»Dornen werden rausgezogen, das weißt du?« Sie nickte.

»Ich muss gehen. Kommst du mit?«

Sie standen auf, Mark zählte das Geld ab und stellte den Aschenbecher darauf, obwohl im Raum kein Durchzug herrschte.

Er hielt ihr die Tür auf, Zala trat auf die Straße und lief einer Polizistin in die Arme.

»Verzeihung!«, sagte die Uniformierte und lächelte ent-
schuldigend. Zala wurde blass, die Frau sah sie seltsam
an, als Mark schon die Tür weit öffnete und in amerikani-
schem Slowenisch sagte: »Bitte sehr!«

Sie warteten, bis die Polizistin und ihr Begleiter das Lokal betreten hatten, und gingen dann rasch die Straße
entlang.

»Wenn ich bedenke, dass ich dich verlassen habe, auch
weil ich diese Geheimnistuerei satthatte. Okay, was wolltest du sagen?«, fragte Zala.

»Bevor sie mich in ein Land schicken, lese ich etwas darüber. Ihr hattet den Kommunismus, aber auch das Glück,
dass euer Diktator Tito ein Lebemann war. Ein Diktator
kann nur auf zwei Arten herrschen: mit Gewalt oder mit
Gold. Er kann seine Untertanen terrorisieren oder kaufen.
Tito war anfangs ein scharfer Hund, wie alle seine Kollegen im Osten. Doch dann hat ihn vielleicht seine Liebe
zum Luxus angetrieben, sein Schnorrertum, was weiß
ich, oder die Kredite, mit denen auch wir euch versorgt
haben, weil wir euch nicht verlieren wollten, und was aus
denselben Gründen die Sowjetunion ebenfalls tat. Kurz,
er begann Geld zu verteilen. Jeder bekam etwas. Für mich
als Fremden aus einem Land, in dem jeder, der hart arbeitet, Erfolg haben kann, ist eine Radtour durch Slowenien
die unglaublichste Reise, die ich mir gönnen kann. Nicht
mit dem Auto, mit dem Fahrrad. Man fährt langsam und
sieht riesige Häuser, wie sie bei uns nur die Reichen haben. Man hält an, die Leute sind freundlich, bitten einen
zum Essen herein, Getränke werden angeboten, man fragt,
was sie von Beruf sind, und sie sagen: Lehrerin. Metzger
in einem Schlachtbetrieb. Busfahrer. Einer war sogar bei

der Müllabfuhr. In diesem Land haben alle Erfolg. Ich bin der mit dem kleinsten Haus im Land, und obendrein besitze ich auch nur eins.«

»Mark«, sagte sie und nahm seine Hand, nur für einen Augenblick, nicht etwa wegen der Heimlichtuerei. Sie traute sich nicht länger, weil sie nicht wusste, ob sie die Kraft haben würde, ihn wieder loszulassen. »Danke dir!«

»Warum?«

»Weil du heute so anders bist. Du wirst das Meeting verpassen, du redest und redest. Weil du mich trösten willst. Danke, und jetzt geh, ich werde schon irgendwie durchhalten bis zum Abend.«

Sie waren bei den Neubauten angelangt, die ein geschmackloser Reicher bei einem talentlosen Architekten in Auftrag gegeben hatte. Er sah auf die Uhr:

»Dieses Mal werde ich ein bisschen zu spät kommen, weil ich wirklich abgeschweift bin. Aber ich muss dir etwas sagen: Das Problem ist, dass die Politiker nicht einfach sagen können, ups, das war ein Irrtum, und sie geben euch allen die Staatsbürgerschaft zurück. Menschen haben ihre Arbeit, ihre Wohnungen verloren. Sie wurden über die Grenze geschickt, vielleicht ist jemand als Soldat gefallen in einer Armee, mit der er eigentlich gar nichts zu tun hatte. Ihre Arbeitsstellen und ihre Wohnungen sind jetzt von Wählern besetzt, ihr seid keine. Solange es euch nicht gibt, könnt ihr sie nicht auf Schadensersatz verklagen. Ja?«

»Du meinst: Ich werde von einem Auto überfahren? Über Nacht verschwinden?«

Er sah sie lange an.

»Ja. Wenn du ein zu großer Dorn wirst, werden dich die, die du stichst, loswerden wollen. Sie werden die Möglichkeiten abwägen. Im Guten, im Bösen? Das Problem ist, dass mir jetzt tausend böse Möglichkeiten einfallen und nicht eine gute.«

Ihre Körper hatten sich wieder aufeinander zubewegt, ohne dass sie sich dessen bewusst waren.

»Danke«, sagte sie. »Ich habe nur eine Bitte an dich. Pass auf den Kleinen auf, wo immer er sein mag. Und merk dir ein paar gute Dinge über mich, wenn dir irgendwann mal welche einfallen, damit du sie ihm erzählen kannst, wenn er erwachsen wird.«

»Okay.«

»Und schau ihn dir so bald wie möglich an. Nimm ihn in die Arme, damit er für dich nicht nur ein Wort bleibt.«

»Das mache ich. Als meine beiden geboren wurden, war ich dabei, und es war anders.«

»Er ist auch deiner.«

»Ich weiß. Nur ...«

»Ich weiß.«

Sie nahm seine Hand, ohne nachzudenken, ihre Finger verschränkten sich, sie beugten sich zueinander, Mark hielt inne und sah schnell nach links und rechts, Zala nahm ihre Hand weg.

»Entschuldige.«

»Noch was. Tröste dich nicht damit, dass du gelöscht bist. Sie haben die Daten nicht vernichtet. Sie haben sie irgendwohin verschoben oder nur gekennzeichnet. Also wissen sie, wo du wohnst, und nach der Fernsehsendung, wenn nicht schon früher, werden sie mit Sicherheit dein Telefon abhören. Vielleicht tun sie das bereits.«

»Wissen sie von dir?«

»Natürlich. Der Staat hat sowieso alle Informationen.

Unsere Rettung liegt darin, dass es zu viele sind. Wenn du aber Aufmerksamkeit erregst, hat er dich immer auf dem Schirm.«

»Entschuldige.«

»Erinnerst du dich daran, welche Worte wir auf den Inseln am häufigsten gehört haben?«

»Kein Problem.«

»Und ich dachte, es war«, er versuchte, Kroatisch zu sprechen, »*lako ćemo*, das schaffen wir spielend.«

Er sah auf die Uhr.

»Halt durch heute Abend! Benutze auf alle Fälle den Seitenausgang. Vielleicht solltest du woanders schlafen?«

»Lass das! Beweg dich schon zu deinem Meeting! Mach dir keine Sorgen um mich, alles wird gut, das hast du selber gesagt.«

Sie ging und wollte sich absichtlich nicht umdrehen, obwohl sie seinen Blick im Rücken spürte. Sie beugte sich über das Fahrrad und hantierte am Schloss.

»Das ist sie! Verhaftet sie!«, kreischte eine Frauenstimme, leicht brüchig, wegen der Stimmbänder oder vor Hysterie. Zala sprang auf und fand sich von Polizisten umringt.

»Hinterhalt!«, die jüngere Frau krächzte weiter jenseits der Kapazität ihrer Stimmbänder und blickte wild nach allen Seiten, sodass ihre dichten braunen Haare flatterten, als machte sie Werbung für ein Shampoo. Jedes ihrer Kleidungsstücke war mit einer beliebten Marke, kleinen Zeichen und Aufschriften bedruckt, nichts Schreiendes, im Gegensatz zur Besitzerin. »Ich habe gesehen, wie sie hergefahren ist! Mit meinem Fahrrad! Ein Geschenk meines Vaters zum Diplom! Mein Fahrrad!«

Sie hatte offenbar die Polizei gerufen, und sie hatten zwei

Rekruten geschickt, zwei junge Kerle, denen das Geschrei auf die Nerven ging und die ihre Arbeit so schnell wie möglich erledigen wollten.

»Fräulein, die Papiere, bitte«, sagte der Blonde.

»Ich habe das Rad auf dem Flohmarkt gekauft«, versuchte Zala zu erklären.

Der zweite Polizist schloss sich an: »Es wird sich alles klären. Die Papiere, bitte.«

Er kratzte sich am Hals, und als er das Pflaster spürte, das er sich am Morgen nach dem Rasieren aufgeklebt hatte, nahm er sofort den Finger weg.

Zala begann in ihrer Handtasche zu wühlen. Verstohlen, soweit es ihr möglich war, blickte sie um sich. Uniformierte Beine links und rechts, Lackschuhe mit Absatz in der Mitte. Hinter ihr das Fahrrad und eine Mauer. Kein Ausweg.

»Wie viel hast du denn dafür bezahlt?«, fragte die Eigentümerin, die Neugier hatte ihr eine leisere und auch tiefere Stimme zurückgegeben.

»Zwanzigtausend Tolar*«, Zala sah sie an und wusste nicht, warum sie sich für diese Zahl entschieden hatte.

Das Gesicht der jungen Frau war vollkommen uninteressant, und wäre es nicht bis zum letzten Härchen der Augenbrauen zurechtgemacht gewesen, auch unauffällig mit seiner völlig glatten und weichen Haut, als hätte sie ihr ganzes Leben in einer wattierten Schutzhülle verbracht.

»Was? Für so ein Fahrrad? Das ist eine Beleidigung für mein Diplom!«, ihre Lautstärke kehrte zurück.

»Fräulein, beruhigen Sie sich! Wir werden alles regeln«,

* Ca. 83 Euro

sagte der schlecht rasierte Polizist, während sein Kollege Zala erneut aufforderte: »Die Papiere, bitte.«

»Ein Drogenabhängiger stiehlt und verkauft für einen Schuss. Man sollte sie alle erschießen!«, sagte die Eigentümerin erzürnt.

»Fräulein, bitte, Sie behindern unsere Arbeit!« Der Polizist mit dem Heftpflaster war jetzt gänzlich auf sie konzentriert. Zala sah, wie sich seine Füße bewegten, aber nicht genug. Wenn sie davonliefe ...

Sie hob den Kopf. Um sie herum hatten Schaulustige einen Halbkreis gebildet. Mark war unter ihnen.

Sie sahen einander an.

Sie sah, dass er ein Problem löste. Seine Unterlippe zuckte links sehr lebhaft.

Sie versuchte, kaum merklich den Kopf zu schütteln.

»Hören Sie ...«, sagte der Polizist und hatte offenbar vergessen, dass ihm Zala zuvor jünger erschienen war.

»Entschuldigen Sie, ich habe meinen Ausweis irgendwo verlegt, nur einen Moment.«

Die Verzweiflung über die Ausweglosigkeit ließ ihre Finger hölzern werden. Selbst wenn sie den Polizisten entkommen könnte, den Ring der Zuschauer zu durchbrechen, würde ihr nicht gelingen.

Sie würde am Abend nicht im Fernsehen auftreten.

Marko würde einen anderen Namen bekommen.

Sie zuckte erschrocken zusammen. Sie hatte ihm einen Namen gegeben, trotz ihrer Versprechungen.

»Fräulein, wenn Sie keinen Ausweis haben, gehen wir auf die Wache«, sagte der Polizist.

»Wie es aussieht, habe ich ihn tatsächlich vergessen«, sie senkte den Kopf.

Sie traten an ihre Seite, und die Nähe ihrer Körper bereitete sie auf den ersten Schritt vor.

›Aus. Es ist alles aus.‹

»Gehen wir, Fräulein, nehmen Sie das Fahrrad«, sagte der Polizist zur Eigentümerin, die ihm widerspruchslos gehorchte.

Der Menschenpulk öffnete sich, und Zala ging gesenkten Kopfs voran. Plötzlich ertönte von rechts ein Schrei, der in ein langes Stöhnen überging. Sofort drehten sich alle um.

Mark hatte seine Aktentasche auf den Asphalt knallen lassen, fasste sich ans Herz und stöhnte laut. Er begann zu schwanken, fiel auf die Knie, rollte auf die Seite und rief: »Mein Herz! Mein Herz! Hilfe, bitte helfen Sie mir!«

Die Eigentümerin des Fahrrads setzte sich als Erste in Bewegung. Mit neuer Kraft in der Stimme schrie sie die Polizisten an: »Helft ihm! Was schaut ihr so! Er braucht das Heimlich-Manöver! Bewegt euch schon!«

Die Polizisten liefen zu Mark, sahen einander an, einer griff nach dem Funkgerät und begann, hineinzuschreien. Der zweite wedelte mit den Händen über Mark hin und her, als versuche er, ihn mit Bioenergie zu heilen, dann stützte er sich auf seine Brust und drückte fest zu. Der Ring der Schaulustigen verlagerte sich sanft. Noch kurz zuvor waren sie um Zala herumgestanden, eine Sekunde später war sie ausgeschlossen und sah nur Rücken.

Das Fahrrad lag auf dem Boden und sie dachte, sie könnte aufsteigen und davonfahren. Nur für einen Augenblick, dann sah sie sich noch einmal verblüfft um und lief los.

↓

Sie saß da, das Telefon auf dem Schoß, in einen Frottee-bademantel gehüllt, die Haare unter einem Handtuchtur-ban. Der flache rote Körper des Geräts, der schwarze Hö-rer darauf, das Kabel, das sich kringelte wie die Haare einer Frau in einem Schwarzweißfilm. Sie musste dringend aufs Klo, doch sie traute sich nicht, das Telefon allein zu lassen. Völlig verschwitzt war sie zu Hause angekommen, hatte gleich geduscht und wartete seither. Mark hatte natürlich etwas vorgespielt.

(Oder doch nicht?)

Der Problemlöser wartete darauf, allein zu sein, um zu lachen.

(Oder war sein Gesicht im Todeskampf verzerrt?)

Wenn er tot war, wenn sein Herz tatsächlich versagt hatte und sie nicht zu ihm gelaufen war, würde sie sich für den Rest ihres Lebens Vorwürfe machen, weil sie aus völlig egoistischen Grün-den weggelaufen war.

Sie senkte den Kopf und hob den Hörer einen Millimeter. Tuuut. Tuuut.

Es funktionierte.

Was, wenn er genau in dem Moment anrief?

Oder wenn sie anriefen?

Lähmende Traurigkeit: Man würde sie nicht anrufen. Soll-te mit ihm etwas geschehen sein, wer würde sie überhaupt benachrichtigen, wenn doch keiner von ihr wusste? War der Vorfall schon in den Medien: Mann nach Herzinfarkt gestorben?

Vermutlich nicht. Würden sie »älterer Mann« schreiben? Mit Fünfzig, nein. Als sie noch Zeitung las, war es gerade der Lokalteil, der ihre Neugier geweckt und sie zugleich wegen des herablassenden Tons der Journalisten abgestoßen hatte: *Altes Mütterchen* von Auto überfahren. Alte Menschen erhielten Bezeichnungen, die im Alltag keiner verwendete.

Vielleicht war das Telefon kaputt? Wenn sie den Hörer noch einmal ein winziges bisschen anheben würde?

Nein!

Und so weiter, die Farben des Nachmittags wurden weicher, das Licht gedämpfter. Der Mai war kühl geblieben und kündete noch nicht vom Sommer. Es regnete schon seit einer ganzen Woche nicht mehr und der Blütenstaub hatte sich in Häufchen gesammelt, die Kinder stampften darin herum, die Mütter schimpften sie.

Das Klingeln erschreckte sie so sehr, dass sie aufsprang und das Telefon gerade noch auffangen konnte, bevor es auf den Boden krachte.

»Du hast es geschafft«, sagte Mark.

»Du lebst!«

»Sie haben mir eine Rippe gebrochen, als sie mich wiederbelebt haben. Ich konnte nicht früher anrufen, sie haben mich erst jetzt im Zimmer allein gelassen.«

Sie lachte hell auf.

»Du warst so gut, dass ich nicht wusste, ob es gespielt war oder ob es dich wirklich erwischt hatte.«

»Sie sagen, es waren die Nerven, mein Herz ist gesund.«

»Jetzt weiß ich wenigstens, dass du wirklich eines hast.«

Der Versuch zu lachen am anderen Ende der Leitung endete in einem Stöhnen: »Ich kann nicht lachen, es tut weh.«

»Danke dir.«

»Kein Problem. Das war das Einzige, was mir eingefallen ist. Ich muss aufhören, ich bleibe über Nacht zur Überwachung hier. Ich habe einen Kollegen um einen tragbaren Fernseher gebeten. Ich will dich sehen. Geh, es soll ihnen weh tun.«

↓

Die beiden Männer vor ihr kannten den Pförtner und setzten einen Witz fort, der keinen Anfang und kein Ende hatte, ein Zeichen dafür, dass er ein tägliches Ritual war, von dem sie hofften, es würde so bis zur Rente fortdauern. Der erste holte eine Karte aus seiner Tasche und zog sie über ein Lesegerät. Der zweite wollte sich die Mühe sparen und hielt einen Jackenzipfel in Richtung des Geräts, schließlich rieb er ihn über das Glas, als wollte er es mit seiner Kleidung reinigen. Der Pförtner war einer jener heiteren Menschen, die über jede Kleinigkeit lachen mussten. Er lachte so breit, dass oben rechts ein Goldzahn aufblitzte. Oder war das Lachen seine einzige Möglichkeit, mit dem Vermögen in seinem Mund anzugeben?
Zala war viel zu früh gekommen, daher wartete sie ruhig, bis die Scherzkekse die Treppe hinaufgingen und der Pförtner seinen Reichtum wieder verbarg. Sie betrachtete sich in der Vitrine: die Bluse, die sie für besondere Gelegenheiten aufgehoben hatte, auch wenn sie sich nie hatte träumen lassen, dass sie sie zum ersten Mal in einer Fernsehsendung tragen würde. Im Büstenhalter eine Doppelschicht Polster, damit die Milch nicht hervorquoll. Ein schwarzer Rock, nach dem sie besonders lange im Kleiderschrank gewühlt hatte. Zwischendurch hatte sie

immer wieder innegehalten, mit einem Kleiderbügel in der Hand, und zu ihrem Spiegelbild gesagt: »Du gehst, um für dein Kind zu kämpfen, und probierst schon eine ganze Stunde lang Kleider an?« Sie hatte sich nur dezent geschminkt, und auch hier sagte eine winzige, berechnende Stimme: Es wäre besser, wenn sie zerzaust und zerrissen wäre, die Augenringe nicht überdeckt. Vielleicht. Aber sie geriet nicht ins Stocken, sie brachte langsam den Zug mit dem Augenbrauenstift zu Ende.

»Ja, bitte?«, sagte der Pförtner, ein knochiges Männlein, das aufs Haar jenen glich, die in Bitola Wassermelonen verkauften.

»Guten Abend, ich habe einen Termin für die Sendung ›Nachtgespräche‹.«

»Ah!«, er nickte. »Das haben sie gesagt, ja. Ihren Ausweis, bitte!« Alles stand plötzlich still: Bewegung, Atem, Gedanken.

Der Pförtner bemerkte es und sprang ihr zu Hilfe: »Es geht auch ein anderes Dokument mit Foto, ein Reisepass zum Beispiel.«

»Ich habe keins«, ihre Stimme klang in ihren Ohren fremd. Ihre hilflose Ehrlichkeit erschreckte sie.

»Das sind die Regeln«, er zuckte mit den Schultern und setzte ein übertrieben mitfühlendes Gesicht auf.

Zala überwand den Schock: »Ich meinte, es ist bestimmt in der Handtasche. Ich werde nachsehen.«

»Nur zu.«

Sie trat zur Seite und wühlte in ihrer Tasche herum, obwohl sie deren Inhalt doch in- und auswendig kannte. Es traten noch ein paar Leute ein und stellten sich an. Eine kräftigere Frau öffnete den Durchgang mit einer Karte, drei junge Männer kamen zur Aufzeichnung einer Sendung, der Pförtner nahm ihre Ausweise entgegen. Zala verfolgte jede Bewegung:

1. Der Besucher hält den Ausweis hin.

2. Der Pförtner nimmt ihn mit der linken Hand und reicht mit der rechten die Eintrittskarte. Er sieht das Dokument nicht an, und wenn es ihm falsch herum hingehalten wird, dreht er es nicht um.

Als sie allein zurückblieb, ging sie wieder auf ihn zu: »Wie es scheint, habe ich ihn vergessen. Der Moderator wird doch für mich bürgen.«

»Ich weiß, aber auch er kommt nicht darum herum. Regeln sind Regeln. Die anderen Gäste kommen, ein Herr mit einem Papagei ist schon seit einer Stunde hier. Haben Sie denn wirklich kein anderes Dokument mit Bild? Kommen Sie von weit her?«

»Nein.«

»Gehen Sie ihn suchen. Ich werde Bescheid sagen, dass Sie gekommen sind. Sie haben noch eine halbe Stunde Zeit.«

Sie wollte ihm die Wahrheit sagen, erklären, dann fiel ihr ein, dass sie vor einer staatlichen Institution stand: vor einem kleinen Stückchen des Systems, das ihn angewiesen hatte, Ausweise einzusammeln und im Gegenzug dafür Eintrittskarten auszugeben. Er tat seine Arbeit mit der geringstmöglichen Genauigkeit und Mühe, aber er tat sie.

Sie sah den Ehering, der noch mehr glänzte als der Zahn, also hatte er eine Frau zu Hause, bestimmt auch Kinder, sie mussten essen und trinken, er durfte nichts riskieren. Seine Arbeit war ein winziges Gewindelager, und er war die Schraube, die dafür bezahlt wurde, es auszufüllen. Ihm blieb die Freiheit einer Schraube: Er konnte sich nicht nach links oder rechts bewegen, er konnte sich nur mehr oder weniger festziehen. Schon jetzt jonglierte er nur mit Ausweisen und Karten, er war beinahe bis zum Gehtnichtmehr gelockert – noch ein bisschen weiter, und er würde herausfallen. Und das wollte er nicht.

»Ja, ich gehe ihn suchen«, sagte sie. »Danke!«

Sie stieß mit der Stirn gegen die Glastür. Vor ihren Augen schossen Blitze vorbei, sie ruderte mit den Armen, fiel beinahe, der Pförtner öffnete schnell sein Pult: »Hallo, sind Sie in Ordnung?«

»Ja, ja!«

Sie stützte sich mit der rechten Hand am Glas ab, an ihrem eigenen Spiegelbild, und wusste nicht, wie sie sich hatte übersehen können. Sie erinnerte sich kaum an diesen Moment nach der Drehung, hatte sie gedacht, eine andere Frau käme? Schön hergerichtet und sorglos, nur deshalb, weil sie in ihrer Handtasche ein Stückchen Plastik mit ihrem eigenen Foto, ein paar Zeilen mit Daten und einigen Zahlen trug.

»Ich komme gleich wieder«, sagte sie zum Pförtner, der neben dem Pult stand und sie skeptisch ansah. Sie traute sich nicht zu lächeln, weil es sich anfühlen würde, als zöge sie anstelle ihrer Lippen einen Gummi in die Länge.

Sie trat in die Nacht. Die Straßenlaternen hatten sich schon eingeschaltet, in den Wohnungen pulsierten die Fernsehbildschirme,

(ohne sie!),

zwei Teenager radelten auf glänzenden BMX-Rädern vorbei und riefen einander etwas zu.

229

Ihr Gehirn war zu langsam, um den Sinn zu entschlüsseln.

Sie ging den Bürgersteig entlang und blieb vor einem Bierlokal stehen, das durch die Fensterscheibe Licht in der Farbe des Bierkrugs auf dem Aushängeschild auf den Asphalt warf. Für einen Samstagabend war es überraschend voll, eine große Gästeschar hatte Tische und Stühle zusammengerückt und prostete sich laut lachend zu, sie versuchten schreiend, sich gegenseitig zu übertönen.

Zala trat auf die Scheibe zu und legte die Hand darauf. Sie wäre durch sie hindurchgeschmolzen, wenn sie es gekonnt hätte, so sehr zogen diese Gesichter sie an. Offene Münder, jeder rief etwas über den anderen hinweg, Hände, die nach Krügen griffen, Zuprosten, vor allem aber Sorglosigkeit. Die Ausgelassenheit ließ ihre Züge schon ins Vulgäre kippen, Speicheltröpfchen flogen in langen Bahnen durch den Nebel von Zigarettenrauch ins Licht.

(Wie die Sterne in *jener* Nacht)

Gesichter. Menschen. Schließlich bekam das Gefühl, von dem sie erfüllt war, einen Namen: Neid. Wie gerne wäre sie eine von ihnen gewesen. Selbst dieser fette Alte, der so mit dem Kopf wackelte, dass er nach jedem Schluck die Haare mit der Hand in einer langen Windung um den Schädel legen musste. Oder die Frau mit den Glubschaugen, hässlich nach allen Maßstäben, ein echtes Froschgesicht, die unter dem Tisch einen jungen Mann betatschte, der sein Glas auch deshalb hob, damit er ihr ins Dekolleté starren konnte, das voll runzliger Haut war, Brüste, die aus dem Büstenhalter quollen, wie ein Teppich aus den erhobenen Händen eines Verkäufers rollt.

Am anderen Ende des Tisches eine gepflegte Dame, die verliebt den mageren Mann ihr gegenüber ansah, die personifizierte Langeweile, von der Kleidung über den Kopf in Form einer Glühbirne bis hin zu den grauen Zügen eines Erbsenzählers. ›Was sieht sie bloß in ihm‹, fragte sich Zala und hatte das Gefühl eines Déjà-vus. Irgendwann, irgendwo hatte sie sich schon einmal diese Frage gestellt, und bevor sie sich deshalb erschreckte, fiel ihr ein Abendessen auf einer der Inseln ein. Sie und Mark hatten ein ähnlich schlecht sortiertes Paar beobachtet, und Zala hatte zu einem langen Vortrag über die Liebe angesetzt, die Menschen verbindet, Gegensätze ausgleicht, über Menschen, die sich finden, Puzzleteilchen, die zusammenpassen, die fehlende Hälfte wird ergänzt. Mark hatte aufmerksam zugehört und dann gesagt: »A) er ist reich, B) er ist ihr Chef, C) beides.« Sie war sich vorgekommen wie eine dumme Gans, vor allem deshalb, weil sie spürte, dass er recht hatte und sie sich vom Augenblick hatte mitreißen lassen, denn sie war eben nicht des Geldes wegen mit ihm zusammen – und hatte ihn auch nie danach gefragt. Er hatte nicht damit um sich geworfen, keine teuren Geschenke gekauft, aber er wollte den Urlaub bezahlen. Unbedingt hatte sie die Hälfte dazu beisteuern wollen, auch wenn sie dafür ihre Ersparnisse hatte angreifen müssen. Sie erinnerte sich, wie sie im Reiseprospekt geblättert hatten, und an seine Deutung der darin enthaltenen Beschreibungen: »ein Gefühl von Tradition« war gleichbedeutend mit »die Zimmer wurden schon sehr lange nicht mehr renoviert«; »romantische Atmosphäre« heißt: »Spinnweben in den Ecken und durchgebrannte Glühbirnen«. Nach ein paar Seiten hatte sie vor Lachen keine Luft mehr bekommen, doch ihm war nicht klar, worüber sie lachte, und er hatte sie verwirrt angesehen. Er verstand die Werbesprache als etwas, was dechiffriert werden musste, was die Werbetreibenden von ihm auch erwarteten, und von daher gab es auch keine Reklamationen, sondern nur Übersetzungsfehler.

Gesichter, laut und zufrieden.

Nur deshalb, weil jeder von ihnen eine staatliche Bestätigung seiner Identität bei sich trug. Ich bin der und der, das ist der Beweis, dass ich existiere. Ich besitze ein Stück Plastik, also bin ich.

Über die Stuhllehnen und den Boden verteilt lagen Handtaschen und Täschchen, einige offen, aufgeschlitzte Opfer, über denen die Satyrn tanzten.

Die Handtaschen.

Sie ging hinein, und der Kellner, der hinter der Theke Bier zapfte, schaute überrascht. Sie hatte Angst, man würde sie fortjagen, weil die Feier privat war, aber sie konnte sich an der fröhlichen Gesellschaft vorbeizwängen und gelangte zu einem Tisch an der Wand. Eine Damenhandtasche in der Mitte der Reihe hing nur an einem Henkel über der Stuhllehne, der zweite war zu Boden gegangen.

Der schwarze Reißverschluss wartete auf sie.

In der Grundschule hatten ihre Freundinnen einander auf die Probe gestellt, wer sich im Supermarkt mehr zu klauen traute. Zala hatte ein einziges Mal mitgemacht und eine Aprikose mitgenommen. Sie war so geschockt aus dem Laden gekommen, dass sie nicht mehr wusste, wo und wie sie danach gegriffen hatte, denn für gewöhnlich wurden ja Kaugummis gestohlen. Sie hatte bald festgestellt, dass sie sich nicht als Diebin eignete, vermutlich sogar unabhängig von ihrem Vater und ihrer Angst vor seinem Zorn.

Daher hatte sie es nicht mehr ausprobiert, zumindest nicht direkt. Eine besondere Spezialität des Kommunismus waren Gesetze, die auch die gottgefälligsten Menschen zu Betrug und Schmuggel trieben. Kaffeetrinker waren zwangsläufig auch Schmuggler oder Schwarzmarktkunden. Für Zala machte die Häufigkeit solcher Vorgänge die Durchführung leichter, aber niemals vollkommen einfach. Sie hatte immer ein brennendes Schuldgefühl, wenn sie ein auch noch so allgemein vernachlässigtes Gesetz brach. Man hatte neue Zeiten versprochen, aber Gesetze verabschiedet, die sie zwangen, innerhalb der nächsten zwanzig Minuten einen Personalausweis zu stehlen.

Sie sah auf die Uhr, noch während sie sich setzte. Wie schnell sich der Sekundenzeiger bewegte.

Der Kellner beugte sich so tief hinunter, dass sie zuerst dachte, er hebe etwas auf, doch dann stellte sie fest, dass er ihr das Ohr hinhielt. »Ein kleines Bier!«, sagte sie.

Die Gesellschaft neben ihr polterte weiter. Sie wurde zu einem Knäuel von Stimmen, einer schwammartigen Form, aus der kleine Zigarettenvulkane rauchten.

Ein halber Meter zur Tasche. Der Reißverschluss war schon halb offen, ein paar Papiere ragten heraus.

Sie bewegte sich mit dem Stuhl nach rechts.

Der Kellner brachte das Bier und sagte etwas.

Zala schob zuerst das Glas an den Rand des Tisches, dann bewegte sie sich selbst hinterher.

Sie linste in die Tasche. Ihr Blick meldete ihr einen Personalausweis. Er steckte in einer Innentasche. Die Frau neben der Tasche begann so laut zu lachen, dass sie auf dem Stuhl herumhampelte und ihn dabei verschob, und Zala hatte Angst, dass ihr dadurch der Ausweis entgehen würde. Sie legte sich eine Hand aufs Herz und hielt es zurück. ›Ich muss atmen! Ruhig! Zählen! Etwas! Irgendwas!‹ Fünfzehn Minuten.

Sie schlürfte Bier. Sie sah den Kellner nur, wenn er Getränke brachte, der Tresen war um die Ecke. Sie beugte sich hinunter, als wollte sie ihre Schuhe binden, obwohl sie Lackpumps mit Absätzen trug.

Sie kratzte sich am Knöchel, die Tasche schaukelte vor ihren Augen, und die Uhr am linken Arm erinnerte sie: zehn Minuten.

Sie stellte ihre Tasche auf den Boden, tat so, als suchte sie darin nach etwas. Sie wartete, bis der Kellner die Bestellungen aufgenommen hatte und wegging. Jetzt.

Sie streckte die Hand aus, hoffte, dass keiner sie sah, wie verdächtig musste es sein, in dieser gebückten Haltung dazusitzen, verängstigt, zitternd. Sie berührte den Reißverschluss, zog sanft daran, nichts, sie zog stärker, die Tasche schaukelte, übertrieben, wie ihr schien, als riefe sie um Hilfe, die Frau lachte, Zala griff die Tasche mit der Linken und zog den Reißverschluss vollständig auf.

Ihre eigenen Finger waren ihr fremd, der Klarlack auf den Nägeln, schließlich hatte sie nicht übertreiben wollen fürs Fernsehen, sie langten nach dem Ausweis, ihr Zeigefinger stieß gegen den Rand der Plastikkarte, als ...

»He!«

Ein Arm legte sich über ihre rechte Schulter. Ihr Herz blieb stehen, sie hätte schwören können, dass sie sah, wie es ihren Brustkorb anhob.

»Ist dir schlecht?«, sagte eine Männerstimme.

Sie blickte auf.

Nikola.

»Musst du dich übergeben?« Besorgt beugte er sich zu ihr. Sie brachte kein Wort hervor, nur ein paar Laute, die Nikola wegen des Lärms nicht hören konnte.

»Tu mir das nicht an! Tu mir das nicht an!«, schrie sie und richtete sich auf. Er zog sich einen Stuhl vom Nachbartisch heran und schob seinen Kopf näher zu ihr hin.

»Was ist denn? Ich habe dich von draußen gesehen, als ich vorbeigegangen bin, du kamst mir seltsam vor. Ich dachte, du wartest auf jemanden, aber dann hast du dich nach unten gebeugt, und ich bin hereingekommen, um nachzuschauen. Was ist mit dir?«

»Ich habe nur noch ein paar Minuten. Ich bin Gast in einer Fernsehsendung, wo ich die ganze Wahrheit erzählen kann, über mich, über dich, über uns. Und sie lassen mich ohne Ausweis nicht rein! Ich habe gar nicht an Papiere gedacht, überhaupt nicht!«

»Du brauchst einen Ausweis? Warum sitzt du dann hier?« Zala deutete mit dem Kopf auf die Handtasche. Nikola beugte sich ein wenig vor, und sie beneidete ihn darum, wie natürlich und unverdächtig er all die Dinge tat, bei denen sie das Gefühl gehabt hatte, dass auf ihrer Stirn ein großes, leuchtend rotes Neonschild blinkte.

»Ach! Das! Du brauchst einen Profi! Warum sagst du nichts? Ich zeig dir, wie man das macht!«

Er zwinkerte ihr zu und streckte ihr die Zunge heraus.

›Hoffentlich‹, dachte sie, ›hoffentlich schafft er es!‹

Er zog seinen Anorak aus und hängte ihn über die Tasche. Die Frau wieherte über einen Witz, den sie wegen des Lärms vermutlich gar nicht gehört hatte.

Er beugte sich vor und schnürte seinen Turnschuh auf.

»Du musst dich so natürlich wie möglich verhalten«, er

richtete sich auf und zwinkerte noch einmal, als wollte er dem, was er predigte, selber widersprechen.

Er tauchte unter die Oberfläche des Tisches, Zala sah nur seine Haare, die leicht nach vorne hingen, und seine Hand, die den Schnürsenkel losließ und wie die eines Pianisten beim Glissando nach links wanderte und unter dem Anorak verschwand.

Es dauerte lange.

Die Bewegung der Handtasche brachte den Anorak ins Schaukeln, verursachte eine Beule, verschwand, tauchte am anderen Ende auf.

Der Lärm verzerrte sich in Zalas Ohren und bohrte sich ins Innere ihres Gehirns.

(Es ist noch nicht vorbei es ist noch nicht vorbei es ist noch nicht vorbei)

Nikola erstarrte, aber ließ den Kopf unten. Zala spürte eine Bewegung und sah, wie sich die Frau auf dem Stuhl mit weit aufgerissenen Augen zu ihr umdrehte.

Sie sagte etwas, aber Zala konnte sie nicht hören, bis die Frau schrie: »ER BEGRAPSCHT MICH!«

Sie sprang auf, die Jacke fiel herunter, Nikola hielt sie am Handgelenk. Er verlor das Gleichgewicht und fiel auf sie zu. Sie begann zu kreischen, Männer schnellten in die Höhe, der junge Mann vom Tischende kam herbei, als hätte er den ganzen Abend nur auf diese Gelegenheit gewartet. Er schlug Nikola, der sich von der Wand abstieß und sich auf den Angreifer stürzte. Die Frau schrie etwas von Verrückten.

Zala hielt sich die Hände vors Gesicht.

Aus.

Schreien, Lärm, jemand prallte gegen sie, sodass sie vom Stuhl glitt und ihre Hände abrutschten. Zwischen ihren Füßen lag ein Stück Plastik, und das Frauengesicht darauf schaute hässlich drein.

↓

»Erst mal sprechen wir ganz allgemein, Sie sind Erzieherin, weil Sie Kinder lieben, und die Kinder lieben Sie. Als Sie aber selbst ein Kind bekommen ...«, sagte der Moderator.

Anzug und Krawatte verwandelten den Süßigkeitenliebhaber in eine Medienpersönlichkeit. Zala hätte ihn gerne wie ihren Erloser angesehen, wenn die Maskenbildnerin sie nicht gezwungen hätte, an die Decke zu blicken oder die Augen zu schließen.

»Ja«, sie wollte zumindest verbal zustimmen, doch der Pinsel kitzelte sie so unter den Nasenlöchern, dass sie beinahe niesen musste.

Es klopfte an die Tür.

»Ja?«, sagte der Moderator und drehte sich widerwillig um.

»So«, die Maskenbildnerin nickte und nahm Zala den Umhang ab.

Ein uniformierter Wachmann öffnete die Tür, wieder einer von denen, die sie offenbar irgendwo in Fernost nach ein und derselben Form herstellten, in einer Fabrik für Plastiksupermänner. Angewidert betrachtete Zala all die Muskeln, den rasierten Schädel und den Blick, der ohne Brille mit Sicherheit nicht intelligent wirkte. ›Die ist wahrscheinlich aus Fensterglas‹, dachte sie und erinnerte sich an ihre schlechte Beziehung.

Die Auflösung hatte sich langsam vollzogen, in kleinen Bruchstücken, die ihr kaum bewusst gewesen waren, bis sie sich im Laufe des Zehntagekriegs zu einem Ganzen zusammengefügt hatten. Sie waren beim ersten Alarm in den Keller gegangen, wo sämtliche Hausbewohner saßen und, bleich im Gesicht, gegenseitig Halt suchten, während ihre Witze gezwungen und zu laut klangen. Beim nächsten Mal schwiegen einige bereits, andere kamen überhaupt nicht oder sagten nur, es würde sowieso nichts passieren, denn auch das letzte Mal war ja nichts passiert, und kehrten in ihre Wohnungen zurück. Nach dem Gemetzel, das später in den übrigen Teilen Jugoslawiens ausbrach, wunderte sie sich, wie naiv sie gewesen waren. Der Krieg nach Titos Ableben hatte sich schon seit Jahrzehnten angekündigt, aber offenbar hatte niemand daran geglaubt. Zum Glück nicht einmal die jugoslawische Armee, dieser mächtige Koloss, wie ihr Vater sie genannt hatte, der in Slowenien von einem Bein aufs andere trat und nicht wusste, was er mit sich anfangen sollte. Heftig war es erst in Vukovar geworden, und in Sarajevo war es dann völlig außer Kontrolle geraten. Doch für die Slowenen waren das zu diesem Zeitpunkt bereits andere Länder, die sie nicht mehr interessierten.

Sie waren also im Keller gehockt, hatten dem Kofferradio gelauscht, an dem die Antenne festgeklebt war, weil jemand sie zu schnell herausgezogen hatte, als sie beobachtet hatte, wie selbstverständlich sich ihr Mann zu den größten Trinkern des Hauses gesellt hatte. Urplötzlich hockte er zwischen ihnen, sie debattierten über Unsinn, ließen die Flasche kreisen. Sie trennte ihn nicht von den anderen und fühlte sich schuldig, weil sie ihn so lange von seiner natürlichen Umgebung ferngehalten hatte. Sie hörte auf, in den Luftschutzraum zu gehen; der Anblick dessen, wofür sie beinahe acht Jahre gearbeitet hatte, ekelte sie an, diese Lüge, die erst an das Schreiben geknüpft war, sich jedoch schließlich, weil er nichts schrieb, in eine rein menschliche verwandelte, so wie alle seine nicht gehaltenen Versprechen. In ihr blieb jedoch immer noch die Sorge um ihn, daher nahm sie seine Brille, die er auf dem Tisch vergessen hatte, damit der arme Kerl nicht halb blind im Keller sitzen musste (als hätte er die Flasche nicht auch ertasten können), wie sie es schon mehrmals getan hatte, aber dieses Mal sah sie hindurch und begriff, dass sie aus Fensterglas war. Sie warf sie in den Müll.

Ein Nachbar klingelte nach Ende des Alarms und brachte ihr eine Nachricht ihres zukünftigen Ex, er würde noch ein wenig im Keller bleiben, da sie dort gerade eine schöpferische Debatte führten, sie bräuchte sich keine Sorgen zu machen.

Und sie machte sich keine.

In den folgenden Tagen kehrte er gelegentlich in die Wohnung zurück, doch dann richteten sich die Trinkbrüder aller Häuser der Umgebung im Keller ein Lager aus alten Matratzen ein und verlängerten den Rest des Krieges zu einem einzigen Saufgelage. Manchmal klopfte ein Nachbar an und überbrachte die Nachricht, sie solle Bier und Wein in den Keller bringen, was sie nicht tat, aber sie bekamen offenbar Getränke aus anderen Quellen, weil er selbst nie kam, um zu fragen, warum die Versorgung versiegt war.

Auf der Insel Brioni wurde eine Friedenserklärung unterzeichnet. Der Krieg war zu Ende, und einen Tag später kehrte auch ihr Ex aus dem Keller zurück. Zwei große Koffer und die kleine orangefarbene Unis-Schreibmaschine erwarteten ihn vor der Wohnungstür. Zala hatte die Woche scheinbar ruhig verbracht, nur in ihrem Gehirn hatte es unaufhörlich Streit gegeben. Szene um Szene hatte es verfasst: Er sagt, ich sage, er sagt, ich … ohne Ende. Sie war so geladen mit Dingen, die sie übersehen und ihm nie gesagt hatte, die sie ihm endlich unter die Nase reiben musste, dass in ihr kein Platz für Essen war, sie brachte nur ein paar kleine Bissen hinunter und ging auch häufig aufs Klo. Als es klingelte und sie mit dem ganzen Reichtum vorbereiteter Sätze öffnete, sagte er nichts. Er sah sie nur sanft an, wie ein Hund, mit großen dunklen Augen und geschürzten Lippen, ein streunendes Tier, das um ein sicheres Zuhause bittet, wo es weiter schmarotzen kann. Seiner Hilflosigkeit lag die Erkenntnis zugrunde, dass der Wirt ihn durchschaut hatte, und das ließ ihn komisch aussehen, zumindest in Zalas Augen. Sie schlug die Tür zu. Sie hörte, wie er auf dem Gang herumlief und langgezogen seufzte, ein einziges Mal sagte er laut: »Das wirst du noch bereuen, wenn ich erst einmal berühmt bin. In einem Jahr werde ich so berühmt sein, dass du damit prahlen wirst, mich gekannt zu haben.« Er klang beschissen, er traute sich nicht, die Hand auf die Klingel zu legen. Gegen Abend ging er schließlich. Sie musste erst Mark treffen, um ihre Streitigkeiten mit ihrem Ex aus dem Kopf zu bekommen.

Es blieb jedoch die Frage: Ist es denn möglich, dass wir uns, wenn wir mit jemandem zusammen sind, wirklich nicht fragen, was für ein Mensch er ist, bis er schließlich von dem Bild abrückt, das wir von ihm haben? Und wenn er sich langsam genug verändert hat, bemerken wir dann nicht, dass sich unsere Vorstellung dem anpasst? Ist der Kontakt zur Realität nur der Unterschied zwischen der anfänglichen und der aktuellen Vorstellung?

Am schwersten war es, sich einzugestehen, dass ihr Vater Recht gehabt hatte. Als sie ihm zu Beginn der Beziehung stolz den Mann an ihrer Seite beschrieben hatte, hatte ihr Vater gebrüllt, als hätte ihm jemand glühende Kohlen in die Kehle gesteckt: »Ein Intellektueller, was? Ein Mensch, der hopp-hopp-hopp-hopp-hopp-hopp sagt und dann vielleicht noch ein wenig hüpft, was?« In den acht Jahren hatte sich ein Hopp-hopp an das andere gereiht, es war aber nicht zum geringsten Hüpfen gekommen. Als sie ihrem Vater mit dem Argument widersprochen hatte, ihr Freund schreibe einen Roman, wie es noch keinen je gegeben habe, hatte er nur kommentiert, dass man für große Versprechungen nur eine ganz kleine Tasche brauche, noch eine dieser Volksweisheiten, die sie so hasste.

›Eine falsche Brille!‹, sie starrte den Wachmann an und ihr wurde klar, dass der dämliche Bodybuilder keine Schuld hatte. Ihm steckte nur ein Gegenstand am Kopf, der ein Symbol für verlorene Jahre geworden war, und der Hass richtete sich natürlich nicht gegen ihn.

»Telefon für Sie. Sie sagen, es sei dringend«, sagte er zum Moderator und maß Zala von Hals bis Fuß.

›Chauvinistisches Schwein!‹, es kochte in ihr, und gerne hätte sie ihm das Gesicht zerkratzt. Doch zugleich wusste ein Teil von ihr, dass sie von der Angst getrieben war, etwas könnte schief gehen und die Hoffnung vernichten, die sie noch aufrecht hielt.

»Ich bin gleich zurück«, sagte der Moderator und verließ den Raum.

Der Wachmann lächelte sie an und schloss die Tür.

Einen Moment später ging die Tür wieder auf, und ein älterer Mann mit großer Knollennase trat ein, die aussah, als hätte er eine Zitze von einem prall gefüllten Euter genommen und rundherum auf die Schnelle, weil sie so unwichtig waren, die übrigen Teile des Gesichts angeordnet. Für das Fernsehen hatte er seinen besten Anzug angezogen, den er schon vor langer Zeit gekauft haben musste, auf seiner linken Schulter hockte ein Papagei mit weißem Schopf und gelb gefleckten Flügeln.

»Nehmen Sie bitte Platz«, sagte die Maskenbildnerin, und nicht einmal der Vogel weckte sie aus ihrem Überdruss.

»Verzieh dich, Alte!«, entgegnete der Papagei.

↓

Der Papagei krächzte gelegentlich, der Mann gab ihm dann Stückchen von irgendwas, die der Vogel wie ein Mensch in die Krallen nahm, betrachtete und fraß.

Zala starrte zu Boden, weil sie fürchtete, er könnte sie ansprechen, doch die meiste Zeit sah er nur lächelnd vor sich hin.

Der Moderator kehrte zurück, und sein Gesichtsausdruck ließ Zala das Herz bis zum Hals schlagen.

Er schluckte einen dicken Kloß hinunter, bevor er sagte: »Sie haben mir aufgetragen ... Also der oberste Chef will Sie nicht in der Sendung. Er sagt, das Thema sei nicht relevant. Er sagt, unser Wachmann soll Sie sofort aus dem Gebäude schaffen.«

242

Er trat zur Seite und gab den Blick frei auf den massigen Leib des Wachmanns vor der Tür.

»Es tut mir leid«, fügte er hinzu und sah zu Boden.

Zala konnte sich nicht bewegen, nur ihre Augen wanderten wie wild hin und her, suchten einen Ausweg.

Es gab keinen.

Der Wachmann trat ein und ging auf Zala zu, die sich in Bewegung setzte.

»Bringen Sie sie hinaus«, wies ihn der Moderator an, »einfach durch Gang E. Passen Sie auf, dass sie Ihnen nicht entwischt.«

Der Wachmann nickte, Zala lief los, aber schon hatte er sie am Arm gepackt und hielt sie auf.

Sie versuchte, ihn zu treten, er wich ihr aus und drehte ihr den Arm auf den Rücken.

»Kommen Sie«, sagte er, »gehen wir. Es hat keinen Sinn, es wird Ihnen nur weh tun.«

Sie gehorchte ihm nicht, versuchte ein paar Mal, sich loszureißen, aber es tat wirklich weh, es war zwecklos.

»Wir Brillenträger«, sagte er, »müssen bestimmte Selbstverteidigungsgriffe besser beherrschen als andere.«

›Schwein!‹ Er führte sie durch den Gang.

»Gelöscht, was?«, sagte er. »Da kenne ich auch ein paar von.«

Sie versuchte, den Kopf zu drehen, um ihm auf seine falsche Brille zu spucken, doch er hielt ihren Arm und drückte ihr schmerzhaft auf Handgelenk und Ellbogen, wenn sie von der richtigen Richtung abwich oder versuchte, stehen zu bleiben. Ohne Mühe, nur mit ein bisschen Druck, lenkte er sie zum Ausgang.

Sie kamen an einer massiven Tür vorbei, die aussah wie

die vor einem Luftschutzkeller, darüber die Aufschrift ON AIR.

»Psssst, jetzt aber leise«, sagte er. »Diese Tür führt direkt ins Studio.«

Zala wunderte sich, warum er ihr diese unwichtige Information gab, wollte er sich wie ein Mensch benehmen und nicht wie ein Jagdhund? Sie wünschte sich einen einzigen Schlag, einmal *ritsch* mit den Fingernägeln über dieses debile Gesicht, etwas, irgendetwas. Der uniformierte Gorilla wurde zum Symbol der Dummheit und Brutalität des Staates, mit dem sie konfrontiert war.

Der Wachmann drückte mit dem Fuß eine Tür am Ende des Ganges auf, schon befanden sie sich in der Eingangshalle. Der Pförtner seufzte und drückte einen Knopf, die Sperre öffnete sich.

Die Abendluft hüllte Zala ein und sagte ihr, dass die Schlacht endgültig verloren war. Sie stand mit dem Wachmann vor dem Eingang, und er begann zu erzählen – langsam, irgendwie einschläfernd, uninteressiert. Es dauerte, bis die Worte durch Zalas Wut und Verzweiflung drangen.

»Nehmen Sie es nicht persönlich«, sagte er. »Das ist mein Job. Und auch der Moderator hat seinen Job. Und er liebt seinen noch mehr als ich meinen. So geht es vielen von uns. Auch den Politikern. Die wollen jetzt in die Europäische Union und wollen von nichts wissen, was den Beitritt auf irgendeine Weise gefährden könnte. Sie wollen nichts dergleichen sehen, so wie ich nichts sehe, wenn mir die Brille herunterfällt.«

Er stand vor ihr, und sie starrte ihn an. Endlich wurde ihr bewusst, dass sie ihn von Angesicht zu Angesicht sehen konnte, also hielt er ihr nicht mehr den Arm auf den

Rücken gedreht. Nach ein paar weiteren Sekunden hatte ihr Gehirn seine Worte entziffert, und ihre Augen sahen zum ersten Mal durch das Brillenglas und erkannten das Blau eines mitfühlenden Blicks durch das gewölbte Glas mit ziemlich hoher Dioptrienzahl.

Da verpasste sie ihm mit der breiten Hand eine Ohrfeige, sodass seine Brille in die Nacht davonflog. »Danke!«, hauchte sie und lief los.

»Aua! Ich sehe nichts! Schließt die Tür! Haltet sie!«, brüllte der Wachmann, als Zala bereits durch den offenen Eingang auf die Studiotür zulief.

10. MAI 1992, SONNTAG

Die Tür, die ihr so schwer vorgekommen war, als sie das Gebäude des Fernsehsenders betreten hatte, sprang jetzt beinahe wie von selbst auf. Der Pförtner verfolgte jede ihrer Bewegungen, als würde gleich etwas Kostbares hervorkommen. Durch das Fensterchen seines Schalters hielt er ihr etwas hin, es dauerte, bis sie begriff, dass er ihr den Personalausweis zurückgeben wollte. Sie winkte ab und trat hinaus. Sie blieb eine Minute lang stehen und sah auf den Boden, ob vielleicht irgendwo Glasstückchen lagen. Da waren keine, sie atmete auf, wenigstens hatte sie diesem guten Menschen nicht die Brille zerschlagen.

Sie konnte nicht anhalten, der Schwung vom Lauf zum Studio und vom Auftritt vor den Kameras wollte nicht nachlassen. Sie ging so schnell, dass sie mit dem Atmen kaum nachkam und sich Schweiß hinter ihren Ohren sammelte. Der Mond war nicht zu sehen, vermutlich hatten die Wolken, die den ganzen Tag über am Himmel gehangen hatten, ihren Aufenthalt in die Nacht hinein verlängert. Das Lokal, in dem sie den Ausweis gestohlen hatte, war bereits geschlossen, in einer der Fensterscheiben zeichnete sich ein Riss ab. Sie erinnerte sich nicht, ob sie ihn schon zuvor gesehen hatte.

Sie ging zum Fluss hinunter, auf den Stufen der Kirche schlief ein Obdachloser. Die bronzene Statue eines Dichters kauerte auf ihrem Sockel, die Muse über seinem Kopf hatte besondere Brüste, die sich nicht bewegten, obwohl sie den Arm hob. Zala spürte eine feuchte Wärme, blieb mitten auf der Brücke stehen und warf die nassen Polster in den Fluss. Sie nahm frische aus der Tasche, blickte sich um und steckte sie sich dann in den Büstenhalter.

Sie ging wieder die Straße hinauf, denn sie konnte einfach noch nicht nach Hause. In die Fenster schauend, suchte sie nach flackernden Fernsehbildschirmen, stieß aber nur auf dunkle Geschäftsräume und die zugezogenen Vorhänge schlafender Wohnungen. Ein Polizeiauto mit eingeschalteter Sirene fuhr vorbei. Das Blaulicht fiel zuckend auf sie, nervös, zerrissen. Sie wollte zur Seite springen, sich verstecken, doch dann hielt sie trotzig ihr Gesicht hin. Sie hatte den Eindruck, als säßen im Gebäude gegenüber ein Mann und eine Frau am Fenster und schauten einander an.

Etwas musste geschehen, zuviel Energie hatte sich in ihr angestaut, es war als würde sie gleich explodieren. Die Nacht einfach so ausklingen zu lassen, schien unmöglich.

↓

Als sie die Straße überquerte, kam aus einer Seitenstraße der orangefarbene Kombi eines Lieferservice angefahren. Zuerst quietschten die Reifen wegen der Kurve, dann beim Bremsen. Ein heißer Luftstoß drückte ihr den Rock gegen die Beine, es stank nach Asphalt und Gummi, der Fahrer ließ das Fenster herunter und brüllte.

»Du dumme Kuh, was machst du da mitten auf der Straße?!«

Er schaltete brachial in den Rückwärtsgang, sodass die Kupplung metallisch aufkreischte, setzte zurück, fuhr um die erstarrte Zala herum, hielt parallel zu ihr erneut an. Sie sah, wie die Scheibe auf der Fahrerseite in der Tür versank, sein wütendes junges Gesicht beugte sich über sie: »Was starrst du so? Glaubst du vielleicht, du kannst mich beim Chef verpetzen? Ist mir scheißegal! Meld mich doch, mein Name ist Goran Jelković!«

»Balkaneser!«, kreischte sie, was ihre Lunge hergab.

Er zeigte ihr den Mittelfinger, drückte aufs Gas und hinterließ eine blaugraue Wolke. Zala sah auf die Rücklichter, die sich entfernten, und wunderte sich: ›-ić! Jelković – Und der traut sich zu schreien, sich zu streiten, die Polizei zu riskieren, kurz, er kann sich ganz normal verhalten.‹ ›-ić! Jelković!‹, ging es ihr durch den Kopf.

Sie hörte wieder seinen Akzent, und ein Stimmchen begann zu jammern, dass dieser Mensch einer von denen da unten ist, dass er noch nicht lang in Slowenien leben kann, während sie ... ›Unrecht! Unrecht!‹

Sie schämte sich, senkte den Kopf und verließ die Fahrbahn.

Sie dachte, wie einfach es doch war, erwachsen zu sein, wenn alles nach Plan lief. Erst die Probleme wecken das Kind in uns, das wir einst waren, und dann sehen wir, wie wir wirklich sind. Die Beschimpfung dieses unglücklichen Jelković hatte ihr eine Erinnerung aus ferner Vergangenheit ins Bewusstsein gerufen, eigentlich einen Glauben, dass sie nämlich, wenn sie alles richtig machte, auch etwas zurückbekäme. Dass die Welt gut und gerecht wäre, wenn sie sich an die Regeln hielte. Die Welt, das waren natürlich Mutter und Vater, die jeweils auf ihre Weise unzufrieden mit ihr waren: weich und hart. Ihre Mutter, die ihr immer zu verstehen gab, dass sie es besser machen konnte, und ihr Vater, der mit Bestimmtheit wusste, dass sie mehr konnte. In ihr hatte sich ein Sinn für Moral und Gerechtigkeit herausgebildet, und der war ihr geblieben, auch als sie von zu Hause ausgezogen war. Sie wusste, dass sie das auch auf sich anwenden müsste, schließlich hatte sie sich mit Mark eingelassen, einem verheirateten Mann. Aber das tat sie nicht. Vielleicht, weil seine Frau und seine Kinder nur ein Foto waren, das sie einmal verstohlen angesehen hatte.

Dieser Sinn für Gerechtigkeit war ein einziges Mal wirklich auf die Probe gestellt worden, als sie eine andere Erzieherin dabei erwischt hatte, wie diese die Kinder mit zugeklebtem Mund in die Ecke eines dunklen Zimmers geschickt hatte. »Mach das nie wieder«, hatte sie zu ihr gesagt, und zur Antwort bekommen: »Was glaubst du eigentlich, wer du bist? Die Chefin?« Es folgten zwei Wochen Zögern und Lauern. Als sie wieder ein zugeklebtes Kind in der Ecke gefunden hatte, war sie zur Leiterin gegangen. Sie hatte mehrere Überraschungen erlebt: Die Kolleginnen hatten davon gewusst und waren erleichtert, dass eine von ihnen endlich den Mund aufgemacht hatte. Zugleich aber hielten sie ihr vor, dass die Gemeinschaft doch im Guten wie im Schlechten zusammenhalten müsse. Freundschaften, von denen sie gedacht hatte, dass sie auch außerhalb der Arbeit Bestand hätten, beschränkten sich in Wirklichkeit nur auf den Arbeitsalltag.

Wütend verpasste sie einer Mülltonne einen Tritt. Es rumpelte, als lachte der Behälter, weil sie vor Schmerz das Gesicht verzog und eine Weile humpeln musste.

↓

Im Schlaf nahm sie sich fest vor, sich an ihren Traum zu erinnern, aber das Klingeln löschte alles. Sie sprang auf und fand ihre Pantoffeln nicht.

›Sie haben mir den kleinen Marko gebracht!‹, sang die Hoffnung in ihr. Sie drehte den Schlüssel im Schloss und zog gleichzeitig schon die Tür auf.

Ihr Vater stand mit gesenktem Kopf vor ihr. Die Hoffnung klang noch eine Weile nach, obwohl sie bereits aus ihrem Gesicht verschwunden war.

»Komm rein«, sagte sie.

»Mein Sohn ...«, er hob den Kopf, verstummte und trat ein.

Sie zitterte bis in die Zehen. Sein größtes, folglich seltenstes Lob, das er für ganz besondere Gelegenheiten aufhob. Manchmal versuchten auch Marktfrauen aus dem Süden, sich mit »Sohn« bei ihr einzuschmeicheln, sie schauderte jedes Mal und eilte vorbei. In der Pubertät hatte sie ihrem Vater einmal spitz geantwortet, dass sie nicht nur dann eine Frau war, wenn sie seinen hohen Kriterien nicht entsprach, sondern immer. Er hatte erwidert, dass es diese Benennung schon lange vor ihnen gegeben habe und es sie noch lange geben würde, auch wenn sie sich noch so darüber aufregte. Und ihr war wieder danach, ihn an seinem Stiernacken zu packen und ihn zu erwürgen. Wie schaffte er es bloß, immer die richtigen Worte zu finden, um sie wütend zu machen? Oder tat er das einfach mit allem, was er sagte, fragte sie sich später.

Sie sah auf die Uhr, sieben, natürlich. Er war um sechs aufgestanden, als diente er noch immer in der Armee, hatte seinen Frühsport absolviert, sich rasiert, gefrühstückt und sich auf den Weg zu ihr gemacht. Jetzt war die militärische Ordnung und die Inspektion der Truppe an der Reihe.

Er setzte sich auf den Rand des Sessels und starrte noch immer zu Boden.

»Kaffee?«, fragte sie, und ihr war, als nickte er.

Im Kühlschrank fand sie nur noch einen kleineren Käsewürfel, von dem sie die schimmelige Unterseite abschneiden musste. Sie servierte ihn in Scheiben auf einem hölzernen Sockel, aber er rührte ihn nicht an. Er umfasste die Tasse mit seinen knochigen Fingern, als wollte er die Wärme in sich aufsaugen.

»Mein Sohn ...«, begann er wieder.

Sie musste mit zusammengebissenen Zähnen über die alten Verhältnisse hinwegsehen. Ihr Körper wollte einfach loslegen, vorbereitete Reden, lange nicht gebraucht und – so hatte sie gedacht – längst vergessen, erwachten, wollten aus ihrem Gehirn auf die Stimmbänder stürzen, damit diese sie auf ihn schießen konnten, aber sie hielt sich zurück.

Das war nicht ihr Vater. Das war sein Geist. Er konnte nicht mehr streiten und sich prügeln, herummarschieren und brüllen. Er konnte nur noch mit gesenktem Kopf dasitzen.

All die Stunden, in denen sie sich mit ihm in Gedanken gestritten hatte, die standen jetzt vor ihr und sahen sie verblüfft und enttäuscht an: ›Was? Das war's? Den großen Zweikampf wird es nie geben?‹

Sie schüttelte den Kopf, zufrieden, dass ihr Vater noch immer auf den Boden starrte.

Während ein Teil von ihr die Absage der großen Schlacht bedauerte, atmete der andere Teil von ihr ruhiger. Es war, als weitete sich ihre Lunge, und der Atem strömte weicher durch die Luftröhre.

Sie hob die Hand, traute sich aber nicht, sie wieder zu senken.

»Vater ...«, begann sie.

Er sah sie mit trüben Augen an, umringt von gelblicher Haut. Er war wirklich nicht mehr derselbe Vater, aber er erinnerte immer noch an den Menschen, der sie als Kind auf den Schultern getragen und einmal mit der Faust die Tür eingeschlagen hatte, als sie sich versehentlich im Zimmer eingeschlossen hatte, sodass sie ihm gegenüber gleichzeitig Liebe und Angst empfand, verpackt in Wut.

Sie wusste nicht, wie sie fortfahren sollte, sie hoffte nur, er würde nicht wieder »mein Sohn« sagen. Er sah zu Boden.

Sie wunderte sich, warum ihr beim Warten auf den Fernsehauftritt nicht ein einziges Mal der Gedanke gekommen war, dass auch ihre Eltern zuschauen würden, der Vater zumindest ganz bestimmt. Zum Glück lief das Programm des Staatsfernsehens nicht vierundzwanzig Stunden mit Nachrichten in regelmäßigen Abständen, sonst würde er sich mit Sicherheit gar nicht mehr vom Apparat lösen können.

Sie wünschte sich eine Umarmung, naiv, vermutlich unangemessen. Hoffnungsvoll dachte sie, ihm ginge es vielleicht genauso, da er begann, eine Hand auf die andere zu legen. Sie hatte nicht den Mumm, eine Zurückweisung zu riskieren.

Er roch nach dem Parfum, dass sie in Tabakläden verkauften. Hieß es Schwarze Katze oder Gemähtes Heu oder war Letzteres der Untertitel von Ersterem? Damit gab er

253

zu verstehen, dass für ihn der Sozialismus noch nicht zu Ende war und dass er problemlos ohne glänzende Parfümerien und westliche Produkte leben konnte; und ganz gewiss wollte er auch nicht zu italienischen Spaghetti wechseln. Eine uralte Erinnerung wurde wach, sie sah die Welt über seine Schulter: Auf der einen Straßenseite ein Minarett, auf der anderen ein Glockenturm, sie hält sich derart fest an seinem Hals, dass er ihre Finger lösen muss. Jemand singt im Sieben-Achtel-Takt, Aprikosenverkäufer rufen nach ihnen. Der Sommer ist voller Gerüche, legt sich schwer über die Stadt. Ihr ist ein Speicheltropfen aus dem Mund gefallen – ein winziger Fleck auf der Soldatenkappe ihres Vaters. Dann kann sie die Welt nicht mehr sehen, sie starrt auf den Fleck und hofft, dass er trocknen wird, bevor der Vater ihn bemerkt.

Schon damals hatte sie Angst vor ihm gehabt.

Sie starrte ihn an und fragte sich, ob er überhaupt Angst von Liebe, Gehorsam von Respekt unterscheiden konnte?

Sie wich zurück und versuchte erneut einen Anfang: »Vater ...«

Er seufzte, und der Geruch alter Menschen entströmte ihm, der nur schwer von dem der Orchideen um eine Totenbahre zu unterscheiden ist. Ihr war zum Weinen zumute.

Sie wusste, dass er allein gekommen war, weil er das Gejammere ihrer Mutter nicht ertragen hätte. Das Wesen ihres Vaters bestand ihrer Ansicht nach in Berechenbarkeit. Er begriff Ordnung als Liebe, er wollte so viel davon wie möglich so oft wie möglich geben. Der alte Mann vor ihr könnte sie überraschen, und sie hoffte, er würde es tun. Sie sah ihre eigene Verbindung mit der Vergangenheit, mit der Jugend, mit sich selbst. Eine endlose Schar von Vorgeborenen, die zu ihrer Einsamkeit hinführte. Wie wenige Menschen sie doch um sich hatte, wie viele brauchte sie überhaupt? Tief in ihrem Hals begannen Ameisen zu kribbeln. Sie hatte das Alleinsein immer mit Selbstständigkeit gleichgesetzt, und jetzt erkannte sie zum ersten Mal den Unterschied.

Er hob den Kopf:

»Hast du ein Bild? Er ist ein Sohn, ein Enkel, und im Fernsehen hast du nur dieses ...«

Er suchte nach dem richtigen Wort für das Ultraschallbild, das sie im Studio vor die Kamera gehalten hatte, weil sie kein anderes hatte.

»... dieses Computer-Nichts gezeigt.«

»Ich habe keines«, sagte sie und hielt sich zurück, um den Satz nicht fortzusetzen mit: ›... nicht einmal das.‹

Er sah sie lange an, und sein Blick, inmitten des Überflusses an Haut, in dem kahlen Schädel, sagte ihr, dass er noch immer der alte, hartgesottene Soldat war. Überflüssigerweise kam ihr der Gedanke, dass sie ihn manchmal angeschaut hatte, um in seinen Augen etwas Weiches zu entdecken. Dieses Mal suchte sie die letzten Spuren von Härte in ihnen, bevor die weiche Erde sie verschlang.

»Wo ist dein Mann?«, krächzte er, ihm fehlte die Kraft zu schreien. Er schlug mit der Faust auf den Tisch, mehrfach, und sie nahm die Tasse, damit sie nicht über den Rand sprang. Das Holz nahm geduldig alles hin, seine Widerstandskraft war unerschütterlich. Die Entrüstung und Verzweiflung in seiner Stimme waren eine Qual für sie; das Vorwurfsvolle darin, weil er hier sein musste anstatt im Grab. Und weil es keinen Mann gab, der an seiner Stelle den Kampf fortsetzen und ihm die Tochter retten würde; weil nicht nur der Staat verloren war, dem sich die toten Partisanen anvertraut hatten, sondern auch der Erbe verloren war, auf den seine längst vergessenen Vorfahren bei ihm bestanden hatten.

Sollte sie ihm, dem alten Kommunisten, zu allem Überfluss noch erklären, dass er nach einem Amerikaner fragte?

↓

Die meisten Straßen der Stadt waren verlassen, als hätten sich die Menschen in Dunstschwaden aufgelöst. Ihr Vater hatte ihr vor langer Zeit einmal mit einer neuen Bombe Angst gemacht, die die Menschen »verschwinden lässt«, »materielle Dinge« jedoch unberührt lässt. Die Neutronenbombe? Sie konnte sich nicht erinnern. Einmal war sie mit Mark unterwegs gewesen – ohne dass sie sich berührten, das taten sie in der Öffentlichkeit nie – und er hatte gesagt: »Bei uns verlassen die Reichen am Wochenende die Stadt, hier tun das alle.« Sie hatte ihm die Grundlagen des sozialistischen Jugoslawien und die unkontrollierten Bauaktivitäten dank ausländischer Kredite um 1970 herum erklärt. Jeder hatte sich ein Haus oder wenigstens eine Wohnung gebaut, viele auch ein oder zwei Wochenendhäuser. Ihr Vater war von seinem Soldateneinkommen und den Versetzungsbefehlen abhängig gewesen, daher hatte er nicht wirklich einen Platz, an dem er einen Spaten hätte ansetzen können. Seine Kollegen lösten das Problem, in dem sie in ihren Geburtsorten bauten, wohin sie nach ihrer Pensionierung zurückzukehren gedachten. Von so etwas hatte ihr Vater nie gesprochen.

Von Bitola war ihr die Erinnerung an die Märkte und an die Promenade geblieben, an den Abendspaziergang herausgeputzter Familien, der Vater stets in Uniform. Dann Rijeka, das Meer, der Sonntagsmarkt, der Korso. Schließlich Ljubljana, die erste Klasse der pädagogischen Fachoberschule und die allgemeine Heiterkeit, als sie fragte, wo sie denn hier einen Spaziergang machen könnte. Einen solchen Ort gab es nicht, weil sich so etwas nicht schickte. Von Anstand und gutem Benehmen zeugte hingegen, in die Berge oder ans Meer zu fahren, wo man sich bis zur Bewusstlosigkeit besaufen konnte, um dann am Montag halbwegs nüchtern zur Arbeit in die Stadt zurückzukehren. Das, was man ist, darf man dort nicht sein, wo man lebt. Marks Kommentar war, dass die Slowenen also zu Hause so tun mussten, als seien sie Österreicher. Es hatte sie geschmerzt, dass er als Ausländer schlecht von ihrem Volk sprach. Nur sie, die Einheimischen, durften das.

Sie traf immer mehr Menschen, die in ihre Richtung gingen. Die Köpfe, weil sie sich Gebäude ansahen, leicht in die Höhe gereckt, in der Hand geflochtene Körbe, mit Tüchern bedeckt, Blumensträuße, die sie ungeschickt hielten. Kleider, die nur wenigen standen, da sie sie schon vor langer Zeit gekauft hatten und der Stoff ihrem Wachstum, dem Zu- oder Abnehmen nicht hatte folgen können. Menschen vom Land, die ihre Angehörigen im städtischen Krankenhaus besuchten. Sie ging schneller, schnappte unterwegs einige Gesprächsfetzen auf wie: »Er wurde operiert«, »Es wird nicht mehr lange gehen mit ihm«, »Gut, dass er das Land aufgeteilt hat«.

Während sie noch an Mark dachte, gelangte sie zum Haupteingang des Krankenhauses. Sie traute sich nicht hinein, vielleicht würden ihm die amerikanischen Kollegen an diesem Sonntag einen Besuch abstatten, das konnte sie nicht wissen.

Sie verlor sich in Gedanken und befand sich unversehens vor dem Zugang zur Entbindungsklinik, ohne zu wissen, wie sie dort hingekommen war. Eine große Familie, der Vater konnte die Kinder kaum bändigen, jedes einen halben Kopf kleiner als das vorige, wie sie Gott eben gegeben hatte. Eine junge Mutter trug ihren Säugling hinaus in die Sonne, und beim Fotografieren stellte sie sich so ungeschickt an, dass der Schatten der geöffneten Schranke auf sie fiel.

Nirgendwo war der Wachposten zu sehen. Ihr Herz stand still, und sie wollte sich auf die Brust schlagen, um es wieder in Gang zu bringen. Hatten sie den kleinen Marko in vorübergehende Pflege gegeben? Hielt die Leiterin es deswegen nicht mehr für erforderlich, das Gebäude bewachen zu lassen? Dann die Hoffnung: War vielleicht schon die Polizei gekommen? Alle hatten von der Verschwörung dieser angesehenen Menschen erfahren, ihr Kind war also in Sicherheit. Morgen würden sie anrufen, wenn die Arbeitswoche losging und der Staatsapparat sich in Bewegung setzte.

Eine alte, im Laufe der Jahre unsichtbar gewordene Frau griff nach ihrer Hand, als sie vor dem Fußgängerüberweg wartete.

»Fräulein, ich habe Sie im Fernsehen gesehen. Keine Sorge. Gott wird alles richten!«

Sie zwinkerte ihr zu und humpelte mithilfe eines Stocks langsam davon.

Sie kam mit einem Gefühl der Leere, der Schlaffheit und

der Langsamkeit nach Hause zurück. Sie hätte unaufhörlich essen können, obwohl sie das Gefühl nicht wirklich bestimmen konnte, es schwankte zwischen Hunger und Durst. Sie öffnete den Kühlschrank, mehrmals, und starrte hinein, als ob er sich von allein füllen könnte. Der Gedanke, einkaufen zu gehen, ekelte sie an. Sie riss sich vom Kühlschrank los und machte ein paar Schritte durch die Wohnung. Ihre Freundinnen hatten angerufen und ihr zu ihrem Auftritt gratuliert, hatten erzählt, dass sie beim Zuschauen geweint hätten. Es war ihr zu viel, sie wollte sich hinlegen und die Decke über den Kopf ziehen, damit der Tag so schnell wie möglich vorüberging und die Morgenzeitungen kämen. Sie traute sich nicht, das Telefon einfach klingeln zu lassen, was, wenn ...

Ein Spatz hüpfte herum wie ein verlorener Pingpongball, neigte den Kopf und sah sie prüfend an, ob sie etwas zu fressen für ihn hätte. Zala stand vor dem Kiosk und wartete auf den Angestellten, der schon vor langer Zeit hineingegangen war, sich in dem kleinen Innenraum bewegt hatte, sodass die Konstruktion geächzt und gelegentlich metallische Laute von sich gegeben hatte. Als er endlich herauskam, blies er sich in die Hände, als wollte er sich für die schwere Arbeit aufwärmen oder als hätte er sich in der Jahreszeit getäuscht. Er zog ein Messer aus der Tasche und schnitt die Plastikbänder durch, die die Zeitungspakete zusammenhielten.

»Müssen Sie dringend zur Arbeit?«, fragte er Zala, die nickte, weil er ihr die Ausrede leicht gemacht hatte.

Er begann, die Zeitungen ins Regal zu sortieren, und als er damit fertig war, trat Zala hinter ihn und griff nach dem *Delo*.

»Krieg in Bosnien und Herzegowina lässt trotz Vereinbarungen nicht nach«, berichtete die Hauptschlagzeile. ›Gut, das ist wichtiger als mein Fall‹, dachte sie und sah sich die rechte Seite des Titelblatts an. »Krieg in Kroatien wütet unvermindert heftig«. ›Auch das.‹ »In der KSZE noch keine Einigung über Ausschluss Jugoslawiens«. ›Was ist die KSZE?‹, fragte sie sich und drehte die gefaltete Zeitung auf die untere Hälfte der Titelseite. »Minister Rupel hat seinen Besuch in Österreich angetreten«, und dann eine

Reihe kleinerer Überschriften, über die ihre Augen haste-
ten. Ein schwarzer Rahmen trug den Titel »Slowenisches
Lotto«.

»Fräulein, Sie müssen sie kaufen«, sagte der Verkäufer mit
dem Gesicht eines gealterten Säuglings.

»Ja, berechnen Sie sie mir einfach«, sagte sie.

»*Delo*? Sonst noch etwas?«

»Alle!«

Sie ging mit einem Packen Zeitungen hinter den Laden
und blätterte weiter. Auf der zweiten Seite standen die
Nachrichten des Tages: »In 15 Jahren auf dem Niveau von
Westeuropa«. Auf der dritten Seite wurde über die Fischer
berichtet, die protestierten, alles satthatten. ›Vielleicht im
Vermischten?‹ Rasch blätterte sie weiter. »Schwimmen-
de Hüte in der Adria sind keine Quallen«, berichtete die
Schlagzeile.

Sie wollte die Zeitung wie einen ekligen Lappen wegwerfen, dachte jedoch, dass ihre Augen womöglich versagt
hätten, und sah sich schnell noch die anderen Tageszei-
tungen durch.

Nichts.

NICHTS!

Sie kehrte zur ersten Seite des *Delo* zurück und starrte
lange auf das Datum. Sie nahm sich noch einmal sämtliche Zeitungen vor. Die Löschung war es weder wert, unter die Tagesnachrichten noch unter die Lokalnachrichten
eingeordnet zu werden, nicht einmal unter Vermischtes.
N-I-C-H-T-S. Sie warf das Papier in einen leeren Behälter, der neben dem Kiosk stand. Dann kramte sie einen
Notizblock aus ihrer Handtasche, fand eine Telefonmünze
und lief zur nächsten Telefonzelle.

↓

Die Feuchtigkeit, die sich auf der Schokoladenglasur der Torte angesammelt hatte, wurde zu schweren, glänzenden Tropfen, als die Sonne zwischen den Gebäuden hervordrang, als wären sie eine Kostbarkeit und nicht nur ein Nebeneffekt.

»Ich bin heute ins Archiv gegangen und habe mir die Aufzeichnung angesehen«, sagte der Moderator und hielt die Gabel in der Faust, als warte er, dass etwas vom Himmel darauf fiele. Seine tränenförmigen Brillengläser blitzten in der Sonne. Er sah gebrochen und unglücklich aus, sodass Zala sich nur hinsetzen und zuhören konnte.

»Ja, sie existiert«, fuhr er fort. »Sie ist dort. Einschließlich jener Minute, in der der Ton ausgefallen ist, wegen, mhm, technischer Probleme, und ich dachte, das ist es, Ende, Zensur, aber das haben sie sich nicht getraut. Sie haben sich nicht getraut. Offenbar kennen unsere Politiker ihr Volk sehr gut. Besser als Sie und ich. Was für Idioten wir waren! Wir dachten, wir hätten eine Geschichte, die erzählt werden musste. Dabei sind wir auf eine gestoßen, die wir um der eigenen Gesundheit willen besser übersehen hätten. Niemand sagt etwas zu mir. Sie gehen mir ein bisschen aus dem Weg, manche wechseln auch die Straßenseite, wenn es nötig ist, aber sie sind freundlich zu mir. Als hätte ich inmitten einer illustren Gesellschaft gefurzt. Alle sind freundlich und ignorieren das Beschämende. Denn wenn sie darüber sprechen würden, würde der Gestank bleiben. Nein, es ist nicht alles gleich geblieben. Meine Sendung wurde ans Programmende verlegt, wenn auch die letzte Nachteule ausgeschaltet hat.«

Er machte Zala ein Zeichen, er wolle kein Mitleid; sie hatte auch gar keine Absichten in der Richtung. Sie fühlte sich noch immer wie eine bloße Hülle, leer wie die Zeitungen, die Bleispuren auf ihren Fingerspitzen hinterlassen hatten.

»Die Politiker haben die Sendung gesehen, keine Sorge. Gestern hat einer von ihnen auf einer Feier schon Witzchen über die *Ausgekochten* – eine davon sind Sie – gerissen, denn die würden sich einbilden, vom Staat eine Entschädigung erpressen zu können. Ich habe die Aufnahme gesehen. *Ausgekochte*. Das war's. So wollen sie euch loswerden, damit ihr als ein Club von Clowns, die Geld vom Staat wollten, in die Geschichte eingeht.«

Er knirschte mit den Zähnen. Er musste erst die Augen schließen, bevor er den Mund wieder öffnete.

»Meine Frau hat es gesehen, sie hat mich zu Hause völlig geschockt empfangen und gesagt, ich hätte es total verbockt. Dafür würde ich noch die Rechnung präsentiert bekommen, wenn auch erst in ein paar Jahren. Bei uns reicht die Erinnerung der Menschen weiter zurück als die Existenzdauer eines Staates. Sie wissen sogar, auf welcher Seite dein Ururgroßvater stand. Das hat sie zu mir gesagt und sich auf mich gestürzt. Wir hatten den besten Sex der letzten zwanzig Jahre. Nun ja, wenigstens das.«

Er hob die Gabel und ließ sie sachte auf die Torte sinken. Ein Zinken durchstach einen Tropfen, der auseinanderlief, und ein Rest blieb an ihm haften.

»Ich dachte, nur wir Journalisten seien solche Straußenvögel, Kopf in den Sand und sich nur um sich selbst kümmern. Ein halbes Jahrhundert Dressur durch den Sozialismus muss sich ja irgendwie bemerkbar machen. Aber zuvor noch tausend Jahre Feudalismus. Diese Nation wird alles überleben, weil nie jemand sehen will, was er sehen müsste. Das ist das Geheimnis unseres Überlebens. Die Straußenstrategie. Die einen haben die Arche Noah, wir haben den Straußenblick. Die großen Nationen müssen nach vorn, die kleinen müssen wegschauen.«

Plötzlich wurden seine knochigen Finger bleich, seine Faust zitterte. Er stach wild auf die Torte ein, zermatschte und zerkleinerte sie zu einem klebrigen Brei. Zala konnte die Augen nicht von der Zerstörung abwenden, und von dem Atem, der immer keuchender wurde, bis er ebenso plötzlich mit dem Stochern aufhörte.

»Bitte, da haben wir's«, sagte er und warf die Gabel auf den Tisch. Sie landete mit einem langgezogenen metallischen Geräusch auf dem Boden.

↓

Gesichter, was für Gesichter. Ljubljana, voller Körper, Tüten, Taschen, Koffer. In den Lokalen kein freier Platz, Gesprächsfetzen drangen zu Zala, Gejammer darüber, wie hart sie arbeiten, wie sie bei der Arbeit leiden, wie alle sie ausnutzen. Stöhnen, Selbstmitleid, mitten am Arbeitstag, um zehn Uhr vormittags, in Cafés. Menschen mit ihren Sorgen. Einige von ihnen mit echten, die meisten aber mit erfundenen. Besorgt, weil es sich in diesem Land nicht gehört, unbesorgt zu sein. Gesichter. Ausländer.

Zala war zum Kotzen zumute.

Die zermatschte Torte war zu einem Fleck auf ihren Augäpfeln geworden, der nicht weichen wollte, und alle diese Gesichter mischten sich mit ihm.

↓

Ein Gesicht, das etwas anderes versprach. Diese amerikanisch weißen Zähne, dieser Optimismus, programmiert seit der Gebärmutter oder sogar schon vorher, seit Eizelle und Spermium, vielleicht noch früher, seit den ersten Siedlern. Marks Gesicht vor ihr, verwirrt, die Augenbrauen hatten sich selbstständig gemacht, legten die Haut zwischen sich in Falten, er verstand nichts.

»Sie werden wegschauen?«, sagte er. »Nichts in den Medien? Gestern habe ich ferngesehen, da war wirklich nichts, ich hatte einen leisen Verdacht, aber ich konnte nicht voraussehen ... Schaut denn bei euch die Polizei kein Fernsehen? Wenigstens die Staatsanwaltschaft?«

Er sprach immer leiser und undeutlicher. Sie hasste dieses Umschalten auf Lösungssuche, denn sie spürte deutlich, dass es zugleich eine Flucht aus der Realität war. Er nahm die Informationen mit und klinkte sich aus, sein Gehirn ratterte in seiner eigenen Welt, und sie blieb allein auf dem Flur des Krankenhauses zurück, neben einem Automaten, der auf eine Münze wartete.

Sie hasste ihn und sich selbst, als sie mit kraftloser Stimme sagte: »Ich dachte ... das Fernsehen ... dass sich alles ändern würde ...«

Sie konnte nicht aufhören, es war, als hätte sie gerade erst gelernt, ihre Stimmbänder zu benutzen.

»In amerikanischen Filmen ist das so!«, sagte sie mit trotziger Stimme, fremd und seltsam, die sie nicht als ihre erkannte. Sie senkte die Stimme und versuchte, sie zu kontrollieren: »Wie kannst du nur so kalt sein? Für dich ist das bloß ein weiteres Problem, das gelöst werden muss, du verdammter Schachspieler! Es geht um mich und um unser Kind!«

Mark kehrte zurück: »Soll ich herumspringen und brüllen? Würde das helfen? Würde es das?«

Er hüpfte wirklich ein bisschen herum und fasste sich sofort links an die Brust. Er fluchte und sah sie wütend an.

»Ich habe meinem Vater vertraut«, sagte sie, »bis er mich zu seiner Arbeitsstelle mitgenommen hat, ganz stolz. Wir waren gerade nach Rijeka umgezogen, ich muss elf Jahre alt gewesen sein. Eine riesige Kaserne auf einem Hügel. Mein Vater, der immer seine Uniform reinigte, am Tag davor erst recht. Kann es sein, dass die jugoslawische Armee einen Tag der offenen Tür hatte? Vermutlich nicht, ich erinnere mich nicht, aber ich weiß, dass ich mit ihm gegangen bin. Zu dieser Armee, die die mächtigste der Welt und bei Manövern immer siegreich war. Mit meinem Vater, der der größte und mutigste Mensch in meinem Universum war. Was für ein Tag, oh, was für ein Tag! Jeder, der vorbeikam, beschimpfte ihn und schnauzte ihn an. Ich kannte alle Dienstgrade, er hatte sie mir beigebracht, noch bevor ich die Buchstaben gelernt hatte. Und alle diese Dienstgrade gingen vorbei und jeder fegte mit meinem Vater den Boden. Sodass er dann schließlich etwa zehn picklige Jungs angebrüllt hat, die sich noch nicht einmal die Uniform richtig zuknöpfen konnten und denen alles egal war. Sie rissen nur die Tage herunter, das war alles, was sie interessierte. Am schlimmsten war es auf dem Weg nach Hause. Weil ...«, Zalas Stimme bebte, »... weil, verstehst du, Mark, verstehst du? Weil mein Vater genauso stolz von der Arbeit heimkam, wie er morgens hinging!«

Sie wollte ihren Blick nicht von Marks Gesicht abwenden. Sogar beim Zuhören schien er Probleme zu lösen. Zu Beginn des Berichts ein Kräuseln seiner Augenbrauen, dann ein Zwinkern mit dem linken Auge, schließlich wandern die Augenbrauen nach oben, seine Augen werden größer, er begreift, was sie ihm sagen will. Es folgt die Überprüfung, ob er noch beim richtigen Thema ist, alle paar Sätze erfolgt eine Probenentnahme. Das tut er mit dem Verstand, zugleich aber reagiert die Partie um den Mund herum emotional, als hätte sie vergessen, sich zu beherrschen.

Wie hatte sie in diesem August doch nach Ausflüchten gesucht, um ihm klarzumachen, dass sie wirklich nicht mit ihm leben konnte! Wenn sich die Leidenschaft gelegt hätte und das Dunkle aus seinen Augen verschwunden wäre, könnte sie dann dieses ewige logische Durchkauen weiterhin ertragen? Hatte er Sinn für Humor oder nahm er die Welt einfach zu prosaisch? Er könnte ... ›Könnte‹, echote das Stimmchen in ihr immer.

»Auch dir habe ich auf die gleiche Weise vertraut«, fügte sie hinzu.

»Ich bin Ausländer. Ihr funktioniert anders, als ich es gewohnt bin. Nein, ich rechtfertige mich nicht«, fügte er rasch hinzu. »Habe ich aufgegeben? Nein! Ich denke ständig nach, es greift mich an.«

»Das mathematische Problem?«

»Was sagst du da?«

Sie ertrug seinen bohrenden Blick nicht.

»Was auch immer du tun kannst, um das Kind zu retten, ich akzeptiere es«, sagte sie, »weil ... gerade jetzt ... Mark, gerade jetzt habe ich an ihn gedacht, und meine Brüste sind hart geworden. Es ist immer so. Sie warten auf ihn,

seinen Mund, sie sind voller Nahrung. Und er ist nicht da. Allein der Gedanke an ihn, verstehst du, allein der Gedanke an ihn macht mit meinem Körper, was er will ...«
Ihr gingen die Worte aus. Sie sah zu Boden und drückte die Finger ihrer rechten Hand in ihre linke Handfläche.
»Am Freitag fliege ich nach Hause. Der Konzern will, dass ich mich zusätzlichen Untersuchungen unterziehe, meine Frau und meine Kinder machen sich Sorgen, ich muss mich erholen. Aber ich habe den Eindruck, obwohl ich es nicht beweisen kann, dass mein Chef noch andere Gründe hat, mich aus dem Land abzuziehen. Er hat hier Freunde in hohen politischen Positionen.«
Zala sah ihn überrascht an.
»Natürlich wissen sie von mir. Sie sperren die Ohren auf und wissen Bescheid. Pass bitte auf.«
»Ich gehe«, sagte sie.
»Bitte, bleib noch ein bisschen. Lass uns noch einen Kaffee trinken.«
Er warf eine Münze in den Automaten und brauchte ein paar Sekunden, um das Problem mit den Tasten zu lösen.
»Wie im Labor«, kommentierte er den Plastikbecher, als er ihn in den Händen hielt. »Er riecht sogar ähnlich.«
Der Kaffee war zu süß, deshalb roch sie nur daran. Sie fand etwas Tröstliches in dem Geruch, der auch an so viel bessere Momente erinnerte.
»Überall ist es so, dass sich keiner Probleme schaffen will. Aber bei euch ist alles verstaatlicht«, er zählte es an den Fingern ab, beginnend mit dem Zeigefinger, »von den Medien«, dann der Mittelfinger, »über die Schriftsteller«, und noch der Ringfinger, »bis zu den Unternehmen. Wer wird sich also gegen den Staat auflehnen?«

»Siehst du«, sagte sie, »das ist das Problem.«

»Was?«

»Nein, lass die Hand so, wie sie jetzt ist. Beweg dich nicht.«

Sie machte eine Faust und streckte den Daumen aus:

»Erstens.«

Sie schob den Zeigefinger aus der Faust:

»Zweitens.« Sie fügte den Mittelfinger hinzu:

»Drittens. Hast du das gesehen?«

»Nein, was?« Sie wiederholte die Bewegungen der Finger:

»Erstens. Zweitens. Drittens.«

Er sah sie ratlos an, auf seiner Stirn bildeten sich schon Knötchen.

»Was willst du damit sagen?«

»Zähl!«, sagte sie. »Zähl mit den Fingern! Bis fünf!«

Er gehorchte.

»Hast du es jetzt gesehen?«

Sein fünfzigjähriges Gesicht wurde durch das konzentrierte Interesse wieder glatt und kindlich.

»Wirklich!«, sagte er. »Ja, wirklich! Das ist mir noch nie aufgefallen! Ich bin schon ein Jahr hier! Danke, dass du mich darauf aufmerksam gemacht hast ... Ihr zählt anders, ihr fangt mit dem Daumen an. Bei uns in Amerika ist der Zeigefinger der erste. Also sind wir nicht synchron, haben einen Finger Unterschied. Aber warum zeigst du mir das?«

Sie verspürte eine Eiseskälte, die ihre Worte und ihren Blick abkühlte.

»Hast du vielleicht einmal daran gedacht, dass Slowenien ein so eigenwilliges Land ist, dass deine Problemlösung hier versagt?«

»Schau, je kleiner ein Volk ist, desto mehr denkt es, es sei etwas Besonderes. Das hilft ihm, den Lauf der Geschichte zu überleben ...«

»Schon möglich«, warf sie ein. »Du hast dich mit dem Redakteur geirrt, du hast dich mit dem Schriftsteller geirrt und du hast das mit dem Fernsehen vergeigt. Alles, verstehst du, alle Hoffnungen, die du mir gemacht hast, waren falsch. Um einen Finger daneben. Und ich habe dir vertraut. Ihr Amerikaner kommt her, erteilt uns Ratschläge, dabei zählt ihr sogar anders mit den Fingern. Du bist Ausländer und bist Mann, und ein Kind ist für dich nur ein Wort, und ich ... Ich will dich nicht mehr sehen! Nie mehr!«

»Zala ...«

»Und dann haust du auch noch ab, zu allem Überfluss!«

»Zala, ich werde weiter versuchen ...«

»Verzieh dich!«

»Ich muss ... Ich habe einen Anwalt bevollmächtigt ...«

»Verzieh dich!«

Einmal war es in einem Streit mit ihrem Vater ebenfalls zu einer eisigen Ruhe wie dieser gekommen. Aber sie war ihr so furchtbar erschienen, dass sie sich zurückgezogen hatte, in die Sicherheit des Schreiens, Krakeelens, des Dramas.

»Zala ...«

»Verzieh dich!«, wiederholte sie leise, drehte sich um und ging.

↓

Vor dem Wohnblock standen ein Mann und eine Frau in Kleidern, die die Mode schon lange hinter sich gelassen

hatte. Über seinem gestreiften Hemd ragte ein dreiecki-
ger Kopf mit abstehenden Ohren hervor, sie hatte eine
Jacke übergeworfen und hielt einen geflochtenen Korb in
den Händen, bedeckt mit einem bestickten Tuch.

Zala wollte vorbei. Sie traten auseinander, und die Frau
sagte:

»Dankeschön! Sie haben auch für uns gesprochen!« Der
Mann nickte feierlich.

»Wir haben Ihnen von den ersten Kirschen mitgebracht,
bei uns gibt es schon welche«, schloss die Frau und hielt
ihr den Korb hin, den Zalas Hände instinktiv nahmen.

»Wir wollten nicht stören«, sagte der Mann, sie nickten
und gingen.

»Wie haben Sie mich gefunden?«, fragte Zala, aber sie waren schon außer Hörweite.

↓

Sie bewegte den Hebel der Dusche langsam Richtung kalt
und schüttelte sich jedes Mal, wenn ein neuer, immer käl-
terer Schwall kam.

Sie hatte ihre Wut an Mark ausgelassen, das war ihr klar,
aber sie wollte ihn nicht wiedersehen. Nicht wegen dem,
was er versucht hatte, oder deswegen, weil es ihm nicht
gelungen war, sondern wegen der kleinen Stückchen seines Gesichts, die in sie hineingewandert waren, sich in
ihrer Gebärmutter mit ihr und ihren Vorfahren gemischt
hatten und sie jetzt an das Kind erinnern würden, das
sie verloren hatte.

Aus.

Sie war von keinem staatlichen Dienstwagen überfahren,

sie war nicht von Polizisten verprügelt worden, sie war nicht in der Nacht verschwunden. Es hatte in einem Schweigen geendet, in dem ihr Schreien versickert war. Wie lange kann eine Stimme durchhalten, wenn sie ohne Echo bleibt? Sie hatten ihr gesagt, die Liebe würde über alles den Sieg davontragen. Jetzt hatte sie die Erfahrung gemacht, dass sie über die Interesselosigkeit der Masse mit Sicherheit nicht siegen konnte.

Aus.

Sie trocknete sich ab, lief nackt ins Schlafzimmer und zog sich die Decke über den Kopf. Sie zitterte vor Kälte, und als sie es langsam warm hatte, träumte sie in der Dunkelheit davon, ihren Sohn zu entführen, von wundersamen Wendungen, und weinte.

Aus.

Sie wusste nicht, ob sie das Bewusstsein verloren hatte oder eingeschlafen war. Die Sonne blitzte in einem Fenster auf der anderen Seite des Hofs auf und markierte den Übergang zum frühen Nachmittag.

Die Decke bis zur Nase hochgezogen, sah sie sich langsam im Zimmer um. War das alles, was bleiben würde? Ein Kleiderschrank, ein Plakat mit einem Delphin an der gegenüberliegenden Wand. Dazwischen die Wiege, auf ewig leer.

Alleinstehend.

Angsterfüllt zog sie sich eilig an.

Das Klingeln des Telefons erwischte sie in der Tür.

»Du Sau! Du Balkanhure!«, schrie eine Männerstimme und legte sofort auf.

↓

Sie stieg als Einzige an der Bushaltestelle vor dem Asylantenheim aus. Schon von Weitem hatte sie Nikola bemerkt, wie er auf einer Bank am Rand des Hofs saß und rauchte. Der Mann neben ihm erklärte ihm etwas, voller Begeisterung. Zala legte die Hand auf das Geländer und versuchte, seine Aufmerksamkeit auf sich zu ziehen. Sie blickte sich ängstlich um, ob vielleicht irgendwo ein Wachmann zu sehen war; sie sah keinen, aber man würde sie sicherlich nach ihrem Ausweis fragen, wenn man sie erwischte.

Ein junger Mann mit weit aufgeknöpftem Hemd ging vorüber, sie bat ihn, doch bitte den dort drüben zu rufen, und zeigte auf Nikola.

»Senad, komm mal, da ist eine für dich!«, rief er, begutachtete sie noch einmal und entfernte sich nur widerwillig.

Nikolas Grinsen zeigte zweiunddreißig Zähne weniger einem. Die Kratzer waren verheilt, die Ränder der Blutergüsse um die Augen waren bereits gelblich.

»Wie schaust du denn aus?«, fragte sie und wollte ihn streicheln. Er drückte die Wangen gegen das Gitter:

»Versuch's jetzt!«

Sie lachte.

»Senad? Was ist denn das jetzt?«

»Ich gebe mich als Bosnier aus. Ich hoffe, dass sie nicht solche Arschlöcher sind und mich nach Bosnien schicken, dort ist es jetzt am schlimmsten. Falls nötig, werde ich bei Unprofor oder der Unicef oder wie sie heißen um politisches Asyl bitten. Wie ist die Reaktion auf die Fernsehsendung?«

»Nichts.«

274

»Wie meinst du das? Wir haben hier geweint! Selbst die, die nichts verstanden haben, hat es mitgerissen. Wie jetzt, nichts? Es hat nicht geholfen?«

»Nein.«

»Ah, verflucht, von wegen Macht des Fernsehens. Gut, dass ich keine Gebühren bezahle.«

»Wenn es geholfen hätte, wäre ich mit dem Personalausweis durch den Haupteingang gekommen und hätte für dich unterschrieben. Aber so ...«

»Gitterpetting«, er lehnte wieder das Gesicht an das Gitter.

»Nikola, mach dich nicht darüber lustig. Ich weiß nicht, was ich tun soll. Es ist aus.«

»Nein. Es ist nicht aus, bis es aus ist.«

»Ich kann nicht aufhören, zu hoffen, ich kann nicht! Ich hoffe, dass das Telefon klingelt und eine staatliche Dienststelle ist am Apparat, und sie geben mir mein Kind zurück.«

Nikola wurde ernst und sah sie traurig an:

»Der Staat wird anrufen? So was habe ich noch nie gehört.«

»Wenn ich jetzt aufhöre, sterbe ich. Ich muss ...« Sie lehnte ihre Stirn an das Drahtgitter.

»Ich weiß nicht ... ich würde mich am liebsten hinlegen und sterben.«

»Zala ...«

»Ich weiß, dass es aus ist, zugleich melke ich meine Titten, drücke die Milch heraus, verstehst du, ich kann nicht aufhören. Diese Milch sind meine Tränen für ihn, für den Kleinen, für Marko, den sie mir gestohlen haben. Ich weine ins Waschbecken und spüle die Tränen dann mit Wasser weg. Anfangs habe ich alle paar Stunden geweint, zu Hause, auf den Klos von Imbissstuben und Restaurants. Jetzt immer seltener, weil mein Gehirn weiß, dass es umsonst ist, und der Körper ihm zu glauben beginnt. Nikola, ich kann nicht mehr, ich kann nicht. Ich bin so allein.«

Sie sah ihn an. Sein Gesicht schien ihr zu jung für all das, was sie ihm sagen wollte. Sie hatte ihn regelrecht gepeinigt, darum verstummte sie, winkte zaghaft und ging.

Sie wartete lange an der Bushaltestelle, von der nur noch ein Pfosten ohne Fahrplan übrig war. Als der Bus kam, zahlte sie beim Schaffner, kroch auf einen Sitz und betrachtete die Wiesen, die vorüberwogten.

»Kontrolle!«, sagte eine harte Männerstimme. ›Endlich!‹, sagte sie sich und entschied sich, ohne Widerstand den langen Weg nach Kragujevac anzutreten.

Sie sah ihn müde an. Der Mann in der grünen Uniform hielt ihr irgendeinen Ausweis vor das Gesicht.

»Die Fahrkarte, bitte«, fügte er hinzu.

13. MAI 1992, MITTWOCH

Sie fuhren unendlich lange im roten Zastava 101, für den ihr Vater Geld eingezahlt, mehrere Monate gewartet und ihn dann vom anderen Ende Jugoslawiens abgeholt hatte. Zala fehlte ein paar Tage in der Schule, damit sie an der Familienexpedition teilnehmen konnte. Ihr Vater fuhr und ärgerte sich über die Nichtbeachtung von Verkehrsregeln: »Diesem Land fehlt es an Disziplin!« Die Mutter nickte oder nickte ein, Zala konnte es nicht sehen, weil sie selbst in eine Ecke gerutscht und eingeschlafen war. Sie wachte auf, als ihr Vater wieder laut über einen Fahrer schimpfte, und als sie sich bewegen wollte, gehorchte ihr Körper nicht. Sie versuchte, einen Arm zu bewegen, ein Bein, schließlich wenigstens den kleinen Finger – nichts. Sie starrte an die Decke und auf die Landschaft, die sie durch das Fenster sah, und der Schrecken zwang sie, eine Bewegung zu versuchen, vergeblich. Sie rief ihre Eltern um Hilfe, doch es drang keine Stimme aus ihr, die den Motor hätte übertönen können.

Der Schrecken der Bewegungslosigkeit, das Festkleben an dem einen Moment, der unendlich andauert. Ihre Angehörigen nahe bei ihr, und zugleich war sie völlig allein. Sie hatten keine Ahnung, was mit ihr geschah, und selbst wenn sie es gewusst hätten, sie hätten ihr nicht helfen können.

Ist das der Tod? Die Zeit, angehalten in einem einzigen Augenblick, eingefrorene Empfindungen, eine seltsam gekrümmte Körperhaltung, ein Kopf, der sich wegen des löchrigen Asphalts leicht auf und ab bewegt. Der Vater flucht wegen der anderen Autofahrer, für gewöhnlich immer mit denselben Worten, doch zwischendurch kann er verstummen, über seinen Dreitagebart kratzen – sie sind schon lange unterwegs – und die Zigarette am heruntergelassenen Fenster abklopfen.

Das Nicken der Mutter bricht ab, sie bittet ihren Mann um die Zigarette, was sie selten tut, und nimmt zwei lange Züge.

Zala schafft es, den Zeigefinger der rechten Hand zu bewegen, der Panzer zerspringt. Die Bewegung verläuft über die Finger, die Handgelenke, es folgen die Arme, die Beine, Zala richtet sich auf.

»Wir sind bald zu Hause«, sagt ihre Mutter, wie jedes Mal, wenn sie sich nach ihr umdreht.

Sie konnte nicht einschlafen. Sie hatte die Vorhänge nicht zugezogen, und wenn ein Auto auf den Hof fuhr, breitete sich ein gelber Fächer über der Zimmerdecke aus. Es war schon lange keines mehr gekommen, zuletzt hatten ein Mann und eine Frau kichernd vor dem Eingang gestanden und lange nach den Schlüsseln gesucht. Die Schlüssel waren heruntergefallen, die Frau kreischte daraufhin und beschimpfte genüsslich ihren Begleiter. Dann folgte Stille, nur die entfernten Geräusche der Hauptstraße, als führe man mit den Fingern über Schleifpapier.

Die Nacht auf der Insel, als sie oben auf dem Berg lagen, und sie sich an ihn presste, weil ihr kalt war. Er hatte über sie hinweggelangt und mit den Fingerspitzen die Decke unter ihren Körper gestopft.

Eine verlöschende Sternschnuppe zog einen Riss über das milchige Himmelsgewölbe, und sie wünschte sich, die Zeit würde stillstehen. Die ganze Abfolge der Tage, der Morgenkaffees, Spaziergänge, des Schwimmens, und schließlich das Packen und die Fahrt nach Hause, standen ihr vor Augen, und sie wollte es nicht. Ohne hinzusehen, streckte sie die Finger nach seinem Kopf aus und streichelte ihn über den Ohren, ließ sie zum Hals hin gleiten, nässte ihre Fingerkuppen mit seinem Schweiß und hielt sie sich unter die Nase. Wenn nicht der Augenblick, dann wenigstens der Geruch. Eine Stimme in ihr grummelte, dass sie die Sternschnuppe für einen unmöglichen Wunsch vergeudet hätte, als glaubte sie tatsächlich an so etwas.

Die Zimmerdecke schwieg, dunkel, irgendwo über ihr. Bis zu ihrem Fernsehauftritt hatte sie sie als Grundlage für die Planung und die Suche nach Lösungen genutzt. Es folgten zwei Nächte des Triumphs, der von Sorglosigkeit abgelöst wurde, dann Nächte des Träumens, des Schmiedens unmöglicher Pläne und Ersinnens wundersamer Lösungen. Diese Nacht war die erste Nacht der Leere.

Um sie herum und, noch furchtbarer, in ihr. Als sich das Kind in ihrem Innern zum ersten Mal bemerkbar gemacht hatte, hatte sie nicht gewusst, ob es nicht vielleicht Darmbewegungen waren. Langsam war es deutlicher geworden, unverwechselbar, zuletzt stärker. Es hatte Schluckauf bekommen, und sie musste dabei immer lachen, was das Kind noch mehr ansornte. Dann begann es zu hüpfen und im letzten Monat auch zu laufen. Sie spürte, wie sich die Fußsohlen an ihr abstießen und sich zu einem

Spaziergang aufmachten. In seiner Welt, in ihrem Innern. Beine, die aus ihr herauskommen und viele Jahre mit ihr gehen würden.

Manchmal drehte es sich kraftvoll um und brachte sein Zuhause in Schwingung, und damit auch sie. Es weckte sie, sie lächelte die Decke an, strich sich über den Bauch und sang leise, flüsternd, ein Gutenachtlied.

Das Kind war ohnehin in ihr, hörte alles, dachte womöglich sogar.

Jetzt nichts.

Eine leere Wohnung, ein leeres Inneres.

Nichts.

Eine andere Frau ...

Sie griff nach dem Rand des Bettlakens und zog daran, bis es riss. Ein lautes und sehr trockenes Geräusch, bissig und zischend.

Ihr Gehirn, das in den letzten Tagen alle möglichen Pläne gewälzt, Nachrichten und Filmfetzen hervorgeholt, Szenarien gestrickt und Lösungen angeboten hatte, summte träge und kraftlos. Ihre Augen brannten, aber sie konnte nicht weinen. Ein Gefühl der Ohnmacht und der Erstarrung überkam sie, nicht, weil sie sich nicht imstande war, sich zu bewegen, nein, weil es sich nicht mehr lohnte.

Das musste die Strafe sein.

Der Gedanke, den sie vermutlich schon von dem Moment an in sich getragen hatte, als sie auf diese zwei Striche auf dem Schwangerschaftstest gestarrt hatte, eine Art tiefer Ton, wie er aus einer Orgel kommt, überflüssige Luft, verbraucht und ungesund, holte sie in dieser Nacht der Verzweiflung ein.

Die Strafe.

Etwas Seltsames war in diesen Tagen am Meer mit ihr geschehen.

Eine Art Vergesslichkeit hatte sie befallen, vielleicht deswegen, weil sie es so schön gehabt hatte. Welchen Tag haben wir heute? Ist das das richtige Blisterfach? Habe ich die Pille genommen? Oder habe ich sie nur auf den Rand des Waschbeckens gelegt, und sie ist auf den Boden gefallen, unter den Schrank gerollt? Hätte ich zu Mark sagen sollen, dass er Kondome kaufen muss?

Eine gewisse Flatterhaftigkeit, die nicht die ihre war, hatte sie ergriffen und noch Wochen später im Griff. Ihr Verstand hatte natürlich gewusst, dass Mark nur ein Übergangsmann war, verheiratet, schon älter, Ausländer, gut genug, um den Gestank des Parasiten loszuwerden, der acht Jahre lang Aufmerksamkeit, Zeit und Geld aus ihr gesaugt hatte. Urlaub mit einem Menschen, der sich nicht auf sie stützte, ihr nicht nachlief wie ein hungriges Hündchen. Damit sie lernte, dass ein anderes Leben als Paar möglich war, und sie ihren Männergeschmack korrigieren konnte. Etwas Vorübergehendes. Und die Pille sollte das ermöglichen.

Ihr war, als verdichtete sich die Decke und drohte herabzukommen. Wollte sie insgeheim schwanger werden von Mark, wollte sie ihn an sich binden und ihn halten? War das Schwarze über ihr der Blick in den Spiegel?

Verdiente sie deshalb kein Kind? Hatten sie es ihr deshalb genommen?

Sind wir das, was wir denken, oder das, was wir tun, wenn wir nicht denken?

Sie wünschte sich eine Zigarette, diesen Geschmack von Tristesse, Übelkeit und Ekel.

Waren Nächte wie diese alles, was bliebe? War das Leben steckengeblieben, wie auf dieser lange zurückliegenden Fahrt aus dem vergessenen Ort, mit ihrem Vater, der bald sterben würde, und ihrer Mutter, die in der Kategorie »Einheimische Topfpflanzen« den ersten Platz belegen würde?

15. MAI 1992, FREITAG

»Jetzt geben Sie schon Auskunft über meinen Sohn! Sein
Vater zahlt nicht, und jetzt hat das arme Kind noch nicht
einmal eine Staatsbürgerschaft! Und ich ...«
Zala legte auf. Sie hasste den Klang des Telefons, das leichte Zittern des Hörers, den Kunststoff, den sie in der Hand
fühlte, vor allem aber ihre Unfähigkeit, es klingeln zu lassen. Aber vielleicht ... sicher nicht.
Gelöschte riefen an und erzählten ihre Geschichte. Anfangs hatte sie ihnen zugehört und sie getröstet, dann
hatte sie den Hörer neben das Telefon gelegt und aus dem
Fenster gestarrt, ohne etwas zu sehen. Wie viel Leid, und
wozu? Warum erzählten sie ihr das, wo sie doch ihr eigenes Leid schon nicht ertragen konnte?
Zuletzt hatte sie schon nach den ersten Sätzen abgebrochen. Sie fragte sie nicht mehr, woher sie ihre Nummer
hatten, und wunderte sich, wie viele es waren. Zurück
blieb das Gefühl, in äußerster Einsamkeit gefangen zu sein,
was ihre Bewegungen und Gedanken verlangsamte.
Auch Verrückte riefen an, die sie beschimpften und noch
vor ihr auflegten, als fürchteten sie, sie könnte herausfin-
den, wer sie waren.
Auf der Treppe hatte ein Nachbar sie angehalten, herum-
gedruckst und schließlich gesagt:
»Ich wollte nur sagen ... dass es nicht richtig ist, was man
Ihnen angetan hat.«
Sie hatte ihm zugenickt, dann war er hinter seiner Tür

verschwunden, und sie hatte überlegt, wozu sie da stand, warum sie die Wohnung verlassen hatte. Und weil sie schon einmal da war, ging sie einkaufen und stand zwischen den Regalen wie ein Marsmensch.

Mark rief mehrmals täglich an. Sie erkannte ihn schon an seinem Atem, und der Klang seiner Stimme versetzte ihr immer einen Stoß in die Magengrube. Sie legte sofort auf, aber ganz behutsam, damit ihn der eilig aufgelegte Telefonhörer nicht verletzte.

Am Donnerstag stand er vor ihrer Tür, sie sah ihn durch den Spion, und bat sie, mit ihm zu sprechen. Sie lehnte die Wange an das Furnier und schloss die Augen.

Seine Stimme. Wie sehr sie dieses breite Amerikanisch mochte, es erinnerte sie an die Prärien, die sie in Filmen gesehen hatte. Ihr Vater hatte sie manchmal zu einem John-Wayne-Film mitgenommen. »Was für ein Mann, mein Sohn!«, hatte er immer gesagt, wenn sie das Kino verließen. Zala fand ihn alt, fett und kränklich.

Mark musste sich zur Tür vorbeugen, wenige Zentimeter von ihr entfernt, aber sie konnte nicht alles verstehen, was er sagte, außer dass er morgen abfliegen, aber zurückkommen würde, die Anwälte seien am Werk, und er ...

Die Stille rüttelte sie wach.

Sie öffnete die Tür, er war fort. Nur eine Duftspur war geblieben, schwach, aber nicht schwach genug, um sie nicht in Erregung zu versetzen.

Ihre Mutter rief an und sagte mit vorwurfsvoller Stimme, dass ihr Vater aufgehört hätte, spazieren zu gehen und seinen Frühsport zu machen. Ganze Tage säße er im Zimmer, rauchend, auf einem Stuhl am Fenster.

›Das Fenster ist seine schwarze Decke, die ihn niederdrückt‹, dachte sie und schwieg. Ihre Mutter wagte nicht, sie zu bitten, doch vielleicht vorbeizukommen, und sie selbst bot es nicht an.

Auch Zala trat ans Fenster.

↓

»Passagiere nach Frankfurt bitte zum Gate Nummer 4!«, sagte eine Frauenstimme, und Mark setzte sich in Bewegung. Seine hängenden Schultern verlängerten sich zum linken Arm, der mit dem Flugticket in der Hand am Körper herunterhing, und zum rechten Arm, der einen kleinen Koffer hinter sich herzog. Er ging am Schalter für die Gepäckaufgabe vorbei, und die Angestellte lächelte ihn wieder breit an, wie beim Einchecken, vielleicht sah sein Gesicht unglücklich genug aus, dass er in ihr mütterliche Gefühle weckte.

Oder man hatte ihr gesagt, sie solle ganz besonders diejenigen anlächeln, die Businessclass fliegen.

Unter der Decke des lächerlich kleinen Flughafens war ein uraltes Flugzeug aufgehängt, eine Art hölzerne Spinne, und in der Ecke war ein Fernseher angebracht, in dem Christiane Amanpour stumm aus Bosnien berichtete, weil jemand den Ton abgestellt hatte. Ihr Bild verschwand für einen Augenblick und wurde durch ein brennendes Haus mit der dunkelroten Aufschrift CNN am unteren Rand ersetzt.

Mark blieb stehen und starrte auf den Bildschirm, bis die Journalistin wieder erschien.

Die Stimme aus dem Lautsprecher gab ihm die letzte Möglichkeit zum Boarding.

Er setzte sich langsam in Bewegung, die Rollen rumpelten, er ging auf die Sicherheitskontrolle zu, als sich sein Körper ganz von selbst zum Fernseher hinwandte.

Christiane Amanpour, CNN, Bosnia.

Er lief zu einer Telefonzelle und stöhnte dabei vor Schmerzen im Brustkorb.

Er wühlte in seinen Hosentaschen, fand eine Telefonmünze und wählte Zalas Nummer. Er wusste, dass er Zeit für ein einziges Wort hatte, vielleicht.

↓

»Unser Kind ist gerettet«, hörte sie Marks Stimme und konnte nicht auflegen.

»Was?«

»Ich hab es geschafft. Eine CNN-Reporterin, Christiane Amanpour persönlich, möchte ein Interview mit dir. Morgen oder übermorgen, ja. Sie kommt aus Bosnien und wird eine Breaking-News-Story über dich, über den Kindesraub, über die Gelöschten bringen. Die Slowenen werden die Europäische Union noch nicht so bald sehen.«

»Mark ... ehrlich?«

»Du weißt es. Habe ich dich jemals angelogen? Ich habe dir doch gesagt, dass ich ein Problemlöser bin. Ich schaffe es immer. Mir fällt immer der passende Plan ein.«

»Mark ... Mark ...«

»Ich muss los. Mein Flug ist aufgerufen. Zala? Tschüss! Halt mich auf dem Laufenden. Ach ja, noch was ...«

»Was?«

»Ich habe mit einem Geschäftspartner gesprochen. Die Japaner zählen, indem sie mit der geöffneten Hand begin-

286

nen und die Finger nacheinander schließen. Mach deine Sache gut!« Klick.

Plötzlich konnte sie wieder weinen. Die Tränen kamen, um alles nachzuholen, was sie in den letzten Tagen versäumt hatten. Sie wollten einfach nicht aufhören, und sie hieß sie willkommen, weil sie Hoffnung mit sich brachten.

↓

Mark nahm seine Uhr und seine Geldbörse vom Laufband und zog das Köfferchen hinter sich her.

»Was für eine Lüge, was für eine Lüge!«, flüsterte er vor sich hin und hoffte, dass ihn niemand hörte. Er hob den Blick erst wieder, als er im Flugzeug saß.

↓

Sie wischte das Fensterbrett ab, lief zum Schrank und begann ihn zu schrubben. Vielleicht sollte sie alle Bücher herausnehmen und abwischen? Wenn sie hier auch filmen wollten ...?

Ihr Blick wanderte zu dem Fleck auf dem Teppich. Vielleicht sollte sie ihn mit Ketchup übergießen? Ihr graute vor ihr selbst. Sollte sie lieber noch einmal versuchen, ihn auszuwaschen? Nein, sie wollte nicht lügen, weder in die eine noch in die andere Richtung.

Sie würden kommen und filmen! CNN! Die Hoffnung ist ein Vampir, sie steht auch noch aus dem Grab auf.

Sie schloss die Augen, dachte an Mark und schickte ihm einen Kuss. Er musste im Flugzeug sein, etwas, was sie selbst nie erlebt hatte, das Transportmittel ihrer Familie war das Auto gewesen, mit dem Gepäck auf dem Dach. Die schlechte Beziehung hatte sie auch in Bereichen gelähmt, an die sie gar nicht gedacht hätte: Das Wesen auf der Couch hatte auch sie eingeschläfert, sie an sich gebunden wie einen Hund an der Kette. Triest mit dem Zug bildete den äußersten Rand des heimischen Hofes.

Christiane Amanpour, CNN!

Sie musste zum Friseur!

Nein, besser, wenn sie ... wie aussah?

Sie lief ins Bad und betrachtete sich im Spiegel.

Ihre Wangenknochen traten hervor, ihre Augen wirkten eingefallen und ließen ihr Gesicht länglich erscheinen, Enttäuschung und Trauer hatten sie alt und grau werden lassen. Ihre Kleider hingen an ihr herunter.

Sie ging langsam ins Wohnzimmer zurück.

Die Fenster, sie konnte wenigstens die Fenster putzen. Sie konnte sich nicht erinnern, ob sie das schon getan hatte – sie hatte das Gefühl, dass sie schon den halben Tag durch die Wohnung rannte und anfing, aufzuräumen, ohne etwas zu Ende zu bringen. Sie besah sich das Glas von Nahem, es schien ihr sauber.

Eine Art blauer Fleck fuhr auf den Hof.

Bei genauerem Hinsehen war es ein Polizeiauto, das langsam anhielt. Hinter ihm fuhr ein zweites heran und parkte im engsten Teil der Einfahrt.

Drei Polizisten stiegen aus dem ersten und zwei aus dem zweiten.

›Sie haben mich abgehört!‹, schoss es ihr durch den Kopf, ›Mark war zu unvorsichtig! Dabei hat er mich doch selbst gewarnt! Sie wollen mich nicht auf CNN haben, ich werde verschwinden.‹

Sie lief zum Eingang, griff nach der Umhängetasche, die sie vorbereitet hatte, weil Nikola darauf bestanden hatte, schlüpfte schnell in ihre Ballerinas und trat auf den Gang.

Sie hörte, wie sie die Haustür aufstießen.

Sie duckte sich und wartete.

Sie redeten.

Der Aufzug fuhr nach unten.

Sie ging auf Zehenspitzen zum Geländer und linste hindurch.

Der Schatten eines Menschen erstreckte sich vor dem Eingang.

Sie versuchte, dicht an der Wand so leise wie möglich hinunterzulaufen. Sie hörte, wie der Aufzug an dem Stockwerk vorbeifuhr, in dem sie stand, und hielt den Atem an.

Noch ein Stockwerk tiefer.

Der Aufzug hielt an, die Tür glitt auf.

Sie klingelten bei ihr.

Sie stand auf den Stufen im Erdgeschoss und wusste nicht, wie sie über den Schatten zum Keller und zum Seitenausgang laufen sollte.

Sie zog sich in eine Ecke zurück und wartete.

»Fräulein Jovanović?«, sagte eine Stimme über ihr, sie hörte ein Klopfen.

»Fräulein Jovanović, wir wissen, dass Sie zu Hause sind, machen Sie auf!«

Sie ging rückwärts in den ersten Stock zurück.

Ein Polizist rüttelte an der Türklinke und die Tür öffnete sich.

›Ich habe vergessen abzusperren!‹

»Fräulein Jovanović?«

Sie zögerten, dann traten sie ein.

Zala rief den Aufzug, er war schrecklich langsam.

Sie öffnete die Tür und drückte den Knopf für den Keller.

Sie drängte sich in die Ecke neben der Tür und spürte, wie sich das Zugseil anspannte.

Der Aufzug knarrte, fuhr hinunter und hielt sofort an.

Die Tür öffnete sich und eine Nachbarin mit einem Hund trat ein. Das Tier sah Zala und wurde wild. Es verwandelte sich in ein struppiges Fellbündel mit Zähnen.

»Ja, Piki«, sagte die Nachbarin, »das ist Frau Jovanović! Beruhig dich wieder. Es ist Frau Jovanović!« Hinter ihr betrat eine uniformierte Gestalt den Aufzug.

↓

Sie setzten sie auf den Rücksitz, zwischen zwei Polizisten, aber sie legten ihr keine Handschellen an. Sie sah ihre Hände an, als würde sie sie vermissen. In ihren Ohren rauschte das Blut, bereit zu einem Kampf, von dem der Verstand ihr sagte, dass er keinen Sinn hatte. Ihre Sinne schärften sich, sie lauerten auf jede Fluchtmöglichkeit. Die Körper neben ihr drückten sich abwechselnd an sie, da der Fahrer die Kurven sehr schnell nahm, er hatte die Sirene jedoch nicht eingeschaltet.

↓

Sie fuhren an der Abzweigung zum Moor vorbei und bogen in Richtung Stadtzentrum ab. Die Angst schlich sich auf winzigen Zehen in Zala hinein, zuerst spürte sie sie als Kribbeln, dann wurde sie heimisch und schließlich stapfte sie mit Metallstiefeln herum.

↓

Das Gebäude sah aus wie ein Marmorbergwerk, riesig und
düster. Es blieb nur noch ein Polizist zurück, der einen
halben Schritt hinter ihr ging und durch Heben der rechten Hand an den Gabelungen der Flure den Weg wies. Vor
einer gepolsterten Tür klopfte er und öffnete sie. Er trat
nicht ein, gab Zala nur den Weg frei und schloss hinter ihr
die Tür. In dem Zimmer hätte ihre Wohnung mindestens
zweimal Platz, und es wäre noch Raum für einen Studen-
ten als Untermieter gewesen. Genau gegenüber dem Eingang stand ein massiver Schreibtisch und hinter ihm saß
die winzige Gestalt eines blonden Jünglings, der in einem
Raum dieses Ausmaßes verloren wirkte. Eigentlich schien
er sogar in seinem Anzug zu schwimmen. Zala ging auf ihn
zu, er sah sie und zwinkerte gleichmäßig mit den Lidern.
Das Parkett quietschte.
Links und rechts des Schreibtischs waren in einem Metall-
ständer Staatsflaggen aufgepflanzt, der Präsident sah sie
von einem Bild über seine Augensäcke hinweg milde an.
Sie blieb vor dem Jüngling stehen und dachte: ›Ein Praktikant!‹
Sie wunderte sich, warum man sie festgenommen und
zu diesem bleichgesichtigen Auszubildenden gebracht
hatte, über dessen Wangen sich die Akne ausbreitete wie
eine blutige Milchstraße.
                    (Diese Nacht)
                         »Bitte, setzen Sie
sich«, sagte er, und sie hörte, wie er versuchte, möglichst
aus dem Brustkorb heraus zu sprechen, mindestens eine
Oktave tiefer, als es die Natur vorgesehen hatte.

Sie setzte sich auf einen Holzstuhl mit schwarz lackierten Armlehnen und einer Sitzfläche aus rotem Samt. Er ächzte unter ihr, der alte Stuhl.

Der Praktikant hielt die Hand auf ausgebreiteten Papieren, die von einer braunen Papiermappe zusammengehalten wurden, nicht mehr als ein dünner Umschlag.

›Akte‹, dachte Zala, ›so nennen sie das‹, und sie wusste nicht, warum ihr dieses Wort eingefallen war und warum es in diesem Augenblick wichtig war.

»Zala Jovanović?«, der Jüngling sah sie zum ersten Mal wirklich an. Auch seine Augen waren bleich, ein Blau wie ein erkälteter Himmel.

»Ja«, antwortete sie, unwillkürlich formal, mit einer Stimme, die sie für Ämter vorbehielt.

»Ihr Antrag wurde genehmigt.«

Zala kniff misstrauisch die Augen zusammen: »Welcher Antrag?«

»Auf Staatsbürgerschaft aufgrund eines besonderen Interesses für den Staat.«

Der Praktikant sprach monoton, als hätte er sein ganzes Leben nichts anderes getan.

»Welches Interesse? Wovon sprechen Sie?«

»Sie hatten einen Antrag auf Staatsbürgerschaft aufgrund eines besonderen Interesses für den Staat aus nationalen Gründen gebeten und Ihrem Antrag wurde stattgegeben.«

Seine Hand bewegte sich über das Papier, Zala wusste nicht, ob er ihr etwas zeigen wollte oder ob sich die Hand nur von dieser leblosen Stimme entfernen wollte.

»Könnten Sie mir das bitte noch einmal verständlicher erklären?«, sagte sie.

Er rezitierte bereits:

»Artikel dreizehn des Staatsbürgerschaftsgesetzes der Republik Slowenien besagt, dass eine volljährige Person durch Naturalisierung die Staatsbürgerschaft der Republik Slowenien erhalten kann, wenn das für den Staat aus wissenschaftlichen, wirtschaftlichen, kulturellen, nationalen oder ähnlichen Gründen von Interesse ist.«

Sie erlaubte der Hoffnung, diesem verfluchten Gefühl, sich wieder zu erheben. Aber sie musste fragen: »Kurz – Sie geben mir die Staatsbürgerschaft zurück?«

»Nein, wir geben Ihnen eine neue.«

»Weil ich für den Staat von Interesse bin?«

»Ja. Die Einschätzung erfolgte durch das zuständige Ministerium, das Innenministerium, und die Regierung hat sie bestätigt. Wenn Sie mir eine persönliche Anmerkung erlauben: Da Sie jetzt auch Staatsbürgerin sind, höre ich, wie schön Sie doch Slowenisch sprechen.«

Sie wusste nicht, ob er sich über sie lustig machte. Sie beobachtete ihn einige Zeit, aber er blieb gleichmäßig undurchschaubar.

»Das stimmt, ja«, merkte sie sarkastisch an. »Ich verstehe aber immer noch nicht, was das für Gründe sind? Wissenschaftlich, kulturell, und was haben Sie noch gesagt?«

»Der Artikel bezieht sich auf Menschen, durch die der Staat aufgrund ihres Erfolgs einen Nutzen hat. Sie fallen in die Kategorie Künstler. Dazu zählen beispielsweise Filmschauspieler oder ...«

Er verstummte, als suchte er nach einem Wort, und Zala hasste ihn. Verfluchter sadistischer Gimpel!

Er fügte hinzu:

»... Fernsehstars.«

»Aha!«, sie verzog das Gesicht. Hatte ihr erster Auftritt bereits gewirkt oder hatten sie eher Angst vor CNN und internationaler Schande?

Der Jüngling schob ein Blatt Papier über den Tisch und reichte Zala einen Füllfederhalter.

Sie streckte die Hand aus und hielt inne: »Wo ist der Haken?«

»Fräulein, ich weiß nicht, was Sie meinen.«

»Was wollen Sie wirklich von mir?«

»Nichts. Sie erhalten die Staatsbürgerschaft, weil Sie dem Staat von Nutzen sind, und solange das so ist, behalten Sie sie auch.« Sie nickte.

»Ich verstehe. Wenn wir Gelöschten beispielsweise anfingen, uns in einer Vereinigung, Bewegung oder Partei zu sammeln, dann wäre ich dem Staat nicht mehr nützlich, oder?«

Der Jüngling sah sie an.

»Entweder mein Kind oder alle übrigen, darum geht es also. Sie kaufen meine Artigkeit!«

»Fräulein«, sagte er, »die Entscheidung liegt bei Ihnen.« Sie nickte.

»Und was ist mit dem Interview mit CNN?«

Zum ersten Mal regte sich etwas in seinen Augen, nur für einen Moment, aber seiner Stimme merkte man es nicht an: »Das brauchen Sie ja jetzt nicht mehr, oder?«

»Aha, das Abhören funktioniert also! Sie haben Angst vor Marks Beziehungen!«

Lange sahen sie sich an. Der Jüngling wirkte wie durchscheinend, wie der frisch geborene Nachwuchs des Marmors um ihn herum.

Zala seufzte.

»Wenn Sie sich entschieden haben, unterschreiben Sie das und dann noch hier, bitte, für Ihr Einverständnis mit dem Beschluss. Und das hier ist der Beschluss, drei Unterschriften, bitte.«

Er legte mit langsamen Bewegungen die Papiere vor sie hin.

»Und damit gehen Sie dann auf das Gemeindeamt und holen Ihre Dokumente ab.«

»Personalausweis, Reisepass? Krankenversicherung, Arbeit, alles geregelt?«, fragte sie.

»Natürlich.«

»Mein Kind ... wird es in der Entbindungsklinik auf mich warten, als sei nichts geschehen?«

»Es wird ab 17 Uhr dort sein«, sagte der Praktikant und fügte nach dem Bruchteil einer Sekunde hinzu: »Es ist ja auch nichts geschehen.«

Sie starrte auf die Blätter vor sich.

»Und das ist alles? Das war's? Das ist keines Ihrer sadistischen Spielchen, damit Sie mich dann wieder aufs Kreuz legen können? Ich weiß ja, dass es nicht Ihre Schuld ist, dass Sie nur ein Auszubildender sind, der einen Auftrag erhalten hat, den kein anderer wollte. Aber ... Wie oft habe ich mir die Leute vorgestellt, die das getan haben! Menschen, die auf einen Knopf drücken und Leben löschen. Wie viele es von uns gibt, das wissen nur sie! Und dann machen sie sich noch über uns lustig. Ich wollte diese Gesichter sehen. Wer sind diese Menschen? Ich wollte das Gesicht des Staates sehen. Was hat er für ein Gesicht? Und jetzt sehe ich es. Ich sehe Flaum, der das Rasieren kaum lohnt und den Sie hinter den Ohren nicht erreicht haben. Ich sehe Pickel auf den Wangen. Ich sehe, dass

Sie sich deswegen geschnitten haben. Ich sehe, dass Sie Herpes bekommen. Ich sehe all das und frage mich: Ist das das Gesicht des Staates? Das Gesicht, das auf Knöpfe drückt?«

↓

Die Leiterin der Entbindungsklinik saß auf ihrem Stuhl und nur das auf die Brust gepresste Kinn und die zu Fäusten geballten Hände drückten die Kraftanstrengung aus, mit der sie sich zurückhielt.

»Tragen Sie den Namen des Kindes ein, die Geburtsurkunde erhalten Sie per Post«, sagte sie.

Zala tötete sie mit jedem ihrer Blicke. Ihr war, als müsste die Luft von dem Hass, mit dem sie einander überhäuften, in Flammen aufgehen.

»Einen Fragebogen dazu, wie zufrieden ich mit Ihren Leistungen war, geben Sie mir nicht?«, fragte sie.

↓

Als sie mit dem Säugling im Arm auf den Flur trat, grinste Nikola breit.

»Ich wusste bis jetzt nicht, ob es funktionieren würde«, sagte er.

»Ich konnte für dich bürgen, also sind die Papiere echt. Aber ja, ich auch ... Gehen wir, bevor mir der Schweiß durch die Kleider dringt.«

Sie gingen den Flur entlang. Ihnen näherte sich eine Krankenschwester, die Zala bekannt vorkam. Der Computerbildschirm in den Händen der Schwester half ihrer Erinnerung auf die Sprünge – sie war in der Nacht, als sie zur Entbindung hergekommen war, am Empfang gewesen.

Auch der Schwester sah man an, dass sie in ihrer Erinnerung nach Zalas Gesicht suchte.

»Oh«, sagte sie, »Sie sind das! Ist dann jetzt alles geregelt? Wissen Sie, es ist nicht unsere Schuld, wir sind nur Menschen, wir müssen dem gehorchen, was uns der Computer sagt.«

Das Innenministerium der Republik Slowenien hat am 26. Februar 1992 25.671 Menschen gelöscht.
Die meisten von ihnen haben bis heute keinen geregelten Aufenthaltsstatus.

KLEINE NACHBEMERKUNG
AUF HISTORISCHEM HINTERGRUND

Miha Mazzini

FREMDE IM EIGENEN HAUS –
DIE GESCHICHTE
DER AUSGELÖSCHTEN IN SLOWENIEN

Kurz vor Weihnachten 1997 fuhr T.D. für ein paar Einkäufe nach Österreich. Bei ihm waren auch seine schwangere Ehefrau und ihre zwei Töchter; sie wollten ihr trautes Heim zum bevorstehenden Fest schmücken. An der Grenze stellte die slowenische Grenzpolizei fest, dass seine Ausweispapiere ungültig waren. So wurde T.D. einem Richter vorgeführt, und der ordnete seine Abschiebung an. Die Polizei begleitete ihn nach Hause, damit er ein wenig Kleidung einpackte und sich von seiner Familie verabschiedete. Er wurde nach Kroatien abgeschoben.

Knapp sechs Jahre zuvor, am 26. Februar 1992 hatte die slowenische Regierung 15.671 Personen, das heißt 1,3 Prozent der Bevölkerung, aus dem Einwohnermelderegister gelöscht. Viele dieser Menschen verloren all ihre bürgerlichen, wirtschaftlichen und sozialen Rechte sowie das Recht auf medizinische Versorgung. Schon gleich am nächsten Tag galten sie als illegale Einwanderer, die widerrechtlich in genau dem Land lebten, das viele von ihnen die meiste Zeit ihres Lebens als ihre Heimat betrachtet hatten. Keiner von ihnen wurde über diese Maßnahme, die ihr Leben komplett verändern sollte, direkt informiert. Davon bekamen sie erst dann etwas mit, wenn sie ihre Papiere verlängern mussten, wenn sie von der Polizei wegen überhöhter Geschwindigkeit angehalten wurden oder wenn sie einen Arzt brauchten.

Die Auslöschung von 1992

Der Zerfall Jugoslawiens war ein langer und qualvoller Prozess. Im Jahr 1980 starb Präsident Tito, und in den darauffolgenden Jahrzehnten gewannen nationalistische Ideologien mehr und mehr die Oberhand. Am deutlichsten war das im Serbien Miloševićs zu erkennen, aber auch in anderen Teilen Jugoslawiens, wie etwa in Slowenien, kam es zu dieser Entwicklung. 1991 erklärte Slowenien seine Unabhängigkeit und gab Ausländern ein halbes Jahr Zeit, um die slowenische Staatsbürgerschaft zu beantragen. Doch diese »Ausländer« wurden niemals schriftlich darüber in Kenntnis gesetzt und tatsächlich wusste niemand mit Gewissheit, wer als Ausländer galt – es war zu keinem Zeitpunkt klar, was denn eigentlich die Kriterien für eine Einstufung als »Ausländer«waren. Die meisten Einwohner waren außerhalb Sloweniens, in anderen Teilen des ehemaligen Jugoslawiens geboren. War man aber in Wien geboren, so galt man nicht als Ausländer. Wie unser Nikola im Text sagt:»Ich hab einen Freund, der ist noch mehr Balkanese als ich, aber er ist in Wien geboren. Ihm wurde der Ausweis nicht durchgeschnitten.«

Eine solche »Ausnahme« gab es auch für Frau B. nicht, die im Zweiten Weltkrieg in Serbien geboren wurde, wohin die deutschen Besatzer ihre Eltern vertrieben hatten. Nach Kriegsende zog die Familie zurück nach Slowenien, wo Frau B. dann ihr ganzes Leben verbrachte. Ganz sicher weckte die Nachricht im Radio, dass die Regierung im Begriff sei, ein neues Ausländergesetz zu verabschieden, nicht ihre Aufmerksamkeit. Am Ende wurde sie nur deshalb nicht abgeschoben, weil ihre Kinder, allesamt in Slowenien geborene Slowenen, in der Lage waren, sie finanziell zu unterstützen (und damit den Staat zu entlasten) und sich dem langwierigen Verfahren zur Rückgewinnung der slowenischen Staatsangehörigkeit ihrer Mutter zu stellen. Natürlich hatten nicht alle Ausgelöschten so viel Glück.

Während der Zeit der Auslöschung wütete im Rest des Balkans der Krieg. Von allen Staaten, die aus dem Zerfall Jugoslawiens hervorgingen, hat Slowenien nur mit Kroatien eine gemeinsame Grenze. Wenn der ausgelöschte Abgeschobene kroatischer Herkunft war, nahmen die Kroaten ihn gern in Empfang und gliederten ihn in ihre Armee ein. Aber wenn die slowenische Polizei ihnen einen Serben übergab, hieß das, dass sie einen Feind in Händen hatten. Ein anderer Mann erinnert sich: »1993 wollte die Polizei den Ausweis eines meiner Kollegen sehen (…) Er war wie ich bosnischer Serbe. Der Busfahrer wusste, was den Burschen erwartete, wenn er nach Bosnien gebracht würde. Die Polizisten hielten neben dem Bus Wache, bis er abfuhr. Während der Fahrt in Richtung Postojna bog der Fahrer plötzlich von der Tivoli-Straße ab, hielt an und sagte zu dem jungen Mann: ›Steig aus, ich will dich nicht auf dem Gewissen haben.‹«

Das gute Herz der Fremden

Schau einmal in deine Brieftasche mit all den Papieren darin, du wirst sehen, dass du im Notfall bei allen möglichen Stellen anrufen kannst – bei der Polizei, deiner Bank, dem Pannendienst und was nicht noch alles. Wenn du jedoch nicht existierst, bist du vollständig auf die Freundlichkeit von Fremden angewiesen.

Edin war bei einem Verkehrsunfall verletzt worden. Als er im Krankenhaus ankam, teilte man ihm mit, dass er *nicht existierte* und man ihn sich nicht einmal ansehen würde, obwohl er aus einer Wunde am Kopf blutete. Glücklicherweise hatte eine Kellnerin in einem nahegelegenen Café Mitleid mit ihm. Sie desinfizierte die Wunde und legte ihm einen Verband an. Die Geschichte könnte auch ihre komische Seite haben, wäre sie nicht so tragisch. Der Arzt und die Krankenpfleger weigern sich, einem verletzten Mann zu helfen, stattdessen tut dann eine Kellnerin ihr Bestes. Wie es scheint, sind Gutherzigkeit und Anstand nicht gebunden an ein Bildungsniveau, an das Berufsethos und nicht einmal an den hippokratischen Eid.

Die bloße Tatsache, dass du nicht in der Lage bist, die Polizei zu rufen, regt die Phantasie von Leuten an, die deine Notlage ausnutzen und sich an deinem Eigentum bereichern wollen. Während die Ausgelöschten außer Haus waren, brachen Nachbarn in ihre Wohnungen ein und tauschten die Schlösser aus. Du kannst nicht die Polizei rufen, also bist du jetzt mit einem Mal auch obdachlos. Vielleicht sind die Nachbarn auch auf deinen Körper aus; mir liegt die Aussage von mindestens einer Frau vor, die vergewaltigt wurde: Der Täter würde ja ungeschoren davonkommen, denn sie wäre nicht in der Lage, jemandem davon zu erzählen oder ihn gar anzuzeigen. Ein Arbeiter berichtet, dass er 270 Stunden im Monat arbeiten musste, sein Chef ihm aber nur 160 Stunden bezahlte. In anderen Fällen realisierte der Arbeitgeber, dass die Arbeiter ja offiziell gar »nicht existierten« und senkte sofort ihren Lohn um die Hälfte.

Allein das Verlassen Wohnung konnte gefährlich werden. So befand sich eine Familie auf einem Spaziergang im Stadtzentrum von Ljubljana, als die Polizei ihre Ausweise sehen wollte. Es endete damit, dass sie alle nach Kroatien abgeschoben wurden. Daher beschloss einer der Ausgelöschten, sich in seiner Wohnung einzuschließen, wo er drei Jahre lang blieb und sich von Konserven und altem Brot ernährte, eine Strategie, die bei vielen anderen nutzlos war, sobald die Polizei an ihrer Türe läutete.

»Slowenische Ehrlichkeit«

Die Gründe für die Auslöschung wurden nie benannt. »Wir sind Europa, wir sind nicht der Balkan«, sagte damals einer der führenden Politiker, und wir müssen diese Aussage vor dem Hintergrund des seinerzeit vorherrschenden Denkens verstehen. Eine von zwei sehr populären Theorien besagte, dass wir sowieso keine Slawen sind, sondern von dem alten Volk der Veneter abstammen – und daher hätten wir nichts mit dem Rest von Jugoslawien zu tun. Eine andere höchst beliebte These wurde von dem angesehenen slowenischen Psychologen Anton Trstenjak vertreten, der eine Reihe von Werken über die »slowenische Ehrlichkeit« (so tatsächlich der Titel eines seiner Bücher) verfasste. Er schrieb und predigte, was jede Nation gern von sich selber hören möchte: *Die Slowenen sind das ehrlichste Volk der Welt, das mehr als alle anderen schuftet. Aber der jugoslawische Staat hat ein paar faule Äpfel bei uns eingeschmuggelt und Arbeiter aus dem*

Balkan importiert, und jetzt fault auch die slowenische Nation vor sich hin. Was er nicht direkt fragte, obwohl jeder ihn so verstanden hat, war: *Sollten wir die Nation nicht säubern, jetzt, wo die Möglichkeit dazu besteht?*

Lassen Sie es mich klipp und klar sagen: Die Gründe für die Auslöschung, das war purer Rassismus. Und wenn wir uns die Folgen ansehen, war außerdem noch Sadismus im Spiel. Vor allem war sie unter jedem Gesichtspunkt, von der Politik bis zur Wirtschaft, vollkommen unnötig. Tatsächlich haben politische Überzeugungen offenbar keinen davon abgehalten, die Politik der Auslöschung entweder einzuleiten oder weiter zu betreiben. Die erste Regierung des unabhängigen Sloweniens unter Premierminister Lojze Peterle war rechts, stürzte aber schon im Mai 1992 und wurde von der linken Regierung unter Janez Drnovšek abgelöst. Lojze Peterle war danach viele Jahre lang Abgeordneter des Europaparlaments, während Janez Drnovšek Präsident Sloweniens wurde und als spiritueller Weckrufer mehrere erfolgreiche New-Age-Bücher über Liebe publiziert hat.

Schimmel, der sich im ganzen Haus ausbreitet

Mit der Auslöschung wurde seitens der Kräfte der Rechten begonnen, und die Linken hielten daran fest. Das bedeutet, dass alle slowenischen Politiker sich damit besudelt und ehrlos gehandelt hatten. 1999 erließ das slowenische Verfassungsgericht das Urteil: Die Auslöschung war rechtswidrig. Aber nichts geschah.
Die Auslöschung fand im Vor-Internet-Zeitalter statt. Wenn

die Gesellschaft uns ausschließt, denken wir als Erstes, es muss unsere eigene Schuld sein. Und wir sind die Einzigen, denen ein solches Unglück widerfährt.

Aleksandar Todorović war einer der Ausgelöschten. Ein ganz normaler Mann, nur dass er es wagte, laut und deutlich den Mund aufzumachen, eine Antwort zu verlangen. Niemand wollte ihm zuhören, alle Türen waren verrammelt. Also setzte er sich in Ljubljana vor den Eingang des Zoos (!) und trat in einen Hungerstreik. 2002 gründete er eine Zivilbewegung für die Ausgelöschten. Und so tauchten sie zum ersten Mal in den Medien auf – und wichtiger noch: Am Ende kamen Dokumente ans Licht, die bestätigten, dass die Auslöschung eine gezielte Maßnahme gewesen war. Bis dahin hatten die Mitglieder der jeweiligen Regierungen sich hinter Ausreden von wegen »Fehlern« und »bürokratischem Durcheinander« versteckt. 2003 bestätigte das Verfassungsgericht sein Urteil zur Rechtwidrigkeit der Auslöschung und ... weiterhin geschah nichts.

Auch die Bürger selbst suhlten sich in der eigenen Schande. 2004 setzten Politiker ein Referendum zur Regelung der Rechte der Ausgelöschten an. Lediglich 31,45 Prozent der Wahlberechtigten beteiligten sich an der Abstimmung, woraufhin die Initiative mit einer Mehrheit von 94,68 Prozent abgelehnt wurde. Die Verantwortung breitete sich aus wie Schimmelpilz in einem feuchten Haus: Die einmal von einer Partei gefällte Entscheidung wurde erst von der einen Regierung, dann von der nächsten bestätigt; Staatspräsidenten hüllten sich in Schweigen, und am Ende bekam die Schuld durch das Referendum einen potenziellen Kollektivcharakter.

Die Auslöschung ist, was nicht verwunderlich ist, ein Thema, über das in Slowenien noch immer nicht gesprochen wird und mit dem niemand etwas zu tun haben will. 2012 gewannen die Ausgelöschten ihre Klage vor dem Europäischen Gerichtshof für Menschenrechte. Sie hatten sich von italienischen Anwälten vertreten lassen müssen.

Im Jahr 2014 beging Aleksandar Todorović Selbstmord.

Die unermüdliche Arbeit
Matevž Krivics

Ein paar Nichtregierungsorganisationen versuchten, den Ausgelöschten zu helfen, und es wurden mindestens drei Bücher zu diesem Thema geschrieben. Außerdem gab es eine Reihe von Dokumentarfilmen, und 2013 übernahm der kroatische Theaterregisseur Oliver Frljić, der in zahlreichen Ländern herumreist und in offenen Wunden herumstochert, die Leitung eines Stücks über die Ausgelöschten in Slowenien.

Ein Name aber im Besonderen steht letztlich für die Ehre der slowenischen Nation. Ohne je Geld oder sonstige Bezahlung zu verlangen, unterstützte der ehemalige Verfassungsrichter Matevž Krivic aktiv die Ausgelöschten, stand an ihrer Seite und unternahm für ihre Sache einen Marathonlauf durch die verschiedenen Institutionen. Manchmal gelang es ihm, in allerletzter Minute ihre Abschiebung zu verhindern und bei mindestens einer Gelegenheit holte er einen Abschiebehäftling sogar noch aus einem Flugzeug, das startbereit auf der Piste stand. Er versuchte außerdem, mit einer Flut von Leserbriefen an die Zeitungen das Schweigen der Medien zu brechen – jedes Mal, wenn Politiker behaupteten, bei der Auslöschung handelte es sich um eine aufgebauschte Angelegenheit, war er zur Stelle, um sie zu widerlegen.

Ein Roman und ein Film

Ich kann mich nicht mehr erinnern, wann ich zum ersten Mal von den Ausgelöschten gehört habe. Als mir klar wurde, was die Regierungen Sloweniens eine nach der anderen getan hatten, war ich mir sicher, dass mindestens die Hälfte aller Schriftsteller Sloweniens bereits dabei war, Romane und Drehbücher zu diesem Thema zu schreiben, sodass ich mich vermutlich nicht darum zu kümmern brauchte. Jahre zogen ins Land, aber besagte Romane und Filme kamen nicht. Da ging mir auf, dass das auch nicht mehr der Fall sein würde. Slowenien ist ein sehr kleines Land mit einer Bevölkerung von nur zwei Millionen Menschen, in dem jeder jeden kennt und die Kultur staatlich subventioniert ist. Und natürlich beißt man nicht die Hand, die einen füttert. Das war zwar nicht der Grund, weshalb ich IT studiert habe, aber Letzteres stellte sich als sehr nützlich heraus, weil es mir erlaubte, mein Geld als Computerfachmann zu verdienen und nicht auf die Gunst des slowenischen Kulturestablishments angewiesen zu sein.

Ich brauchte einige Zeit, bis ich dann die passende Story gefunden hatte. Ich las Berichte von Frauen, die seinerzeit schwanger waren und von den Gefahren erzählten, denen sie ausgesetzt waren: Sie mussten ihr Kind entweder zu Hause ohne medizinische Versorgung zur Welt bringen; oder sie fuhren zum Entbinden nach Deutschland, wo eine Geburt kostenfrei ist (wofür man aber ohne Dokumente zwei Grenzen zu überqueren hat!); oder sie nahmen andere gefährliche Behelfslösungen auf sich. Ich stieß auf Fälle, in denen eine Geburtsklinik das Kind behalten wollte, bis die Mutter alle Kosten der Geburt beglichen hatte. Was, wenn die betreffende Frau das ablehnte, sich nicht mit der Klinik einigte und diese dann die Polizei holte? Dann würde die Mutter in die Asylunterkunft gebracht und müsste mit einer Abschiebung rechnen.

All das wurde zur Grundlage des vorliegenden Romans *Du existierst nicht.* Außerdem schrieb ich das Drehbuch zu einem Spielfilm. Den ersten Entwurf stellte ich 2010 fertig. Natürlich war bald klar, dass so ein Film keine Chancen auf Unterstützung durch die staatliche Filmförderung hat. Nach ein paar Jahren gab ich auf. Damit meine Recherchen und Vorbereitungen nicht umsonst waren, beschloss ich, einen Roman daraus zu machen. Wenn man von den Zahlen ausgeht, wurde er viel gelesen, hat (bislang) aber keine öffentliche Debatte ausgelöst. Ich wünsche mir, dass die deutsche Ausgabe das nun tut!

Einige Jahre später rief mich ein Produzent an, der in meinem Buch Stoff für einen Film witterte. Ich schrieb eine neue Version des Drehbuchs, und zu meiner größten Überraschung drehten wir tatsächlich den Film, der dann den ins Englische übersetzten Originaltitel (*Izbrisana*) also *Erased* trug. Der deutsche Mitproduzent Christoph Thoke war sich sicher, dass dieser Film ein Wendepunkt im Hinblick auf das slowenische Schweigen bedeutete; so wie in Frankreich, wo alles »vergessen« war, was die Nordafrikaner anging, die im Zweiten Weltkrieg Seite an Seite für das Land gekämpft hatten. Im Jahr 2006 wurden die Franzosen dank des Films *Indigènes* an diese Tatsache erinnert. Der Film brachte die französische Regierung dazu, die Militärpensionen der überlebenden Veteranen aus den ehemaligen Kolonien an die der französischen Staatsbürger anzugleichen. Ich sagte ihm: »Christoph, Slowenien ist ein kleines Land. Und die beste Überlebensstrategie kleiner Länder ist nun einmal, einfach wegzusehen.« Er wollte mir nicht glauben, und wir schlossen eine kleine Wette ab. Leider habe ich gewonnen.

Das einzige Mal, dass das Schweigen gebrochen wurde, war im Oktober 2020, als *Erased* im slowenischen staatlichen Fernsehen gezeigt wurde. Der Innenminister Sloweniens twitterte an zwei aufeinanderfolgenden Tagen darüber und behauptete, es sei eine Schande, dass die Slowenische Filmförderung diesen Film mitfinanziert habe. *EINE SCHANDE!* Das heißt immerhin, der Film muss ihn schwer getroffen haben. Das fasse ich als Kompliment auf.

Aber zum Glück war das nicht die einzige Art Reaktion auf meinen Film. Nach der Premiere von *Erased* in Slowenien fühlte sich eine Frau veranlasst, mir eine Geschichte zu erzählen, die die ganze Absurdität und das ganze Unrecht dessen zeigt, was 1992 geschehen ist. Sie hatte früher mit ihrem Mann in einer kleinen Stadt in der Nähe der kroatischen Grenze gelebt – nur dass es damals überhaupt keine Grenze gab. Als sie schwanger wurde, sagte man ihr, das Krankenhaus auf der kroatischen Seite sei größer und besser, also ging sie zur Entbindung dorthin. Und das war es auch schon – der ganz normale Alltag in Slowenien. Bis ihr Sohn mit 14 Jahren ans örtliche Gymnasium überwechseln wollte. Aber aufgrund seiner Geburt in der nächstgelegenen Stadt existierte er nicht als Slowene! Er war ausgelöscht, er war der illegal eingewanderte biologische Sohn zweier slowenischer Eltern.

Ein eiskalter Beitrag zum Thema staatlich beförderter Rassismus. Eine keineswegs ad acta gelegte Klamotte. Die Gefahr lauert in jedem Gesetzeswinkel, in jedem Bürokratengehirn.

Ljubljana, 2020

Aus dem Englischen von Michael Schiffmann
Überarbeitung Monika Lustig, Slavo Šerc

INHALT

Die Herausgabe dieses Buchs wurde von der Slowenischen Buchagentur ermöglicht. Der Verlag dankt verbindlichst.

SLOVENIAN
BOOK
AGENCY

Deutsche Erstausgabe
© Edition Converso, 2021
Originaltitel: *Izbrisana*
Založba GOGA, 2015

Lektorat: Monika Lustig und Slavo Šerc
Korrektorat: Judith Krieg
Umschlag nach dem Bild »Nation I« von Julia von Troschke
Umschlag: BuchGut Berlin
Vorsatz: nach dem Originalumschlag,
mit freundlicher Genehmigung des Verlags GOGA
Layout und Satz: Fagott Ffm
Gesetzt aus der: Clearface und der Matrix II OT
Gedruckt auf säurefreiem und chlorfrei gebleichtem Papier
100 g/qm Munken Premium Cream
Druck und Bindung: Beltz Grafische Betriebe, Bad Langensalza

Printed in Germany
ISBN: 978-3-9822252-3-4

LESEN SIE WEITER IN DER EDITION CONVERSO
ZUM THEMA »STAATLICH BEFÖRDERTER RASSISMUS«

Enrico Deaglio

ESSAY

Aus dem Italienischen von Klaudia Ruschkowski

Originaltitel *Storia vera e terribile tra Sicilia e America*, Sellerio editore Palermo, 2015

208 Seiten, Hardcover und Fadenheftung, mit Lesebändchen und bedrucktem Vorsatz sowie zahlreichen schwarz-weißen und farbigen Abbildungen

ISBN: 978-3-9819763-1-1
Preis: € 23,00 [D] / € 23,70 [A]

Leseprobe und weitere Infos www.edition-converso.com

Maja Gal Štromar

ROMAN

Aus dem
Slowenischen
von Ann Catrin
Bolton

Originaltitel
*Misli name,
ko ti lepo*
Mladinska
knijga,
Ljubljana, 2011

208 Seiten, Hardcover und Fadenheftung, mit Lesebändchen und bedrucktem Vorsatz

ISBN: 978-3-9819763-8-0
Preis: € 20,00 [D], € 20,60 [A]

Leseprobe und weitere Infos www.edition-converso.com
Und bitte melden Sie sich zu unserem Newsletter an.